Torsten Gebhard · Der Bauernhof in Bayern

# Bäuerliche Hauslandschaften in Bayern

- Rhön-Grabfeldgehöft
- Frankenwaldgehöft
- Spessarthaus
- Oberfränkischer Vierseithof (Kleinlosnitz)
- Oberpfälzer Vierseithof
- Hof im westlichen Mittelfranken
- Hof des Nürnberger Raumes
- Gehöft der mittleren Oberpfalz
- Hof des mittelfränkischen Jura
- Waldlerhaus (Raum Cham)
- Nordwestoberbayerisches Gehöft
- Haus der Hallertau
- Rottaler Stockhaus-Gehöft
- Nordschwäbisches Gehöft
- Südostbayerischer Vierseithof
- Haus des Rupertiwinkels
- Schwäbischer Mittertennbau
- Allgäuer Haus
- Oberbayerischer Einfirsthof
- Bodenseehaus
- Berchtesgadener Paarhof

BAMBERG · WÜRZBURG · REGENSBURG · AUGSBURG · MÜNCHEN

Torsten Gebhard

# Der Bauernhof in Bayern

Süddeutscher Verlag

Das Buch enthält 265 Fotografien, 44 Zeichnungen und Pläne.

Schutzumschlaggestaltung
Vorderseite: Design Team, München, unter Verwendung einer Maßaufnahme aus dem Jahre 1879 von einem Bauernhof in *Allach*, ehemals Gemeinde im Gericht Dachau, heute Stadt München.
Die von dem Architekten der Maßaufnahme notierte Angabe, das Gebäude sei 120 Jahre alt, ist eine Fehldatierung. Das Anwesen dürfte um 1800 gebaut sein. Als zweigschossiger Mittertennbau verrät es deutlich seine typenmäßige Herkunft aus Mittelschwaben. Ähnlich baute man damals auch in der Gegend von Seefeld, Hechendorf (Starnberg). Es handelt sich um einen Ziegelbau. Wie bei den weiter entwickelten schwäbischen Bauten, ist von der Tenne ein schmaler Hausgang für den Wohnteil abgetrennt. Der Haustyp wurde später in der Umgebung von München rechts und links der Isar, in der Folge: Wohnung, Stall, Stadel, Schupfen, gebaut. In Anlehnung an die Bauernhöfe südlich von München erhielt dabei das Dach einen zu dem Haustyp nicht gehörenden Vorsprung. Das Ende dieser Bauweise ist gegen 1900 zu setzen.
Rückseite: Aquarellierte Zeichnung des Brandversicherungsinspektors Joseph Schnegg von 1899: Eineinhalbstöckiger Mittertennbau des 17. Jahrhunderts in Unterschondorf am Ammersee (»beim Scherfocher«).
Die Übersichtskarte der Hoftypen zeichnete Friedl Rasp, Holzkirchen.

Vorderes Vorsatzblatt:

DER WEYERBAUERNHOF BEI PFAFFENHOFEN A. D. ILM
(Siehe dazu Seite 54). Maßaufnahme des Maurermeisters Georg Bürckl aus Pfaffenhofen a. d. Ilm, um 1812 (Planarchiv des Instituts für Volkskunde München).
GRUNDPLAN DER HOFANLAGE, SCHNITTE UND ANSICHTEN
*Planerläuterung:*
(Die Schnittlinien sind in den Grund- und Aufrissen jeweils durch gleiche lateinische Großbuchstaben angegeben.)
GRUNDRISSE:

LIT. A (A–D) WOHNHAUS:
1. Milchstube (Milchkammer)
2. Küche
3. Fletz
4. Hintere Kammer
5. und 6. Keller
7. Nebenstube
8. Wohnstube
9. Vordere Kammer

LIT. B (E–F) BACKHAUS:
10. Visier der Backöfen (= Ansicht bzw. Aufriß)

LIT. C (G–K) SCHAF- UND SCHWEINESTÄLLE:
11. Gang im Schweinestall
12. Schafstall

LIT. D (L–O) STADEL, PFERDE- UND RINDERSTÄLLE:
13. Großes Getreideviertel
14. Dreschtenne
15. Kleines Getreideviertel
16. Futtertenne
17. Rinderstall
18. Pferdestall, Knechtkammer und nötige Heukrippen

LIT. E (P–S) WAGENHAUS:
19. Nebenstallung
20. Wagenremise, über der sich der Getreidekasten befindet.
21. Brunnen
22. Abort

SCHNITTE UND ANSICHTEN:
Fig. I. Ansicht des Wohnhauses von der Hofseite
Fig. II. Schrägansicht des Backhauses
Fig. III. Ansicht des Schaf- und Schweinestalls von der Hofseite
Fig. IV. Querschnitt des Backofens
Fig. V. Längsschnitt des Wohnhauses
Fig. VI. Querschnitt des Wohnhauses
Fig. VII. Längsschnitt des Schaf- und Schweinestalles
Fig. VIII. Querschnitt des Schaf- und Schweinestalles
Fig. IX. Vorderansicht des Stadels
Fig. X. Längsschnitt des Wagenhauses mit Getreidekasten
Fig. XI. Ansicht des Wagenhauses von der Hofseite
Fig. XII. Längsschnitt des Stadels
Fig. XIII. Querschnitt des Stadels
Fig. XIV. Querschnitt des Wagenhauses mit Getreidekasten

ISBN 3-7991-5764-6

© 1975 Süddeutscher Verlag GmbH, München. Alle Rechte vorbehalten.
Printed in Austria. Schrift: Garamond Antiqua
Gesamtherstellung: Welsermühl, Wels

# Inhalt

7 Vorwort

8 Zur Einführung

Landschaftliche Darstellung
14 Frankenland
26 Das Kalkplattendach im Fränkisch-Schwäbischen Jura
29 Die Oberpfalz
35 Niederbayern
47 Oberbayern
58 Schwaben

63 Abbildungsteil

Anhang
153 Schrifttum
157 Sachworterklärungen
162 Verzeichnis der Künstler und Handwerker
164 Register der Orts- und geographischen Namen
Abbildungsnachweis

# Vorwort

Seit 1945 ist die Zahl der landwirtschaftlichen Betriebe in Bayern um viele Tausende zurückgegangen. Der damit einhergegangene Wandel der Wirtschaftsstruktur des Landes hat zwangsläufig auch die Hauslandschaften und damit die bildnishaften Züge des Landes verändert. Aber auch dort, wo Landwirtschaft weiter betrieben wird, bringt dieses gleichzeitig neue bauliche Maßnahmen. Kein Bauernhof älterer Struktur kann sich solchen Zwängen entziehen. Die wohlvertrauten Dorfbilder, an denen unsere Großeltern hingen, sind unter diesen Umständen oft nicht wiederzuerkennen. Noch häufiger trifft dies auf den einzelnen Hof zu. Nicht nur Künstler bedauern diesen Wandel. Auch die Wissenschaft, die seit vielen Generationen den hohen kulturgeschichtlichen Wert der auf uns gekommenen Bauernhöfe vergangener Jahrhunderte erkannt hat, beklagt den unwiderbringlichen Verlust dieser geschichtlichen Dokumente.

Angesichts dieser ernsten Situation werden von den verschiedensten Seiten Stimmen laut, die Abhilfe vorschlagen. Bald sieht man eine Lösung darin, daß man Höfe, die nicht mehr der Landwirtschaft dienen, als Zweitwohnung oder Wochenendsitze für Großstädter empfiehlt, oder aber man legt der noch landwirtschaftlich tätigen Bevölkerung nahe, wenigstens den Wohnbereich nicht zu zerstören, sondern ihn taktvoll heutigen Wohnansprüchen anzupassen. Auf solche Weise könnte er auch als Ferienaufenthalt attraktiv sein, etwa in dem Rahmen des bekannten Programmes »Urlaub auf dem Bauernhof«.

Was nun die wissenschaftliche Erforschung des alten Bauernhofes angeht, so weiß der Kundige, daß sich schon Wissenschaftler verschiedenster Fachrichtung darum bemüht haben. In Bayern sind wir in der glücklichen Lage, seit 1937 eine zentrale Forschungsstelle zu besitzen, die heute im Rahmen des Instituts für Volkskunde der Kommission für Bayerische Landesgeschichte bei der Bayerischen Akademie der Wissenschaften tätig ist. Dem ersten Vorsitzenden dieser Kommission, Herrn Universitätsprofessor Dr. Karl Bosl, ist der Unterzeichnete zu besonderem Dank verpflichtet, daß er die Zustimmung zur Auswertung des an dem Institut gelagerten Forschungsmaterials großzügig erteilt hat. Auch das Bayerische Landesamt für Denkmalpflege zeigte sich bei der Beschaffung der notwendigen Unterlagen jederzeit hilfsbereit. Nicht zuletzt gilt mein Dank dem Süddeutschen Verlag, der auf viele Sonderwünsche bereitwillig eingegangen ist.

Torsten Gebhard

# Zur Einführung

Auch wenn man sich jahrelang mit der Geschichte des landwirtschaftlichen Bauwesens in Bayern beschäftigt hat, wird ein Ergebnisbericht immer ein Versuch bleiben müssen, da bis zur Stunde nicht jene dokumentarischen Voraussetzungen geschaffen sind, die eine abschließende Darstellung, wenigstens für die eine oder andere Landschaft, gestatten würden. Wir führen bewußt den Begriff des landwirtschaftlichen Bauwesens ein, da uns Begriffe wie Volksarchitektur oder anonymes Bauen der Sache nicht ganz gerecht zu werden scheinen. Bei einem Bauernhof oder, wie es oft einengend heißt, bei einem Bauernhaus geht es nie um reine Architektur, die vom Betrieb losgelöst wäre. Das Bauen in diesem Bereich konnte sich nicht in rein ästhetischen Maßstäben verwirklichen. Wir müssen also immer das Ganze, d. h. die von der Arbeit und von der Produktion her bestimmten vielfachen Bezüge im Auge haben. Nicht von ungefähr spricht die Lex Baiuvariorum bei der Behandlung der Gebäudeschäden alle zu einem Hof gehörigen Anlagen bis zur Miete auf dem Felde an. So kommt der Begriff Bauernhof der Sache immer noch näher als der Begriff Bauernhaus. Natürlich wissen wir, daß das Wort Bauernhaus seit Jahrhunderten im deutschen Wortschatz festzustellen ist. In einer ganzen Reihe von Fällen hat man es verstanden, alle landwirtschaftlichen Zwecke unter einem First zu vereinigen, insbesondere bei kleinen Betrieben oder bei jenen ländlichen Handwerkern, die nur nebenher etwas Landwirtschaft getrieben haben. In der überwiegenden Zahl besteht aber ein landwirtschaftliches Anwesen aus mehreren Bauten. Ältere statistische Beschreibungen haben geradezu die Anzahl der Firste, die in einem solchen Anwesen vereinigt waren, gezählt. In einem Land wie Bayern, das über weite Räume hinweg früher vorwiegend agrarisch bestimmt war, lag der Schwerpunkt der Bautätigkeit, rein zahlenmäßig gesehen, auf dem Gebiet der landwirtschaftlichen Architektur, hinter der das Bauen in Städten und Märkten von wesentlich geringerem Umfang gewesen ist. Ähnlich wie bei der wissenschaftlichen Beschäftigung mit den volkstümlichen Hafnerarbeiten oder dem ländlichen Schreinerhandwerk müssen wir mit der Untersuchung großer Materialmengen ernst machen, aus der wir statistische Schlüsse ziehen können. Der Bestand an älteren Bauten, etwa bis um 1900, ist heute aus vielen nur zu bekannten Gründen sehr reduziert. Soweit die nicht abgeschlossene Materialsammlung erkennen läßt, stammen die heute noch verfügbaren »historischen« landwirtschaftlichen Bauten in Bayern zu etwa 60% aus dem 19. Jahrhundert. Das 18. tritt nur regional begrenzt noch stärker in Erscheinung. Bauten des 17. und 16. Jahrhunderts sind ausgesprochene Seltenheiten geworden. Dabei muß man sich darüber im klaren sein, daß solche Bauten stets in dem einen oder anderen Detail jüngere Änderungen aufweisen, denen allein wir den Fortbestand solch ehrwürdiger Architektur zu verdanken haben. Immer wieder wird das Alter eines Hofes mit 500 oder 600 Jahren angegeben. Das bezieht sich dann aber regelmäßig auf die erste urkundliche Erwähnung, die im Grunde nichts über das gegenwärtig noch bestehende Objekt aussagt. Selbst der Standort eines Hofes hat vielfach im Laufe der Jahrhunderte eine Verschiebung erfahren. Kontrollierbar ist dies seit dem 19. Jahrhundert, als man damit begann, topographisch genaue Flurkarten anzulegen, die bei einem Vergleich mit der gegenwärtigen Situation Standortveränderung, Abbrüche oder Zubauten erkennen lassen. In der Regel haben Höfe, die in ihrer Grundsubstanz heute etwa 200 Jahre bestehen, vielfache Veränderungen erlebt, die uns oft gar nicht zum Bewußtsein kommen. Das hängt damit zusammen, daß der Laie überhaupt keine klare Vorstellung mehr von Bauten des 18. Jahrhunderts hat und daß ihm Veränderungen aus dem 19. Jahrhundert nicht auffallen, weil sie für ihn historisch sind. Erst in unserer Zeit schaut man hie und da voller Entsetzen auf einen mißhandelten historischen Bau. Solche Schäden rühren manchmal von der Verwendung fremder Baumaterialien her; vielfach sind sie in einem Mangel an jeglichem Gefühl für Maßstab und Proportion begründet.

Zu allen Zeiten haben Reisende bemerkt, daß sich das Bauen in den einzelnen Landschaften unseres europäischen Raumes gegeneinander absetzt. Dies rührt z. T. vom unterschiedlichen Baumaterial her, vielfach aber auch von anders gearteten Formen des landwirtschaftlichen Betriebes. Die Baumaterialien ihrerseits waren von jeher landschaftsgebunden, d. h. man wählte das jeweils nächstliegende Material, also bestimmte Holz- oder Steinarten. Man kann daher generell von der Standortbindung des landwirtschaftlichen Bauwesens sprechen. Diese Standortbindung ist heute weitgehend aufgehoben. Auch von dieser Seite her unterscheidet sich daher das heutige Bauwesen grundsätzlich von dem historischen.

Zur Frage der zeitlichen Abgrenzung ist noch zu ergänzen, daß wir selbstverständlich die zweite Hälfte des vergangenen Jahrhunderts noch mit in unsere Betrachtungen einbeziehen müssen. Länger als im Bereich der landwirtschaftlichen Geräte haben sich Bindungen an altüberkommene Baugewohnheiten erhalten. Wenn wir eingangs schon auf das nicht vollständige Material bedauernd hingewiesen haben, so ist dieser Mangel nicht zuletzt dadurch bedingt, daß frühere Forschergenerationen mit der Zeit um 1820/30 aufgehört haben. Man spürt dabei deutlich, daß man in der zweiten Hälfte des 19. Jahrhunderts die Empfindung hatte, die bäuerliche Kultur habe mit Eintritt des technischen Zeitalters einen Abschluß erhalten. Verstärkt wurde diese Einstellung durch die Betrachtungsweise der Künstler und Architekten, die das Bauen ihrer Zeit vom ästhetischen Standpunkt wesentlich geringwertiger ansahen als die älteren Leistungen bis etwa in die Biedermeierzeit hinein. Von solchen Wertungen muß sich jedoch der Historiker ebenso wie der Volkskundler freimachen. Beide sind zunächst vor die Frage gestellt, warum der Bestand an landwirtschaftlichen Bauwerken aus der Zeit vor 1700 so gering ist. Fachwerkbauten und Bauwerke in Blockbauweise können an sich über 500 Jahre alt werden. Dafür gibt es genügend Beispiele in Europa. Es genügt aber nicht, auf Brände, Katastrophen und Kriegsereignisse hinzuweisen, um die Dezimierung zu begründen. Mit dem Bauen auf dem Lande verhält es sich ähnlich wie mit einem Wald. Auch wenn wir von den forstwirtschaftlichen Maßnahmen des 19. Jahrhunderts absehen, die über weite Strecken Mischwälder in Monokulturen verwandelt haben, sind normalerweise unsere Wälder, vom Alter des Baumes aus gesehen, nicht so alt wie sozusagen ihr Standort. Immer wieder werden Bäume gefällt und nachgepflanzt. Den gleichen Vorgang beobachten wir in

*Einöde Putzenrieth/Oberviechtach*

unseren Dörfern. In Bayern gibt es eine große Zahl planmäßiger Gründungen des Mittelalters und der Neuzeit, die sich in der Dorfgestalt für gewöhnlich als solche schon dem ersten Blick zu erkennen geben. Man kann förmlich ablesen, wie etwa die Angerbreite und die Grundstücksbreiten noch das alte Konzept erkennen lassen. Gibt man sich aber Rechenschaft über das Alter der gegenwärtig vorhandenen Bauwerke, so haben diese mit dem Gründungsdatum der Siedlung nichts mehr zu tun; auch wenn sie unter sich unterschiedlichen Alters sind. Mit anderen Worten: Eine Waldhufensiedlung des 14. Jahrhunderts kann heute einen Baubestand aufweisen, bei dem die ältesten Objekte nicht über 150 Jahre zurückreichen. In einem solchen Dorf fand also, wie in einem Wald, ein sogenannter Umtrieb statt. Es erhebt sich dabei die Frage, wie oft dies beispielsweise in einem Zeitraum von 600 Jahren der Fall gewesen sein könnte. Für diese Frage gibt es bis heute keine festen Untersuchungen. Wir sind auf Vermutungen angewiesen. Selbst wenn man dem Zimmermannshandwerk und allgemein dem Bauhandwerk früherer Jahrhunderte einen großen Erfahrungsschatz zubilligt, auf Grund dessen eine relativ lange Lebensdauer des einzelnen Bauwerks gesichert war, dürfen wir doch damit rechnen, daß spätestens nach zwei Generationen jeweils ein Neubau notwendig war. Bei diesem Anlaß war es dann auch möglich, vom Plan des älteren Bauwerks abzuweichen und neue Baugedanken zu verwirklichen. Es ist daher unmöglich, von den bestehenden Bauten eines Dorfes auf die Gestalt der Erstbauten zu schließen. Wenn jahrhundertealte Dörfer in ihrer heutigen Gestalt in so vielen Fällen einheitlich wirken, so ist das darin begründet, daß man offenbar zu allen Zeiten gewillt war, bei gleichen Lebensbedingungen sich der Bauweise des Nachbarn anzugleichen. Dafür gibt es auch in der Gegenwart genügend Beispiele. Wenn einer angefangen hat, seine Fenster zu vergrößern oder sprossenlose Scheiben einzusetzen, seine Wände mit Kunststoffplatten zu verkleiden, dann folgen in wenigen Jahren auch die übrigen Einwohner. Dieses Thema ließe sich noch breit ausspinnen. Was wir hier in geschlossenen Dörfern festgestellt haben, gilt aber auch bei den Einzelhofsiedlungen, den Einöden, die gerade in Bayern weiten Landschaftsräumen das Gepräge geben. Wir müssen leider darauf verzichten, unseren hauskundlichen Untersuchungen einen zusammenhängenden Überblick über die Siedlungsformen vorauszustellen, weil damit der festgelegte Rahmen der Veröffentlichung gesprengt würde. Das Problem der Auswechslung der Bausubstanz mußte aber einmal nachdrücklich aufgezeigt werden, da in der älteren Literatur nur zu oft erkennbar wird, daß man sich über diese so wichtigen baugeschichtlichen Vorgänge keine Rechenschaft gegeben hat. Selbstverständlich steht hinter dem oft so einheitlichen Baugesicht eines Dorfes auch strenge behördliche Regelung und damit sozusagen ein architektonischer Wille. Davon wird gelegentlich zu sprechen sein. Solange wir das Dorf als Einheit betrachten, müssen wir auch nach dem Wachsen oder dem Rückgang fragen. Bis zu Beginn unseres Jahrhunderts hatten die geschlossenen Dörfer in Bayern im Durchschnitt 300 bis 400 Einwohner. Das entsprach im allgemeinen 60 bis 80 Wohngebäuden. Die explosive Vergrößerung unserer Dörfer setzt erst

*Bauernhof in Niederwinkling/Bogen*

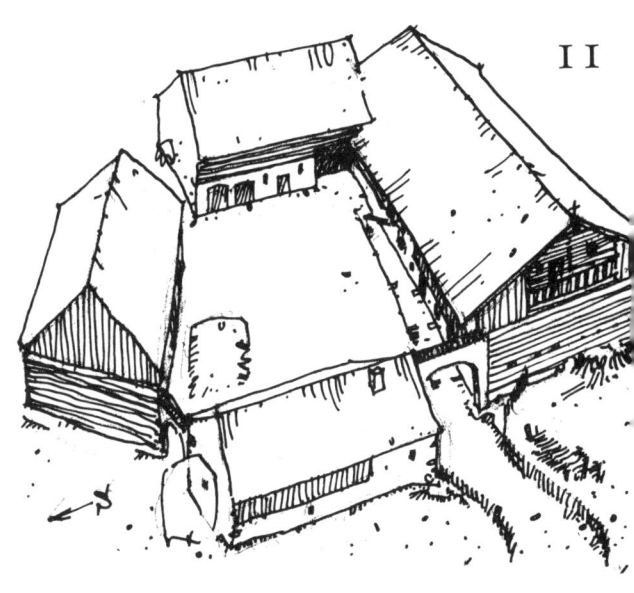

*Vierseithof in Johannesbrunn/Vilsbiburg*

nach dem zweiten Weltkrieg ein. Damit trat eine grundlegende Änderung des alten Siedlungsbildes ein. Fassen wir diese Vorüberlegungen zusammen, so ist darauf hinzuweisen, daß wir mehr noch als die konstanten Größen die variablen bei unserer Betrachtung im Auge haben müssen. Jedes Ortsbild und jeder Einzelhof ist das Ergebnis von mannigfaltig zusammenwirkenden Kräften, es ist ein dynamisches und kein statisches. Dies gilt auch für die Grenzen bestimmter Formerscheinungen, wie etwa das flachgeneigte Dach oder das Vorkommen von Strohdächern. Bauelemente konnten wandern, und die Volkskunde tut gut daran, Formstörungen und Formprovinzen sorgfältig zu untersuchen. Von der Gegenwart aus gesehen, haben wir es vielfach mit rückläufigen Bewegungen zu tun. In früheren Jahrhunderten scheinen manche baulichen Elemente aus kleinen Räumen herausgebrochen zu sein und weite Räume erobert zu haben. Dies läßt sich alles nur nach und nach rückschreitend erkennen. So gibt uns beispielsweise eine Bemerkung bei Leoprechting zu denken, der schreibt: »Seit einigen Jahrzehnten verschimpft die sonst meistens so malerisch hingeworfenen Gehöfte ein kleines backsteinernes Gebäude, der Backofen, welcher feuergefährlichkeitshalber aus den Häusern heraus einschichtig im Freien erbaut werden mußte.« An sich wurde der Backofen in vielen Gegenden Bayerns bereits im 16. Jahrhundert außerhalb des Hauses angelegt. In der Gegend zwischen Landsberg und Schongau scheint dies nach der Beobachtung von Leoprechting jedoch nicht der Fall gewesen zu sein. Von langer Dauer kann diese Neuerung am südlichen Lechrain nicht gewesen sein, denn in der zweiten Hälfte des 19. Jahrhunderts gehen die gleichsam autarken Bauernanwesen dazu über, das Brotbakken aufzugeben und es beim Bäcker zu kaufen. Im einzelnen sind diese Vorgänge bei uns noch nicht untersucht. Der gleiche Mangel ist auch bei einer weiteren Änderung im bäuerlichen Betrieb festzustellen, nämlich der Einführung der Stallfütterung. Die Stallungen waren dafür zunächst zu eng. Die Umbautätigkeit auf den Bauernhöfen mußte daher gerade hier einsetzen. Über die Viehbestände in den früheren Jahrhunderten erfahren wir besonders durch Steuerlisten und Abgabenverzeichnisse im allgemeinen Genaueres. Wenn wir zunächst bei dem schon zitierten Leoprechting anknüpfen, so gibt er für die mittleren Bauern folgendes an: »Im Stall stehen in der Regel drei Kühe, ein Pferd oder ein Öchslein, ein Kalb oder ein Rind, oft auch ein Schwein, dann befinden sich die Hennen darin ...« Für die wohlhabenden Verhältnisse in Niederbayern ist folgender Vergleich lehrreich: Ein niederbayerischer Ritter besaß auf seinem Sitz in Schambach bei Straubing, um 1370, zehn Rösser, zwei Füllen, neunzehn Rinder jung und alt, zwei Kälber, zweiunddreißig Schweine jung und alt, zusätzlich acht Schweine, fünf Gänse, sechs Enten, achtundvierzig Hühner, zwei Hähne, neununddreißig Schafe und neun Jungschafe. Ein niederbayerischer Bauer in dem von Schambach nicht sehr weit entfernten Niederpöring besaß 1666 neun Zugrösser und fünf Füllen, sieben Melkkühe, vierzehn Stück Jungvieh, vier Kälber, vierzig Schafe, acht Schweine, siebzehn junge und alte Gänse. Der Schusteröder Hof in Malling bei Massing war ein Halbhof. Dazu gehörten im Jahre 1538 drei Rösser, fünf Kühe, zwei Kälber, vierundzwanzig Schafe, eine Sau und drei Bienenstöcke. Auf dem gleichen Hof wies der Viehbestand 1671 folgende Zahlen auf: zwei Rösser, drei Kühe, ein Jungrind, zwei Frischlinge, acht Schafe und zwei Bienenstöcke. Hier hat man den Eindruck, daß die wirtschaftliche Notlage des Dreißigjährigen Krieges noch nicht ganz überwunden war. Im 16. Jahrhundert scheint nach den Steuerregistern bei den größeren Bauern ein Bestand von vier Pferden und sechs Kühen das Normale gewesen zu sein. Solche Zahlenangaben ermöglichen uns, gewisse Rückschlüsse auf die Dimensionen der bäuerlichen Anwesen im 16. und 17. Jahrhundert zu ziehen. Nicht minder notwendig ist die Frage nach der Größe der einzelnen Hausgemeinschaften – Eltern, Kinder, Knechte, Mägde usw. Auch hier fehlen uns systematische Untersuchungen. Leoprechting hat in seinem kleinen Beobachtungsgebiet einige sehr aufschlußreiche Tatsachen notiert: »Hinten am Hause ist das Pfründtstübl angebaut. Eine kleine Stube, mit einem Kämmerl, manchmal auch einer Küche, dient dieser Anbau zur Wohnung der Eltern, welche dem Sohne oder der Tochter das Gut übergeben haben. Bei Bauern findet sich wohl auch ein eigenes Häusl für die Austrägler; dies ist dann auch zweigädig ... Ist das Pfründtstübl selten in gutem Zustande, so befindet sich dagegen die Herberg meist im allerschlechtesten. Die Herberg ist ein weiteres Stübl, das manchen Häusern angehängt ist und in dem sich irgendwelche der Geschwister oder Kinder früherer Besitzer zeitlebens die Wohnung vorbehalten haben. Das nennt man derselben Herbergsrecht. Sie müssen dies Stübl unterhalten, und da sie es nur dann einmal beziehen, wenn sie Alters oder Krankheit halber nicht mehr dienen können, so kann man sich denken, in welchen baulichen Würden die Herberg steht. Solche, die darin wohnen, werden Insassen genannt. Ihren Kindern fällt die Herberg nimmer zu, denn ledige Kinder fallen auf die Gemeinde; auf die Herberge hin kann aber niemand heiraten. Die Insassen stören oft des Hauses Fried. Niemand hat sie darum gerne im Hause. Die Stüblleut schickt einem der Teufel zu, und ein halbes Haus eine ganze Höll, sagt nicht umsonst das Sprichwort.« Hinter diesen Schilderungen steht das altbayerische Prinzip, daß ein Hof nicht geteilt werden darf. Dennoch mehrten sich gerade in den fünfziger Jahren des vorigen Jahrhunderts die Versuche der Güterzertrümmerung, auch wenn man dies in den Jahren 1852 und 1855 durch Gesetze zu verhindern versuchte. Die Güterzertrümmerung führte auch zu einschneidenden baulichen Maßnahmen, wie uns der königliche Assessor Joseph Wimmer im Jahre 1858 aus dem Landgericht Eggenfelden berichtet: »Wenn nun ein Gutsbesitzer im Sinne hat, sein Anwesen zu zertrümmern, so befolgt er nachstehende Manipulation: erst werden die etwas weiter liegenden Wiesen veräußert, das wenige Holz ganz und gar abgeschlagen, dann beginnt er aus dem bisher geschlossenen Komplexe drei bis vier Abteilungen zu machen und zwar in der Weise, daß jede derselben so viel Areal enthält, um darauf bei dem Vorhandensein des gesetzlichen Steuersimplums die Ansässigkeit begründen zu können. Den Restkomplex mit einigen Tagwerken Feld, dann den Hausgarten behält er für sich: aus dem nunmehr überflüssigen, früher großen Stadel wird für den einen oder gar beide Ansiedler das Wohnhaus geformt, die frühere Holz- oder Wagenschupfe wird gleichfalls

*Einöde Goldau/Mühldorf*

verändert, und um beim alten Wohnhaus nicht so viel Geld für Unterhaltung der größeren Dächereien... ausgeben zu müssen, wird dasselbe zur Hälfte verkleinert, sodann veräußert und die hiebei sich ergebenden Abfälle bei nunmehrig bereits eingetretenem Holzmangel zu Brennholz verarbeitet. Nun wird verbrieft, ausgebaut, um Ansässigmachung nachgesucht – und die Siedlung ist fertig.« Im mainfränkischen Gebiet dagegen war es die Realteilung, die in den Dörfern ständig bauliche Veränderungen mit sich brachte und die Verschachtelung der Baumassen erklärt. Als eine der wenigen Ausnahmen verweist Fentsch in der »Bavaria« auf die »protestantischen Hochdörfer« des südöstlichen Spessarts, also im Gebiet der ehemals fürstlich löwensteinischen Zent Michelrieth: »Mit gleicher Berechtigung hausen durchweg die Eltern mit den Kindern fort, und an die Prästation des bedungenen Austrages wird bei dieser Kommunhausung nicht gedacht. Die Verheiratung des Kindes gilt demnach durchweg nicht als die Voraussetzung der Gutsübergabe. Stirbt Sohn oder Tochter ohne erbberechtigte Nachkommenschaft, so erhalten Schwiegersohn und Schwiegertochter ihr Eingebrachtes zurückbezahlt und – es wird ihnen die Türe gewiesen. Der Schwiegersohn spielt wenig mehr als die Rolle des ersten Knechtes im Hause.«

Es ist hier noch nicht der Platz, um über die Wohnverhältnisse im einzelnen zu sprechen. Es ging nur darum, die Nutzungsprobleme eines bäuerlichen Anwesens überhaupt anzudeuten. Der Formenreichtum unserer landwirtschaftlichen Anwesen bis zur Schwelle des 19. Jahrhunderts ist nicht nur von landschaftlich unterschiedenen Betriebsformen bedingt, sondern auch Ausfluß der jeweils zuständigen Bauverwaltungen. Man wird daher gut daran tun, sich anhand des historischen Atlasses von Bayern über die Territorialverhältnisse und die Betriebsgrößen der einzelnen Anwesen zu orientieren.

Noch einige technische Hinweise: Das beigegebene Literaturverzeichnis macht keinen Anspruch auf Vollständigkeit. Hinsichtlich der Ortsangaben, die angesichts der vielen Einöden in Bayern (mit gleichlautenden Namen!) manchmal nicht ganz einfach festzustellen sind, wurde nach folgendem Grundsatz verfahren: Die früher zuständige Gemeinde wurde mit / an den Namen angefügt. Zusätzlich wird dann noch der nächstgrößere Ort, in der Regel Sitz eines Amtsgerichtes oder Landratsamtes, angegeben. Damit soll erreicht werden, daß man mit Hilfe einer Karte 1 : 200 000 den angegebenen Ort fast immer der Lage nach bestimmen kann. Für eingehende Forschungen sind die Karten 1 : 50 000 wie auch die Flurkarten unentbehrlich. Da auf Fußnoten verzichtet wird, wurde dem Text ein ausführliches Stichwortverzeichnis beigefügt, in dem alle Fachausdrücke erläutert werden. Dieses Verzeichnis dient auch dazu, die heute immer noch bestehenden terminologischen Schwierigkeiten zu beheben. Da Bayern durch drei Mundarten charakterisiert ist, wird man nach Möglichkeit auf synonyme Bezeichnungen Rücksicht nehmen. Es steht der Volkskunde nicht an, solche Farbigkeit zu unterdrücken. Auf der anderen Seite streben wir bei den wissenschaftlichen Begriffen möglichst eine Angleichung an die Fachsprache in unseren Nachbarländern an, weil dadurch großräumige Zusammenhänge deutlicher zum Ausdruck kommen.

# Landschaftliche Darstellung

Frankenland (Abbildungen 18–95)

Wer heute eilig durch Bayern reist, wird über weite Strecken keine altartigen Bauernhöfe wahrnehmen. Nur systematisches Suchen führt uns zu jenen Objekten, die für die historische Forschung von Bedeutung sind. Die folgende Darstellung kann natürlich nicht jede der heute rund 4000 Gemeinden des Landes berücksichtigen. Wer genaue Auskunft benötigt, muß an das Institut für Volkskunde der Bayerischen Akademie der Wissenschaften verwiesen werden. Immerhin wollen wir das Material insofern gliedern und ordnen, als wir gleichsam, mit dem Frankenland beginnend, eine Rundreise durch Bayern antreten, die uns von Norden nach Süden, bis zum Bodensee, führen soll. Unter dem Frankenland werden hier nur die drei bayerischen Regierungsbezirke Ober-, Mittel- und Unterfranken verstanden. Hausgeographisch darf man natürlich das badische und württembergische Frankenland nicht übersehen. Der gesamte Raum ist seit der frühen Neuzeit durch Fachwerkbauten ausgezeichnet. Der Franke empfindet sie als etwas typisch Fränkisches, er ist gleichsam von einer Art Nationalstolz auf sein Fachwerk erfüllt. In diesem Empfinden ist er dem Hessen vergleichbar. Das sogenannte fränkische Fachwerk greift weiter nach Osten in die westliche und nordwestliche Oberpfalz. Die Hausforschung unterscheidet, vielleicht nicht ganz glücklich, ein fränkisches von einem schwäbischen Fachwerk, wobei die Bezeichnung schwäbisch sich in erster Linie auf das württembergische Schwaben bezieht. Nicht von ungefähr haben weite Teile des bayerischen Schwaben ebenfalls Fachwerkbau gepflegt. Zunächst noch ein Wort zu dem Begriff Fachwerk: Ganz Mitteleuropa kannte schon in vorgeschichtlicher Zeit Ständerbauten, die während des Mittelalters hindurch auch in unserem Untersuchungsgebiet noch üblich waren. In den Städten hatte sich im Spätmittelalter eine Konstruktionsweise herausgebildet, bei der die einzelnen Geschosse in sich abgezimmert wurden. Dabei gab man die einst durchgehenden Ständer auf. Das Fachwerkgerüst solcher Bauten weist zahlreiche waagerechte Hölzer zur Aussteifung aus, die als Riegel bezeichnet werden. So spricht man gemeinhin in Franken vom Riegelbau und der Riegelwand. Dabei ist es kennzeichnend, daß die Zwischenräume des hölzernen Gefüges, also die Wandfüllungen, aus einem anderen Material hergestellt sind. Der Fachwerkbau verwendet mit Vorliebe das widerstandsfähige Eichenholz. In seiner Spätstufe deckt sich der mitteleuropäische Fachwerkbau annähernd mit den Gebieten des vorherrschenden Laubwaldbewuchses. Der Grundsatz des standortgebundenen Baumaterials hat von jeher die jeweiligen Hausformen beeinflußt. Die natürliche Krümmung der Eichenhölzer wurde im Fachwerkbau bis in das 19. Jahrhundert ausgenutzt. Die Verbindung der einzelnen Hölzer erfolgte mit Hilfe von Verblattungen oder Verzapfungen. Die Füllung der Wand entstand auf folgendem Wege: Zunächst bohrte man in die Riegelhölzer Löcher, in die sogenannte Stickscheiter oder Stickhölzer (niederdeutsch Staken) eingesetzt wurden. Zwischen diese Stickscheiter wurden Gerten geflochten. Die Technik ist einem Flechtzaun oder einem Weidenkorb verwandt. Diese Gerten hießen im badischen und württembergischen Frankenland Nädergerten (Niedergerten, Gerten, Schienen). Die Bezeichnung gilt auch für den bayerischen Teil des Odenwaldes. Als Material wählte man schlanke Haselruten, die je nach Stärke ganz, halbiert oder geviertelt verwendet wurden. Sie durften nicht austrocknen, da sie zum »Nädern« biegsam bleiben mußten. Selbstverständlich finden wir auch Weidengerten. Von größter Wichtigkeit war die Bereitung des Strohlehms, mit dem die Fache geschlossen wurden. Dieses Ausstreichen nannte man Schlieren. Daher spricht man im Fränkischen auch von Schlierriegelbau. Heiner Heimberger hat die Technik eingehend beschrieben. Je nach Größe des Neubaues waren 20–25 Wagen Lehm erforderlich. Dazu kam ein Wagen mit Stroh. Mit einer solchen Menge konnte man die Außen-, Innen- und Zwischenwände schlieren. Die Dorfjugend half mit Vergnügen beim Stampfen des Lehm-Stroh-Breies. Bei der eigentlichen Arbeit waren Helfer und Handlanger in großer Zahl notwendig. Zunächst ging es an das Sticken der Zwischendecken. Die sogenannten Wickler drehten aus Strohlehm um die starken Stickscheite Wickel und schoben diese in Nuten, die von den Zimmerleuten in die Deckenbalken gestoßen waren. Auf diese Weise entstand die mit der unteren Balkenfläche liegende Zimmerdecke. Entsprechend verfuhr man auf der Oberseite. Anschließend wurden die Stickscheite in die Gefache der Hauswände gesetzt. Je nach Breite eines Faches waren drei, fünf oder sieben Stickscheite notwendig. Daran schloß sich das Schlieren an. Der Schlierer hielt in der Linken einen 40 cm langen Schlierhaken, in der Rechten das Scheitbrett. Mit dem Haken riß man einen zwei Fäuste großen Lehmklotz aus dem Stroh-Lehm-Haufen, warf ihn auf das Scheibbrett und drückte ihn dann mit Schwung auf das Rutengeflecht. Die ausgefüllten Gefache wurden mit dem Brett abgescheibt, d. h. glattgestrichen. Bei Nebengebäuden, die keinen Verputz erhielten, füllte man die Fache bündig mit der Balkenkante aus. Bei Wohnhäusern dagegen stand die Wand um die Verputzstärke zurück. War sie lederhart geworden, wurde sie nochmals aufgerauht, damit der Verputz besser hielt. Das Aufrauhen geschah mit dem sogenannten Reißbrettle, in das man vier bis sechs Zähne eingesägt hatte. Es ist das gleiche Werkzeug, das die Maurer in Unterfranken auch bei ihren Kratzputzornamenten verwendet haben. Nach vier bis sechs Wochen war die Schlierwand bei günstiger Witterung trocken. Dann erst konnten die Innenwände geschliert werden. Die Innenräume erhielten nach dem Austrocknen den gleichen Putz wie die Außenwände, der nach dem Trocknen mit Kalkmilch geweißt wurde. Als Vorzüge der Schlierriegelwand rühmte man ihre Luftdurchlässigkeit, Wärmebeständigkeit und ihre Widerstandskraft gegen jegliche Witterung. Auch besaß sie einen hohen Grad an Feuersicherheit. Der Holzbedarf für ein Fachwerkhaus war nicht unbeträchtlich. Wir erfahren beispielsweise aus dem 17. Jahrhundert, daß für den Neubau eines Vollbauern in der Rothenburger Gegend 12 Eichen und 108 Fichten erforderlich waren. Die gleiche Holzmenge wurde für den Bau einer Scheuer benötigt. Der Köbler (Kleinbauer) benötigte bei Neubau immerhin noch je 90 Stämme, während der Taglöhner (Leerhäusler) 60 Stämme nötig hatte. Der Fachwerkbau konnte sich in den fränkischen Dörfern so lange behaupten,

 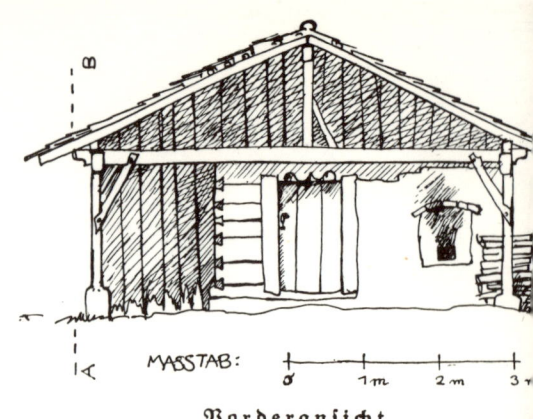

Seitenansicht  Vorderansicht

*Badstube in Hausen/Laufen*

weil Pfarrhöfe, Gasthäuser, Amtsbauten, Mühlen und selbst adelige Landbesitze als Fachwerkbau errichtet wurden und dadurch reichstädtische Fachwerkkultur gleichsam bis in den letzten Winkel des Landes getragen wurde. Wenn wir die Frage prüfen, wie sich die erdgeschossigen Hofanlagen zu jenen mit Obergeschoß verhalten, so gewinnt man in Franken den Eindruck, daß das Obergeschoß im bäuerlichen Anwesen erst seit 1700 häufiger wurde und daß es wohl vielfach Prestigegründe waren, die den Bauern dazu veranlaßt haben, nicht so sehr aber der Raumbedarf. Die Räume des Obergeschosses dienten mehr als Aufbewahrungsraum für Erträgnisse der Landwirtschaft und nicht etwa als Schlaf- und Wohnräume. Beginnen wir mit der Darstellung typischer Höfe Unterfrankens in dem ehemaligen mainzischen Gebiet von Aschaffenburg, Miltenberg und Amorbach. Eine Schlüsselstellung nimmt hier das Haus Haas aus Watterbach bei Amorbach ein, das heute in der Nachbargemeinde Ottorfszell, Ortsteil Breitenbach, aufgestellt ist. Dieses sogenannte Watterbacher Haus, das vor Jahren durch Heinrich Winter, Heppenheim, entdeckt wurde, ist ein Firstsäulenbau des 16. Jahrhunderts, dessen konstruktive Eigenheiten jedoch noch dem Spätmittelalter angehören und einst im Fränkischen und Schwäbischen weit verbreitet waren. Wir haben es mit fünf Gebinden zu tun. Die Pfetten wurden von mächtigen Eichenholzsäulen (Ständern) getragen. Man rechnet das Haus deshalb zu den sogenannten Firstsäulenhäusern. Der konstruktive Gedanke tritt uns bereits 1380 in einem Weistum des Büdinger Reichswaldes entgegen, in dem für den Bau eines solchen Hauses folgende Bäume beziehungsweise Balken bewilligt wurden: vier sweln, viere phedin, zwo firstsulen und ein firstbalken. Das entspricht einem zwar kleineren, im Konstruktiven jedoch verwandten Bau. Wir müssen nur bedenken, daß es sich bei den vier Pfetten um die zwei Fußpfetten und zwei Trame handelt und daß der Firstbaum hier als Firstbalken bezeichnet ist. Das Weistum sieht für eine Scheuer die gleichen Gerüsthölzer vor und zusätzlich Holz für Pfosten und Banden, das sind Stiele und Kopf- bzw. Fußbänder. Das Gerüst des Watterbacher Hauses zeigt die reichliche Verwendung von Kopfbändern. Die dendrochronologische Untersuchung hat erwiesen, daß die Firstsäulen des Watterbacher Hauses mehrhundertjährige Spessarteichen sind. Während im 16. Jahrhundert das Sparren-Kehlbalken-Dach im fränkischen Raum schon sehr an Boden gewann, haben wir es bei dem Watterbacher Haus noch mit einem Rofendach zu tun. Ein Wort zur inneren Raumeinteilung: Das Haus enthielt Wohnung und Stallung und gehört somit in die Gruppe der Wohn-Stall-Häuser. Wir dürfen es als Odenwälder Wohn-Stall-Haus mit Firstsäulengefüge charakterisieren. Wie alle oberdeutschen Häuser hatte es eine Stube. Der Hauseingang befindet sich traufseitig. Er führt unmittelbar in den Herdraum, der die Stube vom Stall trennte. Über der Stube befand sich eine Schlafkammer. Ob der Stall ursprünglich gegen den Herdraum zu abgetrennt war, konnte nicht festgestellt werden. Wahrscheinlich besaß er keine Abtrennung. Die Eingangstüre zum Herdraum war offensichtlich auch Zugang zur Stallung. Wenn dem so war, dann lassen sich Nachrichten aus dem 19. Jahrhundert für den Hochspessart erklären, in denen davon die Rede ist, daß bei kleinen

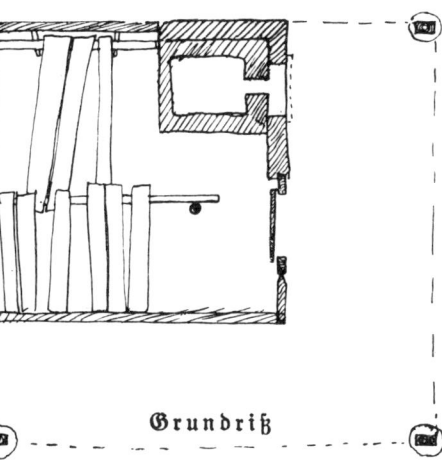

Grundriß

bäuerlichen Betrieben Mensch und Vieh förmlich in einem Raum hausten. Der Herd des Watterbacher Hauses, der möglicherweise zunächst keinen Rauchfang besaß, erhielt diesen zu einem späteren Zeitpunkt. Der Rauchfang war mit einem Schlot versehen und bestand wie das übrige Fachwerk aus Holz und Lehm. Im 19. Jahrhundert wurde er durch einen gemauerten Schornstein ersetzt. Die Räume des Obergeschosses, also Schlafkammer und Heuboden, erreichte man über Stiegen vom Herdraum aus. Eitzen konnte noch feststellen, daß die Deckenbalken über der Stube stark verräuchert waren. Er schloß daraus, daß auch in der Stube einst ein offenes Feuer gebrannt hatte. Wir möchten annehmen, daß die Verrußung eher von einem Leuchtherd, der Kienspanbeleuchtung, herrührt. Das Watterbacher Haus war an einem Hang aufgestellt. Dadurch ergab sich ein kellerartiger Unterbau. Das Dach war an der Hangseite tiefer herabgezogen als an der vorderen Traufseite. Der Keller ist offenbar nachträglich gemauert worden und erhielt dabei Öffnungen, die mit Steinschiebern verschlossen wurden, wie wir sie aus der Rheinpfalz kennen. Der Keller wurde dann auch gewölbt (1601). Man war dabei gezwungen, den Fußboden der Stube zu heben. Als spätere Veränderung hat Eitzen auch die Vergrößerung des Stalles auf Kosten des Herdraumes erkannt und die Verkleinerung der Stube zugunsten einer Kammer festgestellt. Das konstruktive Gefüge des Watterbacher Hauses dürfte einst weit verbreitet gewesen sein. Für den Spessart ist heute jedoch ein anderer Haustyp maßgebend, den man als gestelztes Wohn-Stall-Haus bezeichnen könnte. Hier erreicht man den Wohnteil (Stube, Küche, Kammer) über eine Außentreppe. Im Erdgeschoß, das in der Regel gemauert ist, befinden sich die Stallungen. Diese Bauart ermöglicht es, mit einer sehr geringen Hoffläche auszukommen. Die Beziehung zu den engen Spessarttälern ist offensichtlich. Doch wäre es nicht statthaft, hier die Entstehung dieses Haustyps zu suchen. Er kommt nicht minder häufig im hohenlohischen Land und gelegentlich auch im östlichen Unterfranken vor. Die Raumnot der Spessarttäler ließ im übrigen kilometerlange Dörfer entstehen, im starken Gegensatz zu den sonst gerne haufenförmigen Anlagen Unterfrankens. Im Odenwald wird der Unterschied zwischen Tal- und Höhendörfern auch dadurch deutlich, daß in den Höhendörfern, wie z. B. Monbrunn und Preunschen, die Neigung zur Einzelhofsiedlung besteht. In den Höhendörfern finden wir heute gemauerte Bauten mit Obergeschoß, die einen wohlhabenden Bauernstand verraten. Im Spessart, im Odenwald und in der Rhön werden die Hauswände bis in die Gegenwart herein häufig mit Bretterschindeln ummantelt. Als Dachdeckungsmaterial kam ehemals das Stroh in Frage. Doch ist die unterfränkische Landschaft sehr früh zum Hartdach übergegangen, das von Westen eingedrungen ist.

Neben dem Firstsäulenhaus und dem gestelzten Wohn-Stall-Haus erscheint als dritter Typ der dreiseitig umbaute Hof. Es ist jene Anlage, die die ältere Hausforschung als fränkisches Gehöft bezeichnet hat, die aber sicher keine Erfindung der Franken ist, da sie weit darüber hinaus vorkommt. Nach unsern heutigen Kenntnissen ist der geordnete dreiseitige Hof im 14. Jahrhundert bei Neusiedlungen geradezu obligatorisch gewesen. Franken hat ihn dann allgemein gebaut und diese Ordnung auch in der Neuzeit treu bewahrt. Das Wohnhaus enthält in der Regel auch die Stallungen. Im rechten Winkel dazu steht die Scheune mit Tenneneinfahrt auf der Traufseite. Die dritte Hofseite, also parallel zum Wohnhaus, wird von einem schmaleren Bau, dem sogenannten Gaden, eingenommen, der im unteren Teil in der Regel einen Schupfen aufweist, während der obere Teil offensichtlich ehemals Speicherzwecken gedient hat. Die vierte Seite des Hofes wird von einer Toranlage geschlossen, die aus dem schmäleren Eingang und der breiteren Einfahrt besteht. An dieser Toreinfahrt haben Zimmerleute, Maurer und Steinmetzen ihr Können zur Schau gestellt. Vielleicht mehr noch als das kunstvolle Fachwerk des Wohnhausgiebels, liegt in diesen Hoftoren der Ausdruck bäuerlicher Repräsentation. Der Speicherbau des fränkischen Gehöftes ist gleichsam etwas verkümmert. Das mag damit zusammenhängen, daß die Vorrats- und Bergeräume der Bauern in den sogenannten Kirchgaden untergebracht waren, die sich innerhalb der Kirchhofsmauern befanden und in Zeiten kriegerischer Unruhen eine höhere Sicherheit geboten haben. Auch der Backofen ist beim unterfränkischen Gehöft nicht die Regel. Im Gegenteil, nirgends finden wir so viele Dorfbackhäuser als gerade im Mainfränkischen. Günther Kapfhammer hat für das Rhönvorland vor einigen Jahren den heutigen Bestand festgestellt. Im Dorfbackhaus kommen Gedanken der Holzersparnis zum Ausdruck, die besonders im Hessischen sich durchgesetzt haben. Der Fürstprimas Carl Theodor von Dalberg hat um 1810 sich nachdrücklich für die Neuanlage solcher Dorfbackhäuser eingesetzt. In der Rhön war im 19. Jahrhundert nach Berichten der Kartoffelverbrauch höher als der von Brot. Die »Bavaria« weiß zu berichten, daß Dörfer in der Gegend von Brückenau, wie z. B. Reussendorf, das Brotbacken vollkommen aufgegeben hatten und es in Fulda einkauften. Ganz selten erfahren wir auch etwas von einem Flachsdörrhaus wie um 1810 in Dimbach bei Gerolzhofen. Hier unterscheidet sich der mainfränkische Raum deutlich von Mittel- und Oberfranken.

Über die Wohnverhältnisse in Unterfranken im 19. Jahrhundert besitzen wir bis jetzt nur wenig Unterlagen. Fentsch war von dem ehemaligen Wertheimischen Michelrieth besonders beeindruckt. Er rühmt das Innere der dortigen Bauernhäuser als wohnlich und »sauber«, dabei aber im vollsten Maße einfach und anspruchslos. Bei den Wohnstuben hebt er den großen Eichentisch, umgeben von der in die Mauer eingelassenen Bank und etlichen Holzstühlen, hervor. Die Wände seien völlig schmucklos. Ein Schrank und ein eiserner Ofen ergänzten die Stubeneinrichtung. Die reichen Bauern des Schweinfurter und Ochsenfurter Umlandes hatten sich zu damaliger Zeit schon städtisch eingerichtet. Am kümmerlichsten waren die Wohnverhältnisse im Spessart und in der Rhön, wo selbst in besseren Bauernhäusern »Wand und Decke mit Ruß und Rauch« überzogen waren. Hervorzuheben ist noch das häufige Vorkommen von sogenannten Vorlauben im östlichen Unterfranken, gelegentlich auch im Spessart. Hier dürften thüringische Einflüsse wirksam gewesen sein, wie überhaupt Unterfranken in vielen Einzelheiten ganz der mitteldeutschen Hauslandschaft zuzurechnen ist.

Leider ist der Hausbestand der hessischen Rhön bisher nicht in größerem Umfang untersucht und veröffentlicht. Stets wird man die unterfränkischen Bauernhöfe wie auch die Dörfer im Zusammenhang mit den Märkten und Kleinstädten sehen müssen, in denen ein wohlhabendes Ackerbürgertum zu Hause war. Schneller als anderswo konnte bürgerliche und städtische Kultur hier wirksam werden. Auf jeden Fall ist das Ackerbürgertum in den Landen am Main am stärksten ausgeprägt.

Oberfranken mit dem Frankenwald, dem bayerischen Vogtland, dem Fichtelgebirge und dem oberfränkischen Jura unterscheidet sich in vielem von dem, was wir bisher in Unterfranken behandelt und festgestellt haben. Schon im Siedlungsbild mit seinen zahlreichen Weilern und Einzelhofsiedlungen (im Münchberger Land Einzel genannt) erkennt man eine beträchtliche jüngere Ausbautätigkeit, während wir in Unterfranken vorzugsweise geschlossene Dörfer finden, die überwiegend in das frühe Mittelalter und noch weiter zurück reichen. Nicht weniger wichtig ist es bei der Beurteilung des oberfränkischen Hausbestandes, die ehemalige geschichtliche Gliederung zu berücksichtigen: das ehemalige bischöflich-bambergische Territorium, die markgräflichen Gebiete von Bayreuth und Kulmbach und das seit 1920 zu Oberfranken gehörende ehemals thüringische Coburger Land. Im markgräflichen Gebiet spielt der Steinbau eine sehr wichtige Rolle. Es ist zu vermuten, daß er von den Baubehörden seit dem 18. Jahrhundert mit Nachdruck gefördert wurde. Nach Gründung des Königreichs Bayern hat die zentrale Bauverwaltung in München gerne auf oberfränkische Gebiete, wie das Fichtelgebirge und das Münchberger Land, verwiesen, wenn es um die Modernisierung des landwirtschaftlichen Bauwesens ging. Wenn wir vom Fichtelgebirge sprechen, so meinen wir in erster Linie das ehemalige sogenannte Sechsämterland (Wunsiedel, Weißenstadt, Kirchenlamitz, Selb, Thierstein und Hohenberg). Für dieses Gebiet besitzen wir eine »Physikalisch-statistische Beschreibung des Fichtelgebirges« von August Goldfuß und Gustav Bischof, Nürnberg 1817, in der die Wohnverhältnisse folgendermaßen dargestellt werden: »Die Stube hat in den steinernen Häusern der oben bemerkten Gegenden weißgetünchte Wände und einen immer rein gefegten Fußboden. Neben dem Eingange steht ein großer, öfters grün glasierter Ofen mit zwei geräumigen eisernen, eingemauerten Ofentöpfen, worin immer warmes Wasser gehalten wird. Ringsherum gehen Bänke und ein hölzernes Gitter zum Aufhängen der Kleider und Wäsche. Zwischen dem Ofen und der Wand ist ein schmaler Raum, die Hölle, mit einer Bank ausgefüllt, wohin man sich verkriecht, um auszuruhen und sich gütlich zu tun. Da man gewöhnlich gespaltenes Kienholz zur Beleuchtung brennt, so ist in den reinlicheren Häusern neben dem Ofen ein kleiner Rauchfang angebracht. Der vordere Teil der Stube wird mit Ziegelsteinen gepflastert, damit das beim Füllen der Ofentöpfe verschüttete Wasser leicht, zu einer durch die Wand gehenden Rinne, abfließen kann. Um die Wände des Zimmers laufen Bänke hin, in der Ecke neben den Fenstern stehen ein großer Tisch und um ihn einige hölzerne Stühle. Tisch und Bänke werden jeden Sonnabend mit weißem Silbersand abgerieben. Auf einem an der Wand neben der Türe befestigten Schlüsselbrette ist das hölzerne, irdene und blecherne Küchengeschirr aufgestellt, und auf einem Brette über der Türe liegen in der Regel eine Bibel, ein Predigt- und Gesangbuch. Hühner und Gänse sind in den Dörfern innerhalb der Sechsämter aus den Zimmern verwiesen.«

Hier war man also gegenüber der benachbarten Oberpfalz fortschrittlich. Darstellungen älterer oberfränkischer Stuben hat Konrad Bedal unter anderem für Tschirn, Landkreis Kronach, für Mönchkröttendorf, Landkreis Lichtenfels, für Rodesgrün bei Naila und Eschlipp bei Ebermannstadt gebracht. Das Gegenstück zur Bauernstube des Sechsämterlandes boten die Weberhäuser in der Umgebung von Helmbrechts. Fentsch beschreibt sie folgendermaßen: »Gewöhnlich sind Flez, Küche, Schlafkammer und Wohngelaß in einem Raum vereinigt, um allen Verwechslungen vorzubeugen. Ist Flur und Küche abgetrennt, so will das schon etwas bedeuten. Der Schmutz in den dumpfen, durchräucherten, mit feuchtem Garngeruche erfüllten Stuben ist eingebürgert und der Raum größtenteils so beschränkt, daß neben dem Webstuhl und der Familienliegestätte kaum ein bißchen um den Kachelofen erübrigt, darauf man sich bewegen kann.« Allgemein charakterisiert Fentsch die Wohnverhältnisse der bäuerlichen Anwesen in Oberfranken folgendermaßen: »Der Knecht schläft im Stall, die Magd unter dem Dach oder in einem Kämmerchen des Oberstockes, wo ein solcher besteht. Die übrigen Räume des letzteren werden zu ökonomischen Zwecken verwendet. Der Prunkgaden, die sogenannte gute Stube, fehlt in der Regel am platten Lande. Die Einrichtung ist schmucklos, einfach und auf das Unentbehrliche beschränkt, selbst beim vermöglichen Bauern.« Die Fenster des Bauernhauses waren schon damals in Oberfranken breit und hoch, worin sich dieser Landstrich sehr deutlich gegen die Oberpfalz abhob.

In Oberfranken trifft man auf eine Reihe baulicher Elemente, die dem Mainfränkischen unbekannt sind, wie z. B. die Blockwand der Frankenwaldhäuser, die Ständerbohlenwände in der Kulmbacher Gegend, die Vierseithöfe des Münchberger Umlandes, das sogenannte Frackdach zwischen Frankenwald und Fichtelgebirge, die von Norden eingedrungene Schieferdeckung und Verschieferung der Holzwände. Bevorzugt wurde der Schiefer aus Lehesten in Thüringen. Im nordöstlichen Grenzstreifen gegen Thüringen und Böhmen tritt beim Grundriß des Wohnhauses eine Schmalform auf, die wir als einraumtiefes Haus bezeichnen können. Hier ist die Stubenbreite gleich der Hausbreite. Bei den Scheunengrundrissen mehrt sich die Aufschließung in der Längsrichtung mit giebelseitiger Tenneneinfahrt. Wir bezeichnen sie daher als Längstennscheunen. Häufiger als in Unterfranken hat sich, vor allem in der Gegend von Münchberg, das Strohdach erhalten. Im Gebiet von Bamberg müssen im 17. Jahrhundert noch strohgedeckte Vollwalmstädel allgemein verbreitet gewesen sein. Der äußere Eindruck der Bauernhöfe im östlichen Oberfranken wird durch die einförmige Verbretterung der Scheunengerüste bestimmt. Dadurch entsteht ein sehr dunkler ernster Eindruck, während sich das Bamberger und Coburger Land mit seinem freiliegenden Fachwerk wesentlich heiterer und freundlicher gibt. Zu den schon aufgeführten Wandtechniken der Blockwand, der Ständerbohlen- und Fachwerkwand, kommt an der Ostgrenze noch das sogenannte Umgebinde hinzu, eine Baugewohnheit, die offensichtlich von Nordböhmen und Sachsen eingedrungen ist und die durch die Verwendung von Außenstützen vor einer Blockwand bestimmt wird. Was das Fachwerk angeht, so beobachten wir in der Gegend von Forchheim das Fehlen von Grundschwellen, eine Eigenart, die sich geschichtlich bis in das Mittelalter zurückverfolgen läßt und die auch in der Gegend zwischen Nürnberg und Erlangen nachweisbar ist. Aus all diesem ersehen wir, daß wir es in Oberfranken mit einer Fülle unterschiedlicher Elemente zu tun haben und dies auf relativ engem Raum. Am eindrucksvollsten bleiben die Vierseithöfe, für die der Hof Nr. 6 in Kleinlosnitz bei Münchberg ein vorzügliches Beispiel liefert: Wohnhaus und Stall befinden sich unter einem First; die rechtwinkelig angebaute Scheune besitzt noch ein jüngeres Göpelhaus; dem Wohnhaus gegenüber liegt die Grummetschupfe; das eigentliche Hoftor ist zu einem kleinen Haus ausgebaut. Typisch und im 19. Jahrhundert bereits sehr gerühmt sind in der dortigen Gegend die gewölbten Ställe. Tendenzen des landwirtschaftlichen Bauens in Mitteleuropa fanden hier sehr früh ihre Verwirklichung. Oberfranken ist von jeher kein reines Bauernland gewesen. Seit dem 19. Jahrhundert tritt sogar die Industrie sehr deutlich in den Vordergrund. Auch von dieser Seite her hat sich das Bild vieler Dörfer schneller als in anderen Landstrichen Bayerns gewandelt.

In dem Maße, in dem der Bestand an altartigen Bauernhöfen im Lande abnimmt, wird es immer wichtiger, zusätzlich historische Bildquellen und vor allem altes Planmaterial auszuwerten. Dies ist schon seit einigen Jahrzehnten vor allem für den mittelfränkischen Raum, den wir nunmehr zu behandeln haben, geschehen. Von hier aus lassen sich auch geschichtliche Erkenntnisse für Ober- und Mittelfranken gewinnen. Maßgebend für die Entstehung solcher Planunterlagen waren in erster Linie die Bauverwaltungen der freien Reichsstadt Nürnberg und der Markgrafschaft Ansbach. So liefert uns das für Nürnberg und sein Umland erhaltene Material an Baugenehmigungen auf der einen Seite Belege für den obengenannten schwellenlosen Fachwerkbau, auf der anderen Seite für das wichtige Thema der Verdrängung des Holzbaues durch den Steinbau (Abb. 6, 7). Das Gebiet der Reichsstadt war im 16. Jahrhundert in den Dörfern noch von einem Haustyp beherrscht, der, äußerlich gesprochen, durch erdgeschossige Bauweise mit mächtigem Vollwalmstrohdach gekennzeichnet war. Die gleiche Konstruktionsweise wiesen die Scheunen auf. Bekanntestes Beispiel hierfür ist die Dorfansicht von Kalchreuth, die Dürer in einem Aquarell festgehalten hat. Der Haustyp ist heute unter dem Namen »Schwedenhaus« geläufig. Die Bezeichnung haftete offensichtlich zunächst an einem solchen Vollwalmhaus in Nürnberg-Thon, das durch die Forschungen von Rudolf Helm bereits in den dreißiger Jahren bekannt wurde. Der Name »Schwedenhaus« wollte offenbar nur besagen, daß das Haus aus der Schwedenzeit, also aus der Zeit des Dreißigjährigen Krieges, stammt. So altertümlich diese Bauten auf uns wirken, so bleibt die Frage offen, ob es sich bei dem Thoner Haus um einen fortentwickelten

Gerüsttyp handelt, der dem 16. Jahrhundert angehört, während die von Dürer dargestellten Kalchreuther Häuser, die uns über das innere Gerüst keine Auskunft geben, ein älteres besessen haben könnten. Wir denken dabei an ein Firstsäulengerüst, wie wir es bei dem Haus Haas in Watterbach kennengelernt haben. Das Thoner Haus besitzt zwar aufgehende Säulen im Innern, die noch in den Dachraum hineinreichen, aber es enthält keine Firstäulen, die einen Firstbaum tragen. Wir haben es hier mit einem Sparrendach zu tun. Da aber bei dem nahezu quadratischen Haus die Walme sehr tief heruntergezogen sind, wurden äußere, zusätzliche Säulen notwendig, durch die eine Art von Abseite gebildet wird. Dadurch entsteht gleichsam eine dreischiffige Halle, die zum Vergleich mit dem niederdeutschen Hallenhaus anregen mußte. Nach über dreißigjähriger Forschung wird man jedoch solche Vergleiche aufgeben. Wir müssen vielmehr davon ausgehen, daß es in Mittelfranken im Spätmittelalter Ständerbauten mit Firstsäulen und Rafendächern gegeben hat. Die Beurteilung des Thoner Hauses darf auch nicht übersehen, daß die Wände von späteren Veränderungen herrühren, wie auch der Kamin eine jüngere Zutat auf Grund feuerpolizeilicher Vorschriften gewesen ist. Die Ziegeleindeckung des Thoner Daches könnte noch auf die Erbauungszeit zurückgehen, denn aus bildlichen Darstellungen des 16. Jahrhunderts geht hervor, daß Vollwalmdächer bald mit Stroh, bald mit Ziegeln gedeckt wurden. Dreiseitige Hofanlagen trifft man allenthalben in Mittelfranken. Ihnen fehlt in der Regel jedoch das in Unterfranken so liebevoll ausgestattete Hoftor. Aus der Auswertung von altem Bild- und Planmaterial geht hervor, daß sich das Bild der Dörfer im Nürnberger Umland vom 17. bis zum 20. Jahrhundert erheblich gewandelt hat. Zwischen der Ortsansicht von Kalchreuth bei Dürer und dem heutigen Dorf ist so gut wie keine Beziehung herzustellen. Wie diese Veränderungen nach und nach eingetreten sind, läßt das Studium von Eingabeplänen erkennen. Wir wählen als Beispiel (Abb. 6) den Eingabeplan eines Ägidius Sperber aus dem Jahre 1741. Sperber besaß ein Haus, das an der Giebelseite 45 Schuh breit und an der Traufseite 43 Schuh lang war. Es war also breiter als lang. Der Grundriß war aber dem Quadrat angenähert. Derartige Hausgrundrisse lassen sich an dem noch erhaltenen Hausbestand in den Gebieten von Lauf a. d. Pegnitz, Hersbruck, Neumarkt/Oberpfalz, Sulzbach-Rosenberg und z. T. auch im Raum östlich von Hilpoltstein heute noch nachweisen. Die Wände des Sperberschen Hauses bestanden z. T. aus Ständerbohlen und Fachwerk. Vom Gerüst her gesehen, können wir von einem Schwellenriegelbau sprechen, der dem schwellenlosen Fachwerkbau nahesteht. Der Hausflur wird als Tennen bezeichnet, was in Mittelfranken allgemein üblich war. Die Schlafkammer des Bauern lag gegenüber der Stube, sie besaß ein winziges Fenster. Stube und Küche waren miteinander verbunden, der Stubenofen konnte von der Küche aus geheizt werden. Der Küchenherd selbst lag an einer Außenwand. Der Rauch wurde durch einen Schlot abgeführt. Das Giebeldreieck besaß einen kurzen Walm. Typisch für die Grundrißform ist die Anordnung der Stallungen, die sich um zwei Seiten des Hauses legen. Sie sind offenbar nur »vom Tennen« aus erreichbar gewesen. Bei der zentralen Lage der Tenne, die zugleich Eingang für den Wohnteil wie für den Stall war, ist man berechtigt, von einem Mittertennbau zu sprechen. Für den Neubau war eine Giebelbreite von 42 Schuh vorgesehen. Das Haus sollte also um drei Schuh schmäler werden, dafür aber die Traufseite um drei Schuh verlängert, also 46 Schuh erhalten. Aber auch bei dieser Änderung der Verhältnisse von Länge und Breite hielt man an der Mittellage der Tenne fest. Ihr Eingang kam nun auf die Traufseite. Sie blieb aber nicht der alleinige Zugang zum Stall; der giebelseitige Stall erhielt einen gesonderten Zugang. An Stelle der Blockwände trat nun, wenn auch nicht ausschließlich, Mauerwerk. Das Giebelfachwerk wurde aufgegeben. Auffällig ist, daß man an der Höhe eine Einsparung vornahm. Während das alte Haus 34 Schuh hoch war, sollte die Firsthöhe in Zukunft nur noch 31 Schuh betragen. Das läßt darauf schließen, daß man einen Sparren-Kehlbalken-Dachstuhl gewählt hatte. Die Stube verlor ihre fast quadratische Form und wurde rechteckig. Sie war offenbar besser belichtet als die Stube des Vorgängerbaues, dessen Entstehung wir um 1600 ansetzen dürfen. Auch die Schlafkammer wurde lang und schmal. Sie war aber ebenso dürftig belichtet wie im Vorgängerbau. Der Neubau, für den, wie gesagt, weitgehend Steinmaterial verwendet wurde, erforderte immerhin 69 Baumstämme, dazu acht Sägschrote für Bretter und vier zu Latten. Bei der hohen Zahl von Brettern dürfen wir annehmen, daß der Stubenboden und ebenso die Kammer gedielt waren. Für »den Tennen« möchten wir gestampften Lehmboden annehmen. Die Verbindung von Ständerbohlenbau und Fachwerkbau zeigt uns, daß wir uns im östlichen Mittelfranken und in der westlichen Oberpfalz in einem Randgebiet des europäischen Fachwerkbaues befinden. Rechnen wir zum Nürnberger Umland auch noch die Gegend von Erlangen, Forchheim und Gräfenberg, so können wir uns an den in diesem Raum gelegentlich erhaltenen Stuben auch noch eine Vorstellung machen, wie die alte und neue Stube des Bauern Sperber in Tauchersreuth ausgesehen haben wird. Die Stubendecke ruhte auf einem kräftigen Unterzug und wurde von starken Balken mit eingenuteten Brettern gebildet. Kachelöfen dürften üblich gewesen sein. Eine Eigenart der dortigen Stuben wird aus dem Eingabeplan nicht erkennbar; das ist der eingebaute Alkoven, eine Art Holzverschlag, in dem sich eine Bettstatt befand. Die mundartliche Bezeichnung in der Nürnberger und Forchheimer Gegend hieß Poos. Das Wort mit dem französischen »repos« in Verbindung zu bringen, kann trotz der Einwanderung französischer Hugenotten in Erlangen nicht überzeugen. Die alkovenähnliche Abteilung der Wohnstube erwähnt Fentsch auch noch für die Gegend zwischen Leutershausen und Schillingsfürst. Im abgeteilten Raum schläft, wie er berichtet, die Bäuerin mit den Kindern, der Mann aber in der durch das Vorflez (»Tenner«) geschiedenen Kammer mitten unter wirtschaftlichen Vorräten. Der hohe Dachraum war bei diesen Bauten in drei Böden abgeteilt, auf dem ersten waren Kasten und Truhen untergebracht. Dort schliefen auch die Mägde. Der Knecht hatte seine Schlafstelle im Stall. Bei dem Eingabeplan von 1741 kann man vermuten, daß Knechte und Mägde ähnlich untergebracht waren. Schließlich dürfen wir nicht übersehen, daß zu diesem Anwesen zumindest noch eine Scheune gehört hat, die offenbar zu der damaligen Zeit nicht baufällig war. Da im Grundriß kein Backofen eingetragen ist, dürfen wir annehmen, daß ein solcher als selbständiger Bau bestand, zumal Gemeindebacköfen im Mittelfränkischen nicht üblich waren. Eine Frage für sich bilden die Speicherbauten. Wir hatten bereits im Abschnitt Unterfranken darauf hingewiesen, daß das dreiseitige Gehöft in dem schupfenartigen Bau gegenüber dem Haupthaus ein Element besaß, das aus einem Speicherbau hervorgegangen ist. Nachdem wir aus der Oberpfalz und aus Oberfranken selbständige Speicherbauten kennen, liegt die Vermutung nahe, daß solche auch in Mittelfranken bekannt waren. Überall dort, wo man das Ordnungsprinzip des Dreiseithofes anwandte, wird man ebenso wie in Unterfranken den Gaden über dem Schupfen für Speicherzwecke verwendet haben. Im markgräflich-ansbachischen Gebiet gab es Austragshäuser, die Korb genannt wurden. Nicht mit Unrecht hat man vermutet, daß hier eine Erinnerung an Speicherbauten vorliegen kann, da wir auch sonst häufig Belege dafür haben, daß ursprüngliche Speicherbauten zu einem Altensitz umgebaut wurden.

Mittelfranken besitzt zwei größere Räume, in denen der Hopfenbau betrieben wird: Hersbruck und Spalt. Früher war der Hopfenbau auch in der Gegend von Neustadt a. d. Aisch konzentriert. Soweit man nicht eigene Hopfenspeicher gebaut hat, wie in der Gegend von Spalt, wurden seit rund 150 Jahren die Speicher der Wohn-Stall-Häuser mit langen Lüftungsgauben versehen, die der Dachlandschaft ein eigenes Gepräge geben. Sie sind auch dort erhalten, wo der Hopfenbau inzwischen eingestellt ist. Diese Hopfenhäuser – wie wir sie nennen wollen – kommen auch in dem Gebiet vor, das einmal vom Typ des Schwedenhauses geprägt wurde. Das ehemalige Hopfengebiet an der Aisch reicht bis zum Steigerwald.

Den Steigerwald kann man nicht als eine geschlossene Kulturlandschaft betrachten. Dementsprechend gibt es auch kein eigenes Steigerwaldhaus. Auffällig bleibt die große Anzahl von Märkten im südlichen Bereich dieser Bergzone: Ippesheim, Taschendorf, Sugenheim, Oberscheinfeld, Geiselwind, Nordheim, Burghaslach, Einersheim und Bibart, an die sich ostwärts noch die Märkte Baudenbach, Dachsstadt, Rauschenberg, Ühlfeld, Dietenhofen, Emskirchen, Erlbach, Neunhof a. d. Zenn und Wilhermsdorf anschließen. Die Einwohnerzahl dieser Orte betrug im vorigen Jahrhundert im Durchschnitt um 1000, eine Zahl, die gelegentlich auch einmal ein Dorf erreicht, wie Diespeck im Landkreis Neustadt a. d. Aisch mit einer Einwohnerzahl von 1021 im Jahre 1840, die dann um 1946 – offensichtlich als Folge der Ansiedlung von Vertriebenen – auf 1290 zu steigen und dann langsam weiterzuwachsen begann. Vom agrarwirtschaftlichen Standpunkt aus zählte der Steigerwald vor hundert Jahren zu den »mittelguten Partien«. Nur im Bereich der mittleren und rauhen Ebrach stand der Ackerbau weit zurück. Damals fiel bereits auf, daß die Häuser in diesem Landstrich vielfach vollständig gemauert waren, obwohl Holz zur Verfügung gestanden hätte. Der Grund für diese Erscheinung bedarf noch näherer Untersuchung. Es ist möglich, daß sich die Bevölkerung nach der Säkularisation wirtschaftlich etwas bessergestellt hat und dann eine Neubautätigkeit einsetzte, die einen völlig überalterten Hausbestand auswechselte, wobei man, dem Geist der Zeit folgend, den Massivbau wählte. Aber auch dort, wo Fachwerkbauten noch erhalten sind, können wir sie nicht ohne weiteres als Zeugen für eine überlieferte Bauweise des 17. und 18. Jahrhunderts nehmen. Nur eine genaue Analyse des einzelnen Hofes vermittelt uns einen Begriff vom ursprünglichen Konzept. Erich Wieser hat 1962 dies an Bauernhöfen des Uffenheimer Raumes eindrucksvoll nachgewiesen. Seine methodischen Untersuchungen müßten auf ganz Franken ausgedehnt werden. Vergleichen wir Ortsansichten aus dem frühen 17. Jahrhundert (Abb. 3–5) mit dem Bauernhof in Buch bei Bamberg, also aus der Gegend des ehemaligen Zisterzienserklosters Ebrach (Abb. 73), so sehen wir, welch grundlegende Wandlung das landwirtschaftliche Bauwesen im Grenzgebiet zwischen Mittel- und Oberfranken im Verlauf von 250 Jahren durchgemacht hat. Will man »Zwischenstationen« dieses Zeitraumes untersuchen, dann wird man sich mit Dörfern in der Gegend von Markt Erlbach zu befassen haben, die in der markgräflichen Zeit entstanden sind, wie z. B. Neuselingsbach (1710), Neuziegenrück und Neukatterbach (1720) beziehungsweise wie einige Weiler und Einöden (Neudietenholz, Dietrichshof, Pflugshof). Heute findet man kaum etwas aus diesen Gründungsjahren. Immerhin ist so viel zu erkennen, daß man erdgeschossige Fachwerkbauten wählte, die traufseitig erschlossen waren und mit der Längsseite zur Straße standen. Der markgräflich-ansbachische Architekt Johann David Steingruber, von dem wir eine »Architectura civilis«, Nürnberg 1750, besitzen, veröffentlichte im Auftrag des Fürsten 1753 ein Ausschreiben, »wie es in Zukunft, wann die Untertanen Häuser und Stadel bauen ... gehalten werde solle«. Die der Ausschreibung beigegebenen Kupferstiche zeigen erdgeschossige Bauernhöfe, wie sie im Ansbachischen auch heute noch erhalten sind. Es mag sein, daß die Steingruberschen Entwürfe sich Erfahrungen zunutze gemacht haben, die man bei den eben genannten Neugründungen gesammelt hatte. Sehr deutlich läßt sich der Einfluß der ansbachischen Bauverwaltung noch im westlichen Mittelfranken erkennen, wo eine Reihe von Flachsbrechhäusern erhalten sind, die außerhalb der Ortschaften anzulegen waren. Natürlich ist der heutige Bestand mehr oder weniger zufällig, da der Flachsanbau, der im übrigen meist nur dem Eigenbedarf diente, längst aufgegeben ist. Aus einem Bericht des Jahres 1791 erfahren wir, daß in den nicht ansbachischen Gebieten solche Flachsbrechhäuser nicht bestanden, zumal die Bauern nur gezwungen solche errichteten. Als Grund für den Verzicht auf diese, der Feuersicherheit dienliche Einrichtung wurde damals angegeben: durch die Brechhäuser würden die Bettelleut, die sich den Sommer über darin aufhalten, herbeigezogen. Außerdem verursachte das Brechen in den gemeinschaftlichen Häusern vor dem Dorfe größere Kosten, weil man mehr Holz und mehr Menschen dazu brauche. Man könne seinen Flachs mit mehr Gemächlichkeit in seinem Eigentum dörren und brechen. Man habe nicht nötig, den Ofen um des Flachses willen zu heizen. Man stecke ihn hinein, wenn das Brot ausgeschossen werde, da der Ofen gerade noch so viel Hitze habe, den Flachs zu dörren. Soviel in einen Backofen gehe, könne die Bäuerin ohne Zuziehung vieler Weibsleute gemächlich brechen. Und wenn nachher der nämliche Ofen nur ein wenig geheizt würde, so könne man wieder ebensoviel einstecken, als man mit Gemächlichkeit in einer halben Nacht bearbeiten könne. Schließlich ließe sich die Arbeit im eigenen Anwesen besser übersehen, als wenn sie in dem gemeinsamen Brechhaus vorgenommen wird, da die gedingten Brecherinnen, wenn unbeaufsichtigt, nicht den nötigen Fleiß auf die Arbeit verwendeten. Dort, wo man den Flachs im Backofen dörrte, wurde er damals für gewöhnlich in einem Schupfen gebrochen. Solche Schupfen konnten mit der Scheune unter gleichem First gebaut sein. Die Feuersgefahr wurde bei solchen Verhältnissen nicht nur durch das Dörren im Backofen ausgelöst, sondern auch durch das Brechen, das, bis tief in die Nacht fortgesetzt, bei Laternenlicht stattfand. Geriet erst einmal der Abfall des Flachses in Brand, konnte das Feuer schnell auf das Heu übergreifen. Ein solches Brandunglück im Herrnberchtheim veranlaßte den eben zitierten Bericht vom Jahre 1791, dem wir die lebendige Schilderung dörflicher Verhältnisse zur Zeit der Französischen Revolution verdanken.

Neben Speicherbauten, Backöfen und Brechhäusern sind für Mittelfranken, insbesondere für das Land ostwärts von Nürnberg, erdgeschossige Hirtenhäuser typisch (Abb. 92). Da das Hirtenwesen dort bis zur Gegenwart von Bedeutung war, behielten sie ihre Funktion und bewahrten bautechnische Gepflogenheiten des 17. Jahrhunderts.

## Das Kalkplattendach im Fränkisch-Schwäbischen Jura
(Abbildungen 96–110)

Der Jura umschließt den fränkischen Raum an seiner Süd- und Ostgrenze bis gegen das Fichtelgebirge und den Frankenwald. Die Franken sind einst tief in diesen Gebirgszug eingedrungen. Seine südlichen und östlichen Abdachungen wenden sich schwäbischem und bayerischem Gebiet zu. So ist das Juragebiet in jeder Beziehung eine vielfältige Kontaktzone der drei Stämme. Innerhalb unseres Landes sprechen wir für gewöhnlich von einem schwäbischen und fränkischen Jura, wobei der fränkische etwa bei Monheim beginnt. In der Randzone zwischen Mittelfranken und Oberpfalz kann man von einem Oberpfälzer Jura sprechen. Die Strecke, in der die Altmühl von Treuchtlingen her bis Kelheim den Jura (Altmühljura) durchschneidet, ist hausgeographisch als ein eigener Raum zu betrachten. Geologisch gesehen stehen hier jüngere Schichten des Jura, der sogenannten Malm, an, dessen oberste Lagen aus dem Solnhofener Plattenkalk bestehen, der seit Jahrhunderten in Architektur und Plastik Verwendung fand. In den Dörfern diente der Plattenkalk mindestens 150 Jahre lang als Dachdeckungsmaterial. Das Kalkplattendach charakterisiert die äußere Erscheinung der Bauten auch im Konstruktiven. Es verlangt einen sehr flachen Neigungswinkel der Dachflä-

chen und überdies eine Kniestockkonstruktion, die noch näher erläutert wird. Zunächst ein Wort zur geographischen Verbreitung dieses Steindaches: Nehmen wir Bayern als Ganzes, dann kommt das Kalkplattendach ziemlich in die Mitte zu liegen. Sein Ausbreitungsgebiet liegt rund 100 km nördlich von München. Es hat eine West-Ost-Ausdehnung von ca. 80 km Luftlinie und eine wechselnde Tiefe bis zu 40 km. Wenn wir an die Einteilung des Landes nach Regierungsbezirken denken, so haben fünf Bezirke Anteil am Kalkplattendach: Schwaben, Oberbayern, Niederbayern, Mittelfranken und Oberpfalz. Folgende Teilräume lassen sich erkennen: Amtsgericht Monheim bei Donauwörth (Schwaben), nördlicher Teil des Landkreises Ingolstadt (Oberbayern); etwa die Hälfte des Landkreises Kelheim (Niederbayern); der frühere Landkreis Riedenburg; der südliche Teil des ehemaligen Kreises Beilngries; der Amtsgerichtsbezirk Hemau (Oberpfalz); der Landkreis Eichstätt; der Amtsgerichtsbezirk Greding und die südliche Hälfte des Landkreises Weißenburg (Mittelfranken). Das Schwergewicht dieser Dachlandschaft liegt im Fränkischen. Zu den am längsten genutzten Steinbrüchen gehören die Solnhofener. Von ihnen aus und später wohl auch von Mörnsheim wurden die Dörfer im Monheimer Gebiet beliefert. Für Ingolstadt kamen die Brüche bei Eichstätt, für Kelheim unter anderem die Brüche bei Marching in Frage. Das Gebiet von Riedenburg und Hemau wurde in erster Linie von den Brüchen bei Jachenhausen beliefert. Die Bauern hatten somit kurze Transportwege, die sie wenigstens einmal am Tage zurücklegen konnten. Damit erklärt sich die scharfe Abgrenzung des Kalkplattendaches (Legdach). Das Legdachgebiet wird umsäumt von der Zone des sogenannten Zwicktaschendaches. Beim Legplattendach wird das Steinmaterial so verwendet, wie es aus dem Bruch kommt. Beim Zwicktaschendach dagegen werden die Platten (Taschen) exakt bearbeitet und mit einem Loch versehen, da sie aufgenagelt werden. Das Zwicktaschendach bleibt ein Steildach. Es wurde seit 1828 angewendet. Den stärksten Eindruck von dieser Hauslandschaft gewinnt der Reisende auf einer Bahnfahrt von Ingolstadt über Eichstätt, Treuchtlingen nach Weißenburg. Innerhalb des so umschriebenen Raumes sind vielfach auch die Wände der Gebäude in Kalkstein ausgeführt. Die Böden im Innern wurden mit dem gleichen Material ausgelegt. So wird es verständlich, wenn die Häuser um die Mitte des vorigen Jahrhunderts ob ihrer Feuchtigkeit als ausgesprochen ungesund galten.
Es erhebt sich die Frage, wann dieses Kalkplattendach aufkam und wo seine erste Verwendung nachweisbar ist. Beide Fragen lassen sich bis zur Stunde nicht exakt beantworten. Eine Schwierigkeit liegt, wie so oft, in der lückenhaften Bestandsaufnahme. Insbesondere fehlen genaue Untersuchungen der Scheunenbauten, die ein sehr starkes Holzgerüst besitzen mußten. Von der geographischen Lage her wird man an eine fränkische Erfindung denken müssen. Der früheste Beleg für die Anwendung des Kalkplattendaches führt nach Dietfurt an der Altmühl. Das dortige Rathaus, das 1479 errichtet wurde, erhielt ein Säulengerüst mit Kniestockbildung und Flachdach. Diese Konstruktion hat nur Sinn, wenn damals schon mit Kalkplatten gedeckt wurde. Wenn aber am Ende des Mittelalters ein Rathaus mit einem

Steindach gedeckt wurde, so ist damit noch lange nicht erwiesen, daß auch bei Bauernhöfen diese Deckungsart üblich war. Allein schon die Tatsache, daß wir innerhalb dieser Dachlandschaft vielfach Scheunen mit Steildächern antreffen, deutet darauf hin, daß auf dem Dorf das Kalkplattendach eine jüngere Erscheinung gewesen ist. Auffallend bleibt, daß das Kerngebiet sich weitgehend mit dem historischen Raum des Hochstiftes Eichstätt deckt. Künftige Untersuchungen müßten prüfen, ob hier Einflüsse landesherrlicher Natur beziehungsweise bischöflicher Bauverwaltung am Werk gewesen sind. Die Untersuchungen am Objekt werden dadurch erschwert, daß die Bauten höchst selten datiert sind. Gegenwärtig ist das Kalkplattendach stark im Rückgang. Schon 1960 schrieb der Architekt Helmut Prechter: »Wir sehen voll Wehmut auf unsere Dörfer, wo ein weißes Dach nach dem anderen einem roten Platz macht, um in absehbarer Zeit ganz ausgestorben zu sein. Neue Dächer werden schon seit Jahrzehnten nicht mehr verlegt. Reparaturen sind unverhältnismäßig kostspielig, und ebensowenig würde man heute noch die schweren Ankerbalkenkonstruktionen für die Kniestöcke wählen.«

Innerhalb des Kalkplattendachgebietes liegen Rodungssiedlungen des 13. und 14. Jahrhunderts der Grafen von Pappenheim (Neudorf, Geislohe, Osterdorf und Göhren). Da keiner dieser Bauten mit den Bauten der Gründungszeit identisch ist, besteht keine Veranlassung, zu vermuten, daß man schon in der Gründungszeit das Steindach gewählt hätte. Rein optisch mußte das Kalkplattendach auch dann in den Hintergrund treten, wenn Dörfer dieses Gebietes sich in jüngster Zeit bis über das Zehnfache vergrößert haben. Was den Grundriß angeht, so stimmen die Höfe über weite Entfernungen überein. Es sei nur auf das von Prechter veröffentlichte Haus Nr. 19 in Warching und den von Erich Wieser veröffentlichten Hof des Lenzenbauern in Rainwarzhofen bei Greding verwiesen. In beiden Fällen ist der Hausflur (der Tenner) recht schmal. Der Hof des Lenzenbauern, der ziemlich am nördlichsten Rand des Kalkplattendachgebietes liegt, stammt in seiner heutigen Gestalt aus dem Jahre 1859. Das Warchinger Haus dürfte nicht viel älter sein. Das Anwesen in Rainwarzhofen besitzt ein Erd- und ein Obergeschoß. Wir müssen für den fränkischen Jura annehmen, daß die Bauernhöfe noch lange nach dem Dreißigjährigen Krieg in der Regel nur erdgeschossig gebaut wurden. Die Wandkonstruktion dürfte ein Ständer- oder Fachwerkgerüst gewesen sein. Manche der heute mit Kalkplatten gedeckten Höfe, deren Außenwände verputzt und getüncht sind, erweisen sich bei näherer Untersuchung als Fachwerkbau mit Kniestockbildung. Der Hof in Rainwarzhofen ist auch deshalb bedeutsam, weil wir hier einen mächtigen Stadel von 15 × 18 m finden, dessen inneres Gerüst von 9 Säulen getragen wird, der aus dem Jahre 1830 stammt. Der Stadel besitzt ein Kalkplattendach, das hier ausnahmsweise fest datierbar ist. Aus Einzelheiten, die Wieser in Rainwarzhofen festgestellt hat (Bretten, Spangen, Firstbaum, Traidboden) erkennen wir die Nähe zum Altbayerischen. Dagegen weist die Bezeichnung Karb (Korb) für das Austragshaus auf das Fränkische, die Bezeichnung Gabert (hier Gubret) nach Schwaben hin. Das südöstlichste Vorkommen eines Kalkplattendaches ließ sich südlich der Donau in dem Weiler Sippenau (Gemeinde Herrnwahlthann, Landkreis Kelheim) feststellen.

In der südlichen Randzone Frankens erlebt man wieder die Tatsache, daß die Bauverwaltungen den Massivbau im Interesse der Holzersparnis stets gefördert haben und daß dabei die Notwendigkeit, das jeweils am Orte anstehende Material zu verwenden, der Landschaft bestimmte Akzente verliehen hat. Wir erinnern an den Buntsandstein im Spessart und Odenwald, an den Muschelkalk in den Dörfern zwischen Würzburg und Schweinfurt, an den Keupersandstein im Großraum Nürnberg und an die Verwendung des Schiefers im Frankenwald. Die Verwendung von Ziegelmauerwerk gehört im Fränkischen offensichtlich einer jüngeren Stufe an, deren Schwerpunkt im 19. und beginnenden 20. Jahrhundert liegt.

### Die Oberpfalz (Abbildungen 111–143)

Wir haben bereits darauf hingewiesen, daß das fränkische Fachwerk im Gebiet von Neumarkt, Sulzbach-Rosenberg und Eschenbach ziemlich tief in den Oberpfälzer Raum eingedrungen war und daß seine Randzone in diesem Raum einen Teil der mitteleuropäischen Fachwerkgrenze bildet. Sehen wir vom Egerland und seinem westlichen Ausstrahlungsgebiet ab, so ist als östlichstes Vorkommen in der Oberpfalz ein Fachwerkbau in Rauberweiherhaus bei Neunburg v. W. festzustellen. Es wäre müßig, darüber zu streiten, ob dieses vereinzelte Vorkommen mit einem wandernden Zimmermann in Verbindung zu bringen ist. Geographisch betrachtet, gliedert sich die Oberpfalz in das Juragebiet, die Naabsenke und den eigentlichen Oberpfälzerwald in Fortsetzung des Bayerwaldes. Dieses Waldgebiet wurde relativ spät besiedelt. Es war immer Grenzland und hat häufig, wie z. B. in der Hussitenzeit und im Dreißigjährigen Krieg, schwere Verluste an seinem Baumbestand erlitten. Eine wirtschaftsgeographische Einteilung der Oberpfalz des Rentbeamten Jakob Heinrich Schwarz aus dem Jahr 1858 ist im Hinblick auf die Bauernhoftypen der Oberpfalz aufschlußreich. Schwarz zählt auf: 1. den Dinkelboden oder Weizengau mit den Landgerichten Regensburg, Stadt am Hof, Wörth. Gemeint ist der nordwestliche Ausläufer des Gäubodens mit bedeutender Schweine- und Pferdezucht. 2. Zugvieh- oder Jurakalkgau (Landgerichte: Hemau, Riedenburg, Parsberg, Neumarkt und Kastl). Pferde und Zugvieh dieses Gebietes wurden besonders nach Niederbayern verkauft. 3. Regen- oder Magerer Gau (Landgerichte: Regenstauf, Falkenstein, Nittenau, Roding und Cham). In diesem Gebiet hebt Schwarz Ziegenzucht hervor und bemerkt, daß die Bauernwirtschaften nur für den eigenen Bedarf arbeiten. 4. Naab-, Vils- oder Hammer- und Eisengau (Landgerichte: Burglengenfeld, Amberg, Naabburg). Dieses mehr industriell orientierte Gebiet trat im 19. Jahrhundert landwirtschaftlich nicht hervor. 5. Melkvieh-, Hopfen- und Weihergau (Landgerichte: Sulzbach, Vilseck und Weiden) zeichnet sich durch »schönes Melkvieh, Zugvieh, Schafe, Schweine« aus und ist besonders fischreich. 6. Dolomit- oder Fichtelgau (Landgerichte: Auerbach, Erbendorf, Eschenbach und Kemnath). Dieses Gebiet exportierte nur wenig Vieh. 7. Böhmerwald- oder Hafergau (Landgerichte: Neunburg v. W., Waldmünchen, Obervicchtach, Vohenstrauß, Neustadt a. d. W., Tirschenreuth und Waldsassen). In diesem Gebiet, das besonders fischreich war, tritt die Viehzucht wieder zurück. Unschwer erkennt man in dieser Gliederung des Verwaltungsbeamten auch heute noch wirtschaftlich zusammengehörige Räume.

Der kulturelle Schwerpunkt der Oberpfalz lag früher in der Juralandschaft, zwischen Regensburg und Nürnberg. Hier führte schon im Mittelalter ein Fernstraßenzug durch, der, von Wien kommend, nach Köln und den Niederlanden wies. An dieser Straße gab es bis zum Bau der Eisenbahn viele Poststationen. Durch den Bahnbau wurden diese Stationen z. T. unwichtig. Noch etwas weiter östlich verläuft heute die Autobahn Nürnberg–Regensburg. In Zukunft wird dieser Raum vom Europakanal durchschnitten. Aus zahlreichen Funden wissen wir, daß dieses Jurabergland schon in vorgeschichtlicher Zeit erstaunlich dicht besiedelt war. Man darf sich von dem Eindruck, den Wasserarmut und Dürftigkeit des Bodens bewirken, nicht täuschen lassen. Hervorzuheben ist, daß dieser Raum bis zur Stunde reiches Material für die Hausforschung bewahrt.

Der weite Raum der Naabsenke wird von Putzbauten beherrscht, die man als das eigentliche Oberpfälzer Haus bezeichnet hat. Wollen wir eine erste Gliederung vornehmen, so ist darauf zu verweisen, daß in vier Gemeinden der Nordostoberpfalz Egerländer Fachwerkbau auftritt, daß das Waldsassener Stiftsland von Vierseithöfen beherrscht wird und daß sich westlich anschließend Blockbau wie im Fichtelgebirge vorfindet (Abb. 133, 138), der bis an das schon genannte fränkisch-oberpfälzische Fachwerkgebiet heranreicht. Während wir bei dem Fachwerk eine west-östliche Formbewegung vorfinden, ist Oberpfälzer Ständerbohlen- und Blockbau nach Ober- und Mittelfranken vorgedrungen. Der Südwesten gehört zu dem bereits behandelten Kalkplattendachgebiet. Zwischen Tirschenreuth und Waldmünchen, also längs der böhmischen Grenze, trat einst bis in die Gegend von Oberviechtach die Umgebindewand auf (Abb. 120). Die Beziehungen dieser Wandkonstruktion zu Sachsen und Schlesien sind nicht zu übersehen.

Wir beginnen unsere Untersuchung mit der Auswertung eines Grundbuches vom Jahre 1612, das Reinhard Seitz 1969 veröffentlicht hat und das sich mit dem Dorf Lengenfeld bei Amberg befaßt. Es werden nur ganze und halbe Höfe unterschieden, wobei sich diese Größenbezeichnung auf die jeweiligen Erträgnisse bezieht. Das Dorf besaß damals 23 Anwesen, deren Hauswände vorzugsweise gemauert waren. Das Mauerwerk dürfte, wie heute noch, verputzt gewesen sein. Will man in solchen Bauten etwas typisch Oberpfälzisches sehen, dann belehrt uns das Grundbuch von 1612, daß dieser Haustyp offenbar im 16. Jahrhundert

*Oberpfälzer Bauernstube im Weberhaus zu Raitenbuch/Parsberg*

schon voll entwickelt wurde. Das Dorf zeigte zur Zeit der Bestandsaufnahme einen Wechsel von Hart- und Weichdach. Das Weichdach findet sich vorzugsweise auf den Städeln, auf Vieh- und Schweineställen. Bei Hartdachdeckung überwiegt das Nonnendach (Haggen und Preiß). Doch auch Städel und Backöfen waren so gedeckt. Zusätzlich gab es auch Flachziegeldächer (Taschen). Die Beschreibungen bestätigen die Tatsache, daß gerade zu Beginn der Neuzeit Bauernhöfe aus mehreren Einzelbauten bestanden. So wird unter Nr. 5 berichtet, daß das Anwesen »von Grund auf ganz neu auferbaut und gemauert, auch die Behausung mit Haggen und Preiß gedeckt, neben der Behausung eine Viehstallung und Strohschupfen daran, ist alles mit Taschen gedeckt worden, ferner ein Stadel, ist auch mit Haggen und Preiß gedeckt«. Dieses Anwesen besaß ausnahmsweise keinen Backofen und keinen Brunnen. Die Dorfmühle und eine Sägmühle waren mit Schindeln gedeckt. Ein älteres, schon baufälliges Anwesen war zwar gemauert, aber mit Stroh eingedeckt. Dazu gehörte ein ebenfalls strohgedeckter Stadel. Bei Anwesen Nr. 9 wird vermerkt, daß Wohnhaus und Roßstall miteinander verbunden waren und daß der zugehörige Backofen mit Haggen gedeckt war (also reines Hohlziegeldach). Bei Nr. 11 ist hervorzuheben, daß sich im Stadel ein kleiner Schafstall befand und daneben ein kleines Kastl, also ein Getreidekasten. Der Berichterstatter fügt hinzu, daß sich unter diesem Kasten eine Ochsenstallung vorfand. Aus dieser Bemerkung erkennen wir, daß der Kornkasten ein gestelzter Bau war, dessen schupfenartiger Unterbau nachträglich zum Ochsenstall ausgebaut war. Ein zweiter Getreidekasten erscheint bei Anwesen Nr. 17; er war unterkellert und mit Stroh gedeckt. Wir sehen also, daß in diesem Dorf alle nur möglichen Eindeckungsmaterialien vorkamen, eine Erscheinung, die wir gleichzeitig auch südlich der Donau vorfinden. Die Trennung von Wohnteil und Stadel wurde in diesem Dorf unterschiedlich gehandhabt. Einfirstanlagen traten weniger auf. Seitz nimmt an, daß die Städel 1612 noch aus Holz bestanden und nur in zwei Fällen ausdrücklich gemauerte Städel vermerkt sind. Von der Hausforschung her dürfen wir bei reinen Holzbauten in der dortigen Gegend mit Ständerbohlentechnik rechnen. Bei den öfters genannten Streu- und Wagenschupfen sind ebenfalls Holzgerüste anzunehmen. Eine Bemerkung bei Anwesen Nr. 7 über einen eingemauerten Garten, in dem man zur Herbstzeit Kraut oder Rüben einlegt, läßt den Schluß zu, daß gemauerte Krautgruben bekannt waren.

Die Oberpfalz ist im Unterschied zu anderen altbayerischen Landschaften heute arm an freistehenden Getreidekästen. Sofern es gelingen sollte, weitere Hofbeschreibungen, wie die hier behandelte, zu finden, wird man ein deutlicheres Bild von der tatsächlichen ehemaligen Verbreitung solcher Kornkästen in der Oberpfalz zeichnen können. Für die nördliche, südöstliche, wie auch die südwestliche Oberpfalz sind Kornkästen an sich nachgewiesen. Diese Zweckbauten sind nördlich der Donau offensichtlich schneller als in Südbayern aufgegeben worden. Die Möglichkeit des Bahntransportes enthob den Bauern der Notwendigkeit, sein Getreide selbst einlagern zu müssen. Die Auswertung des Lengenfelder Grundbuches legt nahe, auch jenes bekannte Kalksteinrelief vom Jahre 1615 auf der geätzten Tischplatte im

Stadtmuseum Amberg heranzuziehen, auf der das südlich von Amberg liegende Dorf Köfering erkennbar ist. Die 12 Anwesen sind sicher nur summarisch wiedergegeben, doch läßt sich annehmen, daß die Häuser wie in Lengenfeld erdgeschossig waren und zum Teil einen Halbwalm besaßen, den wir uns als strohgedeckt vorstellen dürfen. Das Dorf Köfering bot, im Grund genommen, damals das gleiche Bild wie Lengenfeld.
Eine ältere Darstellung eines Oberpfälzer Bauernhofes vom Jahre 1585 (Abb. 2) in der Pfarrkirche zu Eschenbach gibt weitere Aufschlüsse über das bäuerliche Anwesen in den Jahrzehnten vor dem Dreißigjährigen Krieg. Das Gehöft besteht aus Wohnhaus und selbständigem Stadel. Das Wohnhaus ist als Fachwerkbau ausgebildet, der Hauseingang befindet sich auf der Giebelseite. Die Türöffnung ist durch ein Sommergatter geschlossen. Rechts und links vom Hausflur müssen wir Stube bzw. Kammer vermuten. Die Stubenseite ist durch einen Kamin gekennzeichnet. Die Dachflächen lassen auf Hohlziegeleindeckung schließen. Das Ganze erinnert an letzte noch bekannte Hirtenhäuser in der Gegend von Hersbruck und Lauf. Der Stadel läßt ein inneres Säulengerüst erkennen, zwischen dem die Tennladen eingespannt sind; im übrigen ist er nach außen verbrettert. Das Stadeltor ist weit geöffnet und befindet sich, was man nicht sofort erwarten würde, an der Giebelseite. Wir haben es mit einer Längstennenscheune zu tun, wie sie heute noch in Oberfranken, im östlichen Mittelfranken und in der nördlichen Oberpfalz anzutreffen sind. Selbstverständlich wird man in der Interpretation solcher Bildquellen Vorsicht walten lassen, da es nicht ausgemacht ist, daß der Künstler einen bestimmten Oberpfälzer Hof darstellen wollte. Durch die Arbeit von Konrad Bedal wissen wir, daß in der nordwestlichen Oberpfalz die fränkische Bezeichnung Haustenner für Flez üblich war. Ein Inventar von Senkendorf (ehemals Landkreis Kemnath) aus dem Jahr 1700 benennt eine Krauttonne, die im Keller stand, was mit Rücksicht auf die genannte gemauerte Krautgrube in Lengenfeld unser Interesse weckt.
Größere landwirtschaftliche Anwesen waren auch in der Oberpfalz auf eine ganze Anzahl von Gebäuden angewiesen. So zitiert Bedal aus Stein bei Tirschenreuth für das Jahr 1735 ein Inventar, in dem neben dem Hauptbau je ein Ochsen-, Schaf-, Schweine- und Gänsestall aufgezählt werden. Dazu kamen noch ein Schupfen, ein Stadel und »ein Gewölb«, in dem sich Kraut und Schmalz befanden. Schafställe und Schafe erscheinen ganz regelmäßig in solchen alten Inventaren und zeigen, daß man sich hier ausnahmslos den Eigenbedarf an Wolle sicherte. Es würde zu weit führen, die vielen Einzelangaben über die Wohnungseinrichtung Oberpfälzer Bauernhöfe hier zusammenzustellen. Sie reichen von den Verlassenschaftsinventaren über die Medizinalberichte aus der ersten Hälfte des 19. Jahrhunderts bis zu der Schilderung bei Eduard Fentsch in der »Bavaria«. Recht anschaulich schildert Marianne Pröbster in ihren Kindheitserinnerungen eine Bauernstube aus der Hemauer Gegend: »Der heiterste, ruhigste und gemütlichste Winkel war der Platz am großen, braunen Kachelofen. Schön war er eigentlich nicht, der alte Kachelofen, ein einfacher, großer, brauner Steinklotz war es, aus zum Teil schon blinden Kacheln auf gemauertem, steinernem Fuße ruhend und

mit dem unvermeidlichen Hühnergitter darunter, in dem zu Frühlingszeiten die Bruthenne mit ihrer bunten, geschwätzigen Brut ihren Platz hatte. Über dem Ofen, an zwei eisernen Ösen und an einem vom Alter dunkel gewordenen Hanfstrick schwebten im Abstand von ungefähr einem halben Meter die beiden Ofenstangen, von uns nur Oselstangen genannt. Meist hingen unsere feuchten Kleider nebst einigen aus Schafwolle gestrickten und mit grünen Walnüssen gefärbten Socken darüber. Im Herbst wurde eine sogenannte Reitern quer über die Stange gelegt, und manche prall gefüllte Schürze voll Hutzeln und Zwetschgen fand darauf ihren Platz zum Nachtrocknen.« Bei der Schilderung der sogenannten schwarzen Küche werden der Reisigbesen, die Ofengabel und die Ofenkrucke erwähnt. Diese schwarze Küche lag vielfach vor dem Backofen und diente hauptsächlich zum Räuchern. Marianne Pröbster schildert auch das Austragskämmerchen – eigene Austragshäuser scheinen in der Oberpfalz sehr selten gewesen zu sein; es besaß zwei winzige Fenster, einen eisernen Ofen, ein braunes wurmstichiges Bett, eine altersschwache Bank, ein Kruzifix und etliche Heiligenbilder. Typisch ist auch die Schilderung des Hausflures und seiner Ausstattung: ein großes Krautfaß, eine Dorschenmaschine mit einer großen, aus Weidenruten geflochtenen Kretzen darunter, eiserne Wagenketten, Flederwische, Garbenstricke, Wannen und blecherne Eimer, Ölkännchen, Erdäpfelsäcke, Schaufeln, Rechen und nicht zuletzt ein Paar zerschlissene, lederne Stallpantoffel. Auch hierfür lassen sich bei Konrad Bedal ältere Parallelen finden: Preissach bei Eschenbach 1718: im Haustennen eine beschlagene Bütten, zwei Feldhauen, zwei Feldrechen, ein beschlagener Speisbehalter usw.; Stein bei Tirschenreuth 1735: in dem Haustennen ein Brotbehalter, zwei Hacken (= Äxte), zwei Krauthauen, eine Vorhaue, eine lange Holzsäge, ein Stoßtrog, ein Stoßmesser, drei Schaffel. Stoßtrog und Stoßmesser dienten wohl zum Zerkleinern von Rüben. Oder ein anderes Inventar: Weiding bei Oberviechtach 1742: ein Krautbottich, zwei Krauthauen, ein leerer versperrter Kasten; Naab bei Tirschenreuth 1792: zwei Hängeketten, eine Zug-, fünf Spreizketten, zwei Hakken, zwei Hauen, eine Zugsäge, ein Schaff, ein Scheffel, ein Schwingel (= kleine Schwinge), ein alter Behalter. Mag auch der Bericht von Marianne Pröbster im Erzählton gehalten sein und auch moderne Geräte berücksichtigen, so fügt er sich als Bestandsaufnahme für die Zeit von 1930 gut zu den Belegen des 18. und 19. Jahrhunderts.

Knüpfen wir nochmals an die Beschreibung von Lengenfeld bei Amberg an, so müssen wir uns Einzelheiten über die Oberpfälzer Dachlandschaften vergegenwärtigen. Die 1612 erwähnten Schindeldächer waren sicherlich Scharschindeldächer, also Steildächer. Aus der südöstlichen Oberpfalz besitzen wir jedoch noch genügend Belege für das einstige Vorkommen von Legschindeldächern. Diese Bauernhöfe mit ihrem flachgeneigten Dach sind heute noch der Inbegriff des »Waldlerhauses«, eine Bezeichnung, die kaum über das 19. Jahrhundert zurückreichen dürfte (Abb. 143). Den Begriff Wäldler für Bewohner des bayerischen Waldes finden wir in Quellen des 17. Jahrhunderts. Adalbert Stifter spricht gelegentlich von Wälderhäusern, wobei er Häuser mit flachgeneigten und mit Steinen beschwerten Schindeldächern meint. Man kann vermuten, daß »Waldlerhaus« sich in erster Linie auf den zuletzt genannten Haustyp bezieht. In der Gegenwart sind die allgemeinen Vorstellungen jedoch nicht so präzise. Mancher wird auch an Bauernhäuser mit Scharschindeldeckung denken. Das flachgeneigte Dach ist ohne Zweifel aus dem Niederbayerischen in die Oberpfalz eingedrungen, hat also ältere Steildachformen verdrängt. Ebenso wie in Niederbayern, hielt man in der Oberpfalz bei den Stadelbauten an der alten Gewohnheit des Steildaches fest. Die Dachlandschaft der Oberpfalz ist somit vorzugsweise vom Steildach geprägt, wobei in der Neumarkter Gegend sich Strohdeckung bis weit in das 20. Jahrhundert erhalten hat, während im Südwesten aus dem Eichstättischen das Kalkplattendach eingedrungen war (bis in die Gegend um Jachenhausen), wobei auch in diesem Gebiet die Städel in der Regel ausgenommen sind. Die Scharschindeldeckung der nördlichen Oberpfalz gehört heute der Geschichte an. Das Ziegeldach, das wir bereits in Lengenfeld kennenlernten, gewann offensichtlich von der Naabsenke und der Neumarkter Bucht her immer mehr an Boden.

Zum Problem der Geschoßzahl sei kurz vermerkt, daß bei bäuerlichen Wohnbauten in der Oberpfalz das erdgeschossige Haus die häufigste Lösung darstellte. Zweigeschossige (zwiegädige) Häuser dürften zuerst in den zahlreichen kleinen Märkten entwickelt worden sein, die hinsichtlich der Einwohnerzahl oft kaum größer als ein voll entwickeltes Pfarrdorf gewesen sind. Bei dem Waldlerhaus beobachten wir, ähnlich wie bei dem Haus des Kalkplattendachgebietes, eine Art Kniestockbildung.

Noch ein Wort zur Wandkonstruktion: Mit guten Gründen ist davon auszugehen, daß Ständerbohlenbauten in der Oberpfalz bis zum 17. Jahrhundert im landwirtschaftlichen Bereich die Regel waren. Der reine Blockbau, den wir gegen das Fichtelgebirge zu und im Raum Cham, Waldmünchen antreffen, ist als eine Neuerung anzusehen, die im 16. Jahrhundert sich die genannten Gebiete erobert hat. Dabei dürfte der Speicherbau (Traidkasten) eine vermittelnde Rolle gespielt haben. Für ihn war der Blockbau die Regel. Niederbayern mag hier beispielgebend gewesen sein. Auch das im Bereich des Oberpfälzer Waldes vorkommende Umgebinde setzt für die Wohnstube den Blockbau voraus. Es ist anzunehmen, daß man den hohen, wärmetechnischen Wert einer Blockwand bald erkannt hatte. Die erhaltenen Beispiele reichen nicht aus, um für die hier aufgeführten Elemente verläßliche Karten zu zeichnen. Dies wird erst dann möglich sein, wenn das verfügbare archivalische Material einmal systematisch aufgearbeitet ist. Von den Nebenbauten wurde schon der Backofen erwähnt, der in allen Teilen der Oberpfalz im Haus angelegt sein konnte. In den gesondert stehenden Backöfen wird man in einigen Regionen eine jüngere Schöpfung sehen müssen. Im 19. Jahrhundert wurde der freistehende Backofen offensichtlich die Regel. Merkwürdigerweise sind bis jetzt keine Belege für selbständige Badstuben bekannt geworden, wie sie in Oberbayern und im Alpengebiet selbstverständlich waren. Unübersehbar sind die vielen Bezüge zwischen der südöstlichen Oberpfalz (Roding, Cham, Waldmünchen) und Nieder-

bayern. Fentsch konstatierte um die Mitte des vorigen Jahrhunderts, daß gerade hier der Backofen außerhalb des Gehöftes stand, dessen äußerer Eindruck in ihm die Vorstellung eines »Holzkastells« erweckte.
Eigene Austragsbauten scheinen, wie bereits angedeutet, nicht häufig gewesen zu sein. Ein Stüberl im Oberstock für die Austragsleute war wohl die Regel. Deren Habseligkeiten registrieren die Verlassenschaftsinventare in einförmiger Wiederholung unter Hinweis, daß sie sich auf dem Dachboden oder in der Dachkammer befanden.

### Niederbayern (Abbildungen 144–180)

Wenn in der wirtschaftsgeographischen Gliederung der Oberpfalz ihr Anteil am Gäuboden kurz erwähnt wurde, so gibt uns dies das Recht, die dort vorkommenden Gehöfte Niederbayerns einzubeziehen. Zunächst ein Wort zur geographischen Situation dieses Raumes: Ähnlich wie bei der Oberpfalz, haben wir es mit einer deutlichen Dreigliederung zu tun. Nur erfolgt der Aufbau hier in Richtung von Norden nach Süden. Der nördliche Teil bis zum linken Donauufer wird von der Urgesteinszone eingenommen, die allgemein den Namen Bayerischer Wald führt. An das südliche Donauufer reicht die fruchtbare Ebene des Gäubodens heran. Darauf folgt die weite, nach Osten gerichtete, tertiäre Hügelzone, die in der Hauptsache von den beiden Laabertälern, dem Isar-, Vils-, Kollbach- und Rottal durchzogen wird. Das Rottal erreicht eine Länge von rund 100 km. Wenn wir von Niederbayern sprechen, dann halten wir uns nicht streng an die Grenzen des heutigen gleichnamigen Regierungsbezirkes, sondern beziehen auch Gebiete ein wie den Landkreis Erding, die früher zum Rentamt Landshut und damit zu Niederbayern gehörten. Das österreichische Innviertel, das bis 1779 hierher zu rechnen war, wollen wir jedoch beseite lassen. Dieser Landstrich hat, wie neue historische Forschungen ergeben, trotz seiner Zugehörigkeit zu Bayern eine etwas andere Struktur als die Gerichtsbezirke des unteren Rottales. So nimmt es nicht wunder, wenn Innviertler Vierseithöfe gewisse Unterschiede zu den Rottalern aufweisen. Sicherlich hat dazu eine nun 200 Jahre währende österreichische Bauverwaltung beigetragen. Mit dem niederbayerischen Raum haben wir ein Gebiet erreicht, das für die österreichische wie die bayerische Hausforschung gleichartige Probleme aufwirft. Der niederbayerische Raum war schon in der Mitte des 6. Jahrhunderts von Bajuwaren besiedelt, wie die Grabungen der letzten Jahre in Klettham bei Altenerding ergeben haben. Natürlich dürfen wir von den nachmittelalterlichen Erscheinungen im Hausbau dieser Landschaft nicht unmittelbare Schlüsse auf die Verhältnisse in der Frühzeit ziehen, zumal bis jetzt keine frühgeschichtlichen oder mittelalterlichen Siedlungen ausgegraben sind. Es bleibt aber zu beachten, daß Niederbayern altbayerisches Kernland ist. Es ist bis in die Neuzeit ausgesprochen städtearm geblieben und ist bis zur Stunde unter den bayerischen Regierungsbezirken jener, der die geringste Bevölkerungsdichte aufweist. Alle Anstrengungen nach dem zweiten Weltkrieg konnten bisher die Tatsachen nicht aus der Welt schaffen, daß dieser Raum der industrieärmste geblieben ist. Jedenfalls ist Niederbayern in dem Zeitraum von 1500 bis 1900, in dem allein zusammenhängend Bauernhausforschung getrieben werden kann, reines Agrarland gewesen. Ein Blick auf die Karte oder in ein statistisches Handbuch belehrt uns, daß in weiten Zonen dieses Kernlandes Einödsiedlungen vorherrschen. Lange Zeit hat man angenommen, daß dieses Siedlungsbild Relikt aus der Landnahmezeit sein könnte. Hier trügt jedoch der Schein. Auch die Historiker neigen heute dazu, in den Einöden eine Folge mittelalterlicher Ausbautätigkeit zu sehen. Im 6. Jahrhundert und danach müssen wir mit zeilenmäßig angeordneten Siedlungen rechnen, die gerne eine etwas erhöhte Hanglage gewählt haben, so etwa Oberneuching und Finsing bei Erding. Eine Frage für sich bleibt es, ob die Form des Vierseithofes, die wir bevorzugt im Einödgebiet vorfinden, schon aus der mittelalterlichen Ausbautätigkeit herrührt oder ob sie, was das Wahrscheinlichere ist, erst dem Nachmittelalter angehört. Der Versuch, bestimmte Haus- und Hoftypen für den niederbayerischen Raum herauszuschälen, stößt immer wieder auf die Schwierigkeit, daß zahlreiche Varianten das möglicherweise einmal einheitlichere Bild unterbrechen. Wir müssen hier manche Frage stellen, die noch nicht bündig beantwortet werden kann. Stellen wir beispielsweise fest, daß neben erdgeschossigen Bauten immer wieder zweistöckige (zwiegädige) vorkommen, so sollte man doch von der Hypothese eines Vorherrschens ebenerdiger Bauten ausgehen und fragen, wann etwa das Obergeschoß als Neuerung in den einzelnen Teilräumen aufgekommen ist. Wenn wir bei der Wandtechnik das Nebeneinander von Ständerbohlen-, Block- und gemauerter Wand beobachten, so dürfen wir mutmaßend davon ausgehen, daß im Mittelalter die Ständerbohlenwand den Vorrang hatte. Ähnlich darf man als Arbeitshypothese den Satz aufstellen, daß der gesamte niederbayerische Raum einst vom Steildach beherrscht war und die flachgeneigten Dächer eine Neuerung, vermutlich des 16. Jahrhunderts, darstellen, die bevorzugt beim Wohnbau auftreten. Weite Gebiete, vor allem zwischen Landshut, Abensberg und Regensburg, zeigen ein Nebeneinander beider Dachformen. Man kann hier also nicht von einer einheitlichen Dachlandschaft sprechen. Ähnlich wie in der Oberpfalz, besaßen die Stadelbauten in Niederbayern so gut wie ausnahmslos steile – einst vorzugweise strohgedeckte – Dächer. Das flachgeneigte Dach wird immer wieder als alpenländisch bezeichnet. Diese Bezeichnung ist nicht glücklich, denn das flachgeneigte Dach (Flachdach) kommt auch in anderen Ländern vor. Umgekehrt gibt es weite Gebiete der Alpen, die vom Steildach beherrscht werden. Ein Land, das mit Sicherheit schon im Spätmittelalter vom Flachdach bestimmt war, ist Nordtirol. Aus bayerischer Sicht wird man das flachgeneigte Dach als Import aus Tirol betrachten müssen. Es wäre also richtiger, wenn man von einer Ausbreitung des Tiroler Daches in Altbayern sprechen würde. So sollte man versuchen, das allmähliche Vorrücken des Tiroler Daches nach Norden geographisch festzulegen. Im Osten fand es seine Grenze bei Schladming, im Norden bei Eslarn (Oberpfalz). Es ist bis heute nicht untersucht, zu welchem Zeitpunkt dieser äußerste nördliche Punkt erreicht wurde. Eine weitere Markierung war Wallern im Böhmerwald (CSSR), wo Flachdächer neben Steildächern noch zu Beginn unseres Jahrhunderts vorkamen. Das Flachdach war in Wallern sicher Import, etwa um 1700. Nördlich der Donau hat das Flachdach Steildächer nie völlig verdrängen können. Im Bayerischen Wald dürften um 1800 etwa 60 % aller bäuerlichen Wohnbauten Flachdächer besessen haben. Man könnte versuchen, bestimmte örtliche und zeitliche Markierungen zu finden, um sich den Vorgang des Vorrückens des Flachdaches klarzumachen. Hierfür einige Beispiele: Wenn wir im Jahre 1664 aus einem Inventar von Niederhofen (Gemeinde Hütting bei Griesbach/Rottal) erfahren, daß im Schupfen ein Klafter Legschindeln gelagert war, so ist das ein Hinweis dafür, daß mindestens das eine oder andere Bauwerk dieses Gehöftes mit Legschindeln gedeckt gewesen ist. Bekannt ist, daß 1590 der Tegernseer Zimmermeister Reiffenstuel in Reichenberg bei St. Oswald (ehem. Landkreis Grafenau) für den bayerischen Herzog ein Jagdhaus errichtet hat. Die Vermutung liegt nahe, daß der Zimmermann ein Flachdach gewählt hat, so wie er es in seiner Heimat kannte. Ein weiteres Beispiel: der Fürstbischof Firmian von Passau gründete 1764 die nach ihm benannten Siedlungen Vorder-, Mitter- und Hinterfirmiansreuth, insgesamt 18 Hofstellen. In Hinterfirmiansreuth ließ sich ein Anwesen feststellen, das offensichtlich aus der Gründerzeit stammt und ein Flachdach besitzt. Im Jahre 1618 wurden unter Fürstbischof Leopold I. von Passau die Waldhufendörfer Leopoldsreuth, Schwendtreuth und Herzogsreuth angelegt (mit 9, 6 und 18 Anwesen). Leopoldsreuth ist inzwischen wieder abgesiedelt. Seine erdgeschossigen Bauten besaßen ausnahmslos Legschindeldächer. Es ist nicht ausgeschlossen, daß solche Dächer schon 1618 gewählt wurden. Der Hausbestand dieses Dorfes wies zu Beginn unseres Jahrhunderts einheitlich erdgeschossige Bauten auf, die nur flachgeneigte Dächer besaßen. Da es nicht mehr möglich ist, sorgfältige Untersuchungen am Originalbestand durchzuführen, wissen wir nicht mit Sicherheit, ob alle Anwesen noch auf das Jahr 1618 zurückgingen. Erfahrungsgemäß hatten bei Neusiedlungen die Erstbauten keine hohe Lebensdauer und mußten oft nach einer Generation erneuert werden. Dennoch bleibt die Wahrscheinlichkeit, daß die drei genannten Dörfer schon im Gründungsjahr mit Flachdächern ausgestattet waren. Leopoldsreuth hatte sich im übrigen, wie ein Uraufnahmeblatt vom Jahre 1829 zeigt, in den zwei Jahrhunderten nicht wesentlich vergrößert. Wir wiesen wiederholt darauf hin, daß die Stadelbauten in Niederbayern fast ausnahmslos ihr Steildach behalten haben. Das Flachdach kam aber in der Regel bei den Getreidekästen zur Anwendung, so wie das auch noch in der Rodinger- und Chamer Gegend zu beobachten ist. Die gleichen Speichertypen finden wir auch jenseits der Grenze im österreichischen Mühlviertel. Sie sind gleichsam eine Signatur dieser Kulturlandschaft. Solche Signaturen gab es auch im Sprachlichen. Die Bezeichnung für den Hausflur war in Niederbayern fast ausnahmslos Flez. Nur im äußersten Osten kam auch die Bezeichnung Vorhaus bzw. Haus vor, die von Österreich

her eingedrungen sein dürfte. Das für Altbayern immer bedeutsame Thema der Dachneigung mag hier noch etwas weiter behandelt werden.

Die zentrale Achse, auf der das flachgeneigte Dach in den niederbayerischen Raum vorgestoßen ist, muß der Inn gewesen sein, denn es fällt auf, daß wir im westlichen Niederbayern ein ausgesprochenes Nachlassen dieser Dachform beobachten können. Im Raum Erding und Dorfen erscheint sie erst gegen Mitte des 19. Jahrhunderts. Die Gebiete von Landshut, Mainburg, Rottenburg a. d. Laaber und Mallersdorf zeigen nur gelegentlich Flachdächer. Auch der Raum um Regensburg blieb ausgespart. Der Übergang über die Donau scheint in der Gegend von Deggendorf, Vilshofen und Passau erfolgt zu sein. Das Dach dürfte dem Regental entlang nach Norden vorgedrungen sein. Man wird hier auf alte Verkehrsstraßen zu achten haben. So lag auch Wallern an einer Handelsstraße, die von Passau kommend über die Ortschaften Böhmzwiesel, Fürholz und Grainet führte; Ortschaften, in denen einst ziemlich einheitlich das Flachdach herrschte.

Als weitere These dürfen wir die Behauptung wagen, daß der Blockbau in Niederbayern von Tirol bzw. Oberbayern her sich auf dem gleichen Weg wie das flachgeneigte Dach ausgebreitet hat. Man darf dabei nicht übersehen, daß im Bayernwald das reichliche Vorkommen von Nadelholz die Wahl dieser Wandtechnik begünstigt hat. Selbstverständlich ließ der Blockbau auch das Steildach zu. Im Großen gesehen, sollte man für den gesamten niederbayerischen Raum davon ausgehen, daß die ältere Schicht der landwirtschaftlichen Anwesen aus erdgeschossigen Ständerbohlenbauten bestand, die Steildächer trugen. Als Innovation wird man in Niederbayern auch die traufseitige oder giebelseitige Laube anzusprechen haben, die, zeitlich gesehen, im 18. Jahrhundert ihren Höhepunkt erreichte.

Was die Gehöftform angeht, so ist sie selbstverständlich immer mehr oder weniger von der Größe des landwirtschaftlichen Betriebes abhängig. Ein sehr kleiner Betrieb legt den Gedanken nahe, alles unter einem First zu vereinigen. Nehmen wir aber die Höfe der Voll- und Halbbauern (Meier und Huber), so werden wir davon ausgehen müssen, daß sie bis in das 16. Jahrhundert als sogenannte Haufenhöfe angelegt waren, wobei vielfach im Wohnhaus auch der Roßstall untergebracht war. Stadel, Schupfen und z. T. der Getreidekasten dürften in ihren Abmessungen relativ klein gewesen sein. Nur so erklärt sich, daß in alten Hofbeschreibungen vielfach mehrere Ställe und Traidkästen gezählt werden. Es sei auch an die Dorfstatistik von Lengenfeld bei Amberg im Jahre 1612 erinnert. Die niederbayerischen Anwesen waren ausnahmslos in Holz gebaut, ihre Dächer je nachdem mit Stroh oder Schindeln gedeckt. Alles das, was uns heute in Niederbayern so stark auffällt, die mächtigen Ziegelmauern der Städel und die ziegelgedeckten, gemauerten Höfe, sind Errungenschaften des 19. Jahrhunderts. Damals haben Rottaler Bauern so großen Gefallen am Ziegelbau gefunden, daß sie selbst Ziegelhütten angelegt haben. Der schon genannte Gerichtsassessor Joseph Wimmer berichtet 1858: »In der Regel hat beinahe jeder große Bauer einen Ziegelofen in der Nähe seines Hofes und ist die durchgängige Construction desselben derart, daß in einem fand es seine Grenze bei Schladming, im Norden bei Eslarn (Oberpfalz). Es ist bis heute nicht untersucht, zu welchem Zeitpunkt dieser äußerste nördliche Punkt erreicht wurde. Eine weitere Markierung war Wallern im Böhmerwald (CSSR), wo Flachdächer neben Steildächern noch zu Beginn unseres Jahrhunderts vorkamen. Das Flachdach war in Wallern sicher Import, etwa um 1700. Nördlich der Donau hat das Flachdach Steildächer nie völlig verdrängen können. Im Bayerischen Wald dürften um 1800 etwa 60% aller bäuerlichen Wohnbauten Flachdächer besessen haben. Man könnte versuchen, bestimmte örtliche und zeitliche Markierungen zu finden, um sich den Vorgang des Vorrückens des Flachdaches klarzumachen. Hierfür einige Beispiele: Wenn wir im Jahre 1664 aus einem Inventar von Niederhofen (Gemeinde Hütting bei Griesbach/Rottal) erfahren, daß im Schupfen ein Klafter Legschindeln gelagert war, so ist das ein Hinweis dafür, daß mindestens das eine oder andere Bauwerk dieses Gehöftes mit Legschindeln gedeckt gewesen ist. Bekannt ist, daß 1590 der Tegernseer Zimmermeister Reiffenstuel in Reichenberg bei St. Oswald (ehem. Landkreis Grafenau) für den bayerischen Herzog ein Jagdhaus errichtet hat. Die Vermutung liegt nahe, daß der Zimmermann ein Flachdach gewählt hat, so wie er es in seiner Heimat kannte. Ein weiteres Beispiel: der Fürstbischof Firmian von Passau gründete 1764 die nach ihm benannten Siedlungen Vorder-, Mitter- und Hinterfirmiansreuth, insgesamt 18 Hofstellen. In Hinterfirmiansreuth ließ sich ein Anwesen feststellen, das offensichtlich aus der Gründerzeit stammt und ein Flachdach besitzt. Im Jahre 1618 wurden unter Fürstbischof Leopold I. von Passau die Waldhufendörfer Leopoldsreuth, Schwendtreuth und Herzogsreuth angelegt (mit 9, 6 und 18 Anwesen). Leopoldsreuth ist inzwischen wieder abgesiedelt. Seine erdgeschossigen Bauten besaßen ausnahmslos Legschindeldächer. Es ist nicht ausgeschlossen, daß solche Dächer schon 1618 gewählt wurden. Der Hausbestand dieses Dorfes wies zu Beginn unseres Jahrhunderts einheitlich erdgeschossige Bauten auf, die nur flachgeneigte Dächer besaßen. Da es nicht mehr möglich ist, sorgfältige Untersuchungen am Originalbestand durchzuführen, wissen wir nicht mit Sicherheit, ob alle Anwesen noch auf das Jahr 1618 zurückgingen. Erfahrungsgemäß hatten bei Neusiedlungen die Erstbauten keine hohe Lebensdauer und mußten oft nach einer Generation erneuert werden. Dennoch bleibt die Wahrscheinlichkeit, daß die drei genannten Dörfer schon im Gründungsjahr mit Flachdächern ausgestattet waren. Leopoldsreuth hatte sich im übrigen, wie ein Uraufnahmeblatt vom Jahre 1829 zeigt, in den zwei Jahrhunderten nicht wesentlich vergrößert. Wir wiesen wiederholt darauf hin, daß die Stadelbauten in Niederbayern fast ausnahmslos ihr Steildach behalten haben. Das Flachdach kam aber in der Regel bei den Getreidekästen zur Anwendung, so wie das auch noch in der Rodinger- und Chamer Gegend zu beobachten ist. Die gleichen Speichertypen finden wir auch jenseits der Grenze im österreichischen Mühlviertel. Sie sind gleichsam eine Signatur dieser Kulturlandschaft. Solche Signaturen gab es auch im Sprachlichen. Die Bezeichnung für den Hausflur war in Niederbayern fast ausnahmslos Flez. Nur im äußersten Osten kam auch die Bezeichnung Vorhaus bzw. Haus vor, die von Österreich

her eingedrungen sein dürfte. Das für Altbayern immer bedeutsame Thema der Dachneigung mag hier noch etwas weiter behandelt werden.

Die zentrale Achse, auf der das flachgeneigte Dach in den niederbayerischen Raum vorgestoßen ist, muß der Inn gewesen sein, denn es fällt auf, daß wir im westlichen Niederbayern ein ausgesprochenes Nachlassen dieser Dachform beobachten können. Im Raum Erding und Dorfen erscheint sie erst gegen Mitte des 19. Jahrhunderts. Die Gebiete von Landshut, Mainburg, Rottenburg a. d. Laaber und Mallersdorf zeigen nur gelegentlich Flachdächer. Auch der Raum um Regensburg blieb ausgespart. Der Übergang über die Donau scheint in der Gegend von Deggendorf, Vilshofen und Passau erfolgt zu sein. Das Dach dürfte dem Regental entlang nach Norden vorgedrungen sein. Man wird hier auf alte Verkehrsstraßen zu achten haben. So lag auch Wallern an einer Handelsstraße, die von Passau kommend über die Ortschaften Böhmzwiesel, Fürholz und Grainet führte; Ortschaften, in denen einst ziemlich einheitlich das Flachdach herrschte.

Als weitere These dürfen wir die Behauptung wagen, daß der Blockbau in Niederbayern von Tirol bzw. Oberbayern her sich auf dem gleichen Weg wie das flachgeneigte Dach ausgebreitet hat. Man darf dabei nicht übersehen, daß im Bayernwald das reichliche Vorkommen von Nadelholz die Wahl dieser Wandtechnik begünstigt hat. Selbstverständlich ließ der Blockbau auch das Steildach zu. Im Großen gesehen, sollte man für den gesamten niederbayerischen Raum davon ausgehen, daß die ältere Schicht der landwirtschaftlichen Anwesen aus erdgeschossigen Ständerbohlenbauten bestand, die Steildächer trugen. Als Innovation wird man in Niederbayern auch die traufseitige oder giebelseitige Laube anzusprechen haben, die, zeitlich gesehen, im 18. Jahrhundert ihren Höhepunkt erreichte.

Was die Gehöftform angeht, so ist sie selbstverständlich immer mehr oder weniger von der Größe des landwirtschaftlichen Betriebes abhängig. Ein sehr kleiner Betrieb legt den Gedanken nahe, alles unter einem First zu vereinigen. Nehmen wir aber die Höfe der Voll- und Halbbauern (Meier und Huber), so werden wir davon ausgehen müssen, daß sie bis in das 16. Jahrhundert als sogenannte Haufenhöfe angelegt waren, wobei vielfach im Wohnhaus auch der Roßstall untergebracht war. Stadel, Schupfen und z. T. der Getreidekasten dürften in ihren Abmessungen relativ klein gewesen sein. Nur so erklärt sich, daß in alten Hofbeschreibungen vielfach mehrere Ställe und Traidkästen gezählt werden. Es sei auch an die Dorfstatistik von Lengenfeld bei Amberg im Jahre 1612 erinnert. Die niederbayerischen Anwesen waren ausnahmslos in Holz gebaut, ihre Dächer je nachdem mit Stroh oder Schindeln gedeckt. Alles das, was uns heute in Niederbayern so stark auffällt, die mächtigen Ziegelmauern der Städel und die ziegelgedeckten, gemauerten Höfe, sind Errungenschaften des 19. Jahrhunderts. Damals haben Rottaler Bauern so großen Gefallen am Ziegelbau gefunden, daß sie selbst Ziegelhütten angelegt haben. Der schon genannte Gerichtsassessor Joseph Wimmer berichtet 1858: »In der Regel hat beinahe jeder große Bauer einen Ziegelofen in der Nähe seines Hofes und ist die durchgängige Construction desselben derart, daß in einem fand es seine Grenze bei Schladming, im Norden bei Eslarn (Oberpfalz). Es ist bis heute nicht untersucht, zu welchem Zeitpunkt dieser äußerste nördliche Punkt erreicht wurde. Eine weitere Markierung war Wallern im Böhmerwald (CSSR), wo Flachdächer neben Steildächern noch zu Beginn unseres Jahrhunderts vorkamen. Das Flachdach war in Wallern sicher Import, etwa um 1700. Nördlich der Donau hat das Flachdach Steildächer nie völlig verdrängen können. Im Bayerischen Wald dürften um 1800 etwa 60% aller bäuerlichen Wohnbauten Flachdächer besessen haben. Man könnte versuchen, bestimmte örtliche und zeitliche Markierungen zu finden, um sich den Vorgang des Vorrückens des Flachdaches klarzumachen. Hierfür einige Beispiele: Wenn wir im Jahre 1664 aus einem Inventar von Niederhofen (Gemeinde Hütting bei Griesbach/Rottal) erfahren, daß im Schupfen ein Klafter Legschindeln gelagert war, so ist das ein Hinweis dafür, daß mindestens das eine oder andere Bauwerk dieses Gehöftes mit Legschindeln gedeckt gewesen ist. Bekannt ist, daß 1590 der Tegernseer Zimmermeister Reiffenstuel in Reichenberg bei St. Oswald (ehem. Landkreis Grafenau) für den bayerischen Herzog ein Jagdhaus errichtet hat. Die Vermutung liegt nahe, daß der Zimmermann ein Flachdach gewählt hat, so wie er es in seiner Heimat kannte. Ein weiteres Beispiel: der Fürstbischof Firmian von Passau gründete 1764 die nach ihm benannten Siedlungen Vorder-, Mitter- und Hinterfirmiansreuth, insgesamt 18 Hofstellen. In Hinterfirmiansreuth ließ sich ein Anwesen feststellen, das offensichtlich aus der Gründerzeit stammt und ein Flachdach besitzt. Im Jahre 1618 wurden unter Fürstbischof Leopold I. von Passau die Waldhufendörfer Leopoldsreuth, Schwendtreuth und Herzogsreuth angelegt (mit 9, 6 und 18 Anwesen). Leopoldsreuth ist inzwischen wieder abgesiedelt. Seine erdgeschossigen Bauten besaßen ausnahmslos Legschindeldächer. Es ist nicht ausgeschlossen, daß solche Dächer schon 1618 gewählt wurden. Der Hausbestand dieses Dorfes wies zu Beginn unseres Jahrhunderts einheitlich erdgeschossige Bauten auf, die nur flachgeneigte Dächer besaßen. Da es nicht mehr möglich ist, sorgfältige Untersuchungen am Originalbestand durchzuführen, wissen wir nicht mit Sicherheit, ob alle Anwesen noch auf das Jahr 1618 zurückgingen. Erfahrungsgemäß hatten bei Neusiedlungen die Erstbauten keine hohe Lebensdauer und mußten oft nach einer Generation erneuert werden. Dennoch bleibt die Wahrscheinlichkeit, daß die drei genannten Dörfer schon im Gründungsjahr mit Flachdächern ausgestattet waren. Leopoldsreuth hatte sich im übrigen, wie ein Uraufnahmeblatt vom Jahre 1829 zeigt, in den zwei Jahrhunderten nicht wesentlich vergrößert. Wir wiesen wiederholt darauf hin, daß die Stadelbauten in Niederbayern fast ausnahmslos ihr Steildach behalten haben. Das Flachdach kam aber in der Regel bei den Getreidekästen zur Anwendung, so wie das auch noch in der Rodinger- und Chamer Gegend zu beobachten ist. Die gleichen Speichertypen finden wir auch jenseits der Grenze im österreichischen Mühlviertel. Sie sind gleichsam eine Signatur dieser Kulturlandschaft. Solche Signaturen gab es auch im Sprachlichen. Die Bezeichnung für den Hausflur war in Niederbayern fast ausnahmslos Flez. Nur im äußersten Osten kam auch die Bezeichnung Vorhaus bzw. Haus vor, die von Österreich

her eingedrungen sein dürfte. Das für Altbayern immer bedeutsame Thema der Dachneigung mag hier noch etwas weiter behandelt werden.
Die zentrale Achse, auf der das flachgeneigte Dach in den niederbayerischen Raum vorgestoßen ist, muß der Inn gewesen sein, denn es fällt auf, daß wir im westlichen Niederbayern ein ausgesprochenes Nachlassen dieser Dachform beobachten können. Im Raum Erding und Dorfen erscheint sie erst gegen Mitte des 19. Jahrhunderts. Die Gebiete von Landshut, Mainburg, Rottenburg a. d. Laaber und Mallersdorf zeigen nur gelegentlich Flachdächer. Auch der Raum um Regensburg blieb ausgespart. Der Übergang über die Donau scheint in der Gegend von Deggendorf, Vilshofen und Passau erfolgt zu sein. Das Dach dürfte dem Regental entlang nach Norden vorgedrungen sein. Man wird hier auf alte Verkehrsstraßen zu achten haben. So lag auch Wallern an einer Handelsstraße, die von Passau kommend über die Ortschaften Böhmzwiesel, Fürholz und Grainet führte; Ortschaften, in denen einst ziemlich einheitlich das Flachdach herrschte.
Als weitere These dürfen wir die Behauptung wagen, daß der Blockbau in Niederbayern von Tirol bzw. Oberbayern her sich auf dem gleichen Weg wie das flachgeneigte Dach ausgebreitet hat. Man darf dabei nicht übersehen, daß im Bayernwald das reichliche Vorkommen von Nadelholz die Wahl dieser Wandtechnik begünstigt hat. Selbstverständlich ließ der Blockbau auch das Steildach zu. Im Großen gesehen, sollte man für den gesamten niederbayerischen Raum davon ausgehen, daß die ältere Schicht der landwirtschaftlichen Anwesen aus erdgeschossigen Ständerbohlenbauten bestand, die Steildächer trugen. Als Innovation wird man in Niederbayern auch die traufseitige oder giebelseitige Laube anzusprechen haben, die, zeitlich gesehen, im 18. Jahrhundert ihren Höhepunkt erreichte.
Was die Gehöftform angeht, so ist sie selbstverständlich immer mehr oder weniger von der Größe des landwirtschaftlichen Betriebes abhängig. Ein sehr kleiner Betrieb legt den Gedanken nahe, alles unter einem First zu vereinigen. Nehmen wir aber die Höfe der Voll- und Halbbauern (Meier und Huber), so werden wir davon ausgehen müssen, daß sie bis in das 16. Jahrhundert als sogenannte Haufenhöfe angelegt waren, wobei vielfach im Wohnhaus auch der Roßstall untergebracht war. Stadel, Schupfen und z. T. der Getreidekasten dürften in ihren Abmessungen relativ klein gewesen sein. Nur so erklärt sich, daß in alten Hofbeschreibungen vielfach mehrere Ställe und Traidkästen gezählt werden. Es sei auch an die Dorfstatistik von Lengenfeld bei Amberg im Jahre 1612 erinnert. Die niederbayerischen Anwesen waren ausnahmslos in Holz gebaut, ihre Dächer je nachdem mit Stroh oder Schindeln gedeckt. Alles das, was uns heute in Niederbayern so stark auffällt, die mächtigen Ziegelmauern der Städel und die ziegelgedeckten, gemauerten Höfe, sind Errungenschaften des 19. Jahrhunderts. Damals haben Rottaler Bauern so großen Gefallen am Ziegelbau gefunden, daß sie selbst Ziegelhütten angelegt haben. Der schon genannte Gerichtsassessor Joseph Wimmer berichtet 1858: »In der Regel hat beinahe jeder große Bauer einen Ziegelofen in der Nähe seines Hofes und ist die durchgängige Construktion desselben derart, daß in einem

solchen 7–8000 Ziegel auf einen Brand kommen.« Die Ziegelherstellung fand im Frühjahr statt, und die Bauern legten Wert darauf, bis zum Beginn der Heuernte zwei Brände Ziegelsteine zustande zu bringen. In Lain bei Gebensbach (heute Gemeinde Taufkirchen a. d. Vils) findet sich noch ein großer Backofen, der mit Schmuckziegeln ausgestattet ist, die offenbar von einem früheren Hofeigentümer selbst gebrannt wurden. Ähnliche Ziegel sind für das benachbarte Vilsbiburger Gebiet nachgewiesen. Wir dürfen daher feststellen, daß der östliche Teil des Landkreises Erding in dieser Beziehung dem Rottal zugerechnet werden kann. Der Holzbau hat in Niederbayern vor dem 19. Jahrhundert offensichtlich eine größere Rolle als in der Oberpfalz gespielt. Es ist bezeichnend, daß im Niederbayerischen auch die Pfarrhöfe sehr häufig reine Blockbauten waren. Man darf dabei nicht vergessen, daß die ländlichen Pfarrhöfe für gewöhnlich einen landwirtschaftlichen Betrieb besaßen. Hölzerne Pfarrhöfe gab es vor dem Barock auch in Oberbayern. Peter von Bomhard bringt aus dem Jahre 1600 eine aufschlußreiche Beschreibung für Höselwang (Landkreis Rosenheim).

Mit besonderem Interesse hat die Hausforschung von den mächtigen, doppeltennigen Städeln des Gäubodens Kenntnis genommen, da sich in ihnen ohne Zweifel alte Bautradition mit am besten gehalten hat. Wir sind zwar geneigt, in diesen doppeltennigen Städeln eine barocke Großform zu sehen. Sie zeigen aber noch Erinnerungen an die durchgehenden Firstsäulen, wie sie im Mittelalter wohl selbstverständlich gewesen sind. In diesen Bauten behauptet sich also eine sehr alte Tradition des Zimmermannshandwerkes. Neben dem Firstsäulendach kennt der niederbayerische Raum bei Wohn- und Wirtschaftsbauten die Scherendachkonstruktion, die eine größere Freiheit des Grundrisses ermöglicht. Das flachgeneigte Dach brachte die abgefangene Firstsäule mit.

Neben Stadel und Schupfen scheint der Backofen, soviel die Quellen und die heutigen Verhältnisse erkennen lassen, schon seit einigen Jahrhunderten überwiegend ein selbständiges, freistehendes Bauwerk gewesen zu sein. Auch Badstuben hat es nach Ausweis archivalischer Quellen gegeben. Man hat sie aber offensichtlich früher als in Oberbayern aufgegeben. Flachsbrechhäuser sind bis jetzt nur aus dem Landkreis Freyung bekannt geworden. Sie dürften auf landesherrliche Anordnung (Passau) zurückgehen und durch den gerade hier wie auch in der Wegscheider Gegend besonders intensiven Flachsanbau bedingt gewesen sein.

So weit das niederbayerische Einödgebiet reicht, ist es heute noch durch seine Vierseithöfe ausgezeichnet. Sie dürften, wie schon angedeutet, aus Haufenhöfen hervorgegangen sein. Dieser Übergang zur strengen Ordnung wird im 17. und 18. Jahrhundert erfolgt sein. Leider wissen wir bisher nichts Näheres über den Vorgang. Die Ordnung solcher Vierseithöfe läßt sich folgendermaßen beschreiben: Das Wohnhaus mit dem Roßstall ist nach Süden gegen den Innenhof zu ausgerichtet. Ihm gegenüber steht auf der anderen Seite des Hofes der doppeltennige Stadel (Abb. S. 44). Die beiden übrigen Seiten werden von den Rinderstallungen und dem Schupfen eingenommen, über dem sich für gewöhnlich der Getreidekasten befindet. Der Hof bildet ein mehr oder weniger strenges Quadrat. Die vier Bauten stoßen nicht aneinander. Die vorhandenen Lücken werden von Toren geschlossen. In der Mitte des Hofes befindet sich der Düngerhaufen. Der Backofen und, soweit erforderlich, ein zusätzlicher Getreidekasten wurden außerhalb des Hofes aufgestellt. In der Nähe des Hofes ist gewöhnlich noch ein Baum- und Krautgarten angelegt. Solche Vierseithöfe finden sich, wenn auch mit unterschiedlicher Disposition, in den Landkreisen Eggenfelden, Pfarrkirchen, Griesbach, zum Teil auch in den Gebieten von Vilshofen und Passau. Die Hofform greift nach Oberbayern über (Neumarkt-St. Veit, Mühldorf, Altötting, Trostberg, Tittmoning und Wasserburg Ost). Sie ist ferner im Innviertel bekannt und nördlich der Donau im Bayerischen Wald selbst in geschlossenen Dörfern. Hier sind solche Höfe gleichsam verkümmert, da die bereits bestehenden älteren Hofstätten nicht erweiterungsfähig waren und nur sehr enge Höfe zuließen (z. B. in den Waldhufendörfern Vorderfreundorf und in Gehmannsberg bei Rinchnach). Man ist versucht anzunehmen, daß die Idee des Vierseithofes in diesem niederbayerisch-ostbayerischen Raum vom Rottal aus ihren Siegeszug angetreten hat. Dabei wird nicht übersehen, daß diese Gehöftordnung in Europa allenthalben in gewissen Bezirken auftritt und wir in Bayern noch zwei in sich zusammenhängende Vierseitgebiete besitzen (Waldassener Stiftsland und Münchberger Gegend im Vorfeld des Frankenwaldes). Der Vierseithof ist nach allem, was wir bisher kennengelernt haben, nicht zwangsläufig an das Vorhandensein von Einöden gebunden, wenn auch diese seine Anlage begünstigt haben dürften. So besitzt z. B. das niederbayerische Einödgebiet noch einen Ausläufer im Landshuter Raum (u. a. im Bereich von Adelkofen, Ast, Frauenberg, Gundihausen, Hoheneggelkofen, Niederkam, Vilsheim). Dort sind in älterer Zeit jedoch keine Vierseithöfe entstanden. Wenn wir im Vierseithof eine Fortentwicklung aus dem Haufenhof sehen, dann wird es auch verständlich, daß wir in Niederbayern neben ihm andere Hoftypen finden, wie zum Beispiel Mitterntennbauten. So ist auch der Bayerische Wald keine einheitliche Hauslandschaft, die nur von einem Typ geprägt wäre. Hier finden wir zusätzlich einen Haustyp mit außergewöhnlich breitem Giebel und daneben Schmalhäuser, bei denen die Stubenbreite mit der Hausbreite zusammenfällt. Wir wollen als Arbeitsbehelf die Begriffe Schmalhaus und Breithaus einführen. Schmalhäuser kennt auch Oberfranken und die nördliche Oberpfalz. Sie sind darüber hinaus für das sächsische Vogtland und für Böhmen nachgewiesen. Im Bayerischen Wald können sie ein Flach- oder Steildach besitzen. Beide Haustypen kommen als Blockbau oder gemauert vor. Auch die Zahl der Geschosse wechselt. Neben erdgeschossigen Bauten sind solche mit einem Obergeschoß zu beobachten. Wir sind geneigt, die Aufstockung als eine jüngere Entwicklung anzusehen, die von Oberbayern her nach und nach an Einfluß gewonnen hat. Zum besseren Verständnis der Vierseithöfe sei auf ein Beispiel aus der Gemeinde Waldhausen im Amtsgerichtsbezirk Trostberg (Landkreis Traunstein) verwiesen, für das wir eine genaue Maßaufnahme besitzen (Abb. S. 42/43 und 44). In unmittelbarer Nachbarschaft dieses Hofes, der heute leider verändert ist und sich zur Zeit der Maßaufnahme (1938) als eine Anlage des frühen 19. Jahrhunderts erwies, befinden sich zwei andere Höfe, die einst dem Kloster Altenhohenau gehörten. Von diesen Klosterhöfen existiert eine Beschreibung aus dem Jahre 1637. Der eine, das Friedlhubergut, besaß damals schon ein Obergeschoß. Seine Beschreibung lautet: »Die Unterstube, oben darauf 3 Kammern, die Kuchel und Keller, am Flez ein Stübl und 3 Kammern, der Stadeltenn und Stadel alles unter einem Dach.« Das nächste Gebäude stand offensichtlich im rechten Winkel zum Haupthaus. Von ihm heißt es: »Nach zwerchs von dem Haus herum unter einem Dach der Roß-, Kuh- und andere 2 Ställe.« Als dritter Bau werden zwei Kästen nebeneinander angeführt, oben darauf eine Bühne. Backofen und Brunnen vollendeten die Anlage. Wir dürfen hier von einer Winkelhofanlage mit Nebenbauten sprechen. Der andere, dem Kloster gehörige Bauer Bachhuber besaß 1637 folgende Anlage: »Das Haupthaus, darin die Stube, die Küche, der Keller, am Flez 1 Stübl und 1 Kammer, der Roß- und Kuhstall, der Stadel mit Tenne, darinnen ein kleiner Kasten, alles unter einem Dach.« Im Hof standen zwei Schupfen, darunter zwei Ställe; dazu kam der Getreidekasten, der eine Bühne besaß; mit Backofen und Brunnen schließt die Aufzählung. Man gewinnt den Eindruck, daß der Wohnbau des Bachhuber im Unterschied zu dem des Friedlhuber nur erdgeschossig (eingädig) war. Der Friedlhuber dürfte nicht allzulang sein Obergeschoß (seinen zwiegädigen Bau) besessen haben, denn wir besitzen eine Beschreibung aus dem Jahre 1574 des gleichen Anwesens, in der es heißt: »In der Behausung zwei Stübel, zwei Kämmerl, ein Stadel, ein Rinderstall, ein Kasten.« Zwischen 1574 und 1637 ist das Anwesen offensichtlich erheblich vergrößert worden. Auch für den Bachhuber besitzen wir Angaben aus dem Jahre 1574 (in seiner Behausung 1 Stube, 2 Kammerl, 1 Stadel und Stall, alles aneinander, dazu 1 Kasten, 1 Bad und 1 Backofen). Hier kann also keineswegs von einer Vierseitanlage die Rede sein. Möglicherweise fand auch in dem Zeitraum der beiden Hofbeschreibungen kein Neubau statt. Die Beschreibung von 1574 ist durchwegs knapper gehalten als die von 1637. Die Badstube scheint jedoch 1637 nicht mehr existiert zu haben. Für die Zeit vor und nach 1600 müssen wir mit einer Mannigfaltigkeit von Gehöftformen rechnen. Erweckte der Friedlhuber den Eindruck einer Winkelhofanlage, so könnte der Bachhuber eher als Einfirstanlage mit Nebenbauten beschrieben werden. Der dortige Raum besaß damals aber auch eindeutig stattliche Haufenanlagen. So heißt es bei der Einöde Reit in der Gemeinde Feichten (ehemals zur Herrschaft Wald a. d. Alz gehörend) 1637: »Das Haus, darinnen die Stuben, oben darauf 1 Kammer, die Kuchel, der Keller, am Flez 2 Kammern, der Roßstall.« Es ist anzunehmen, daß diese Bestandteile ein einziges Bauwerk ausgemacht haben. Darauf folgt ein Stadel, an den sich ein Wagenschupfen anschloß. An dritter Stelle wird ein besonderes Zimmer erwähnt. Zimmer bedeutet hier Zimmerwerk, möglicherweise Schupfen mit Pultdach. Dazu kamen sechs kleine Ställe und dann nochmals in der Umgebung des Hauses »4 andere Ställe«. Schließlich werden aufgezählt: »3 Kästen, davon 2 nebeneinander und 1 obendarauf, 1 Badstube, 1 Backofen, 1 Brunnen.« Aus diesen Angaben geht deutlich hervor, daß wir in diesem Fall mit einer Hau-

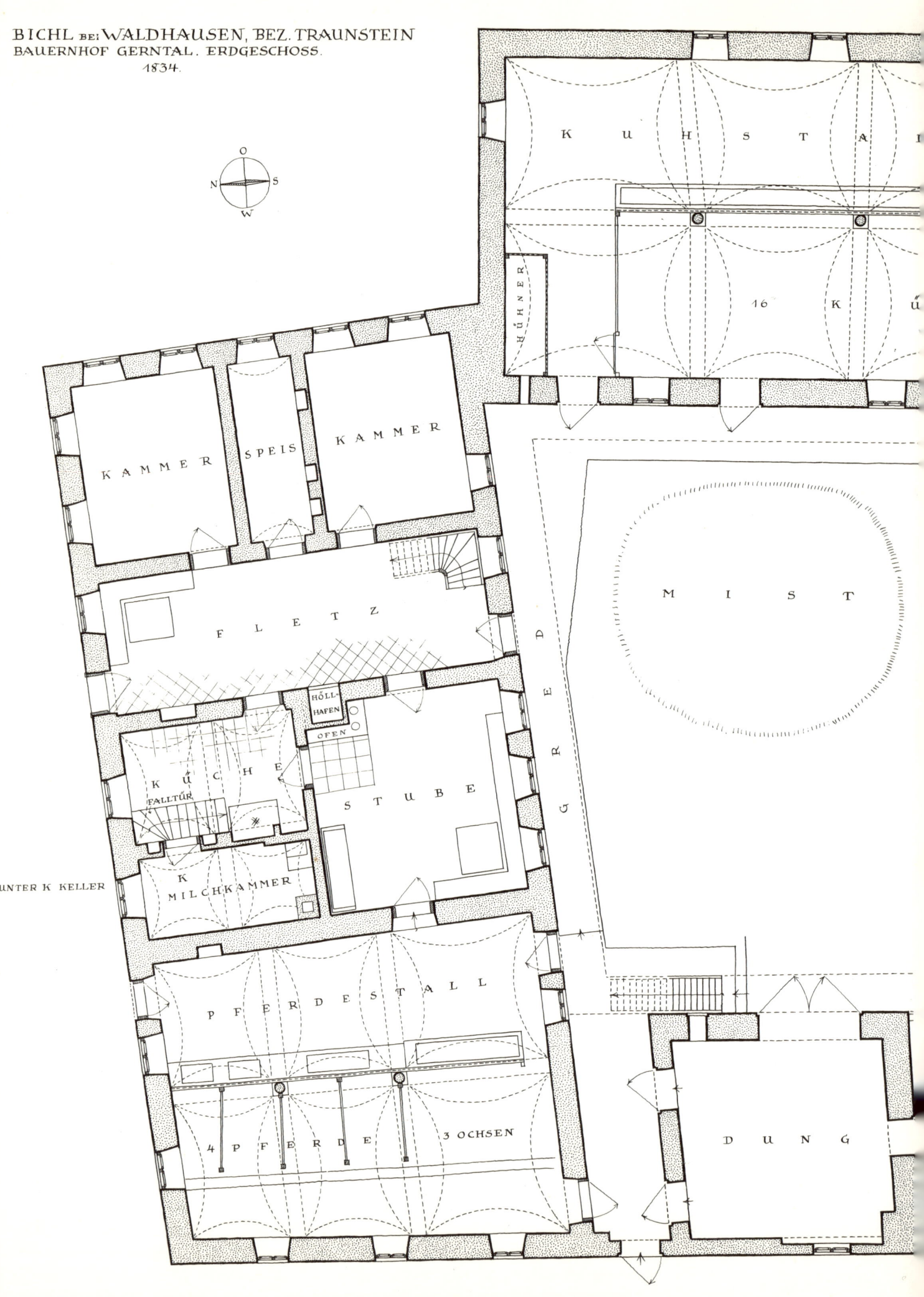

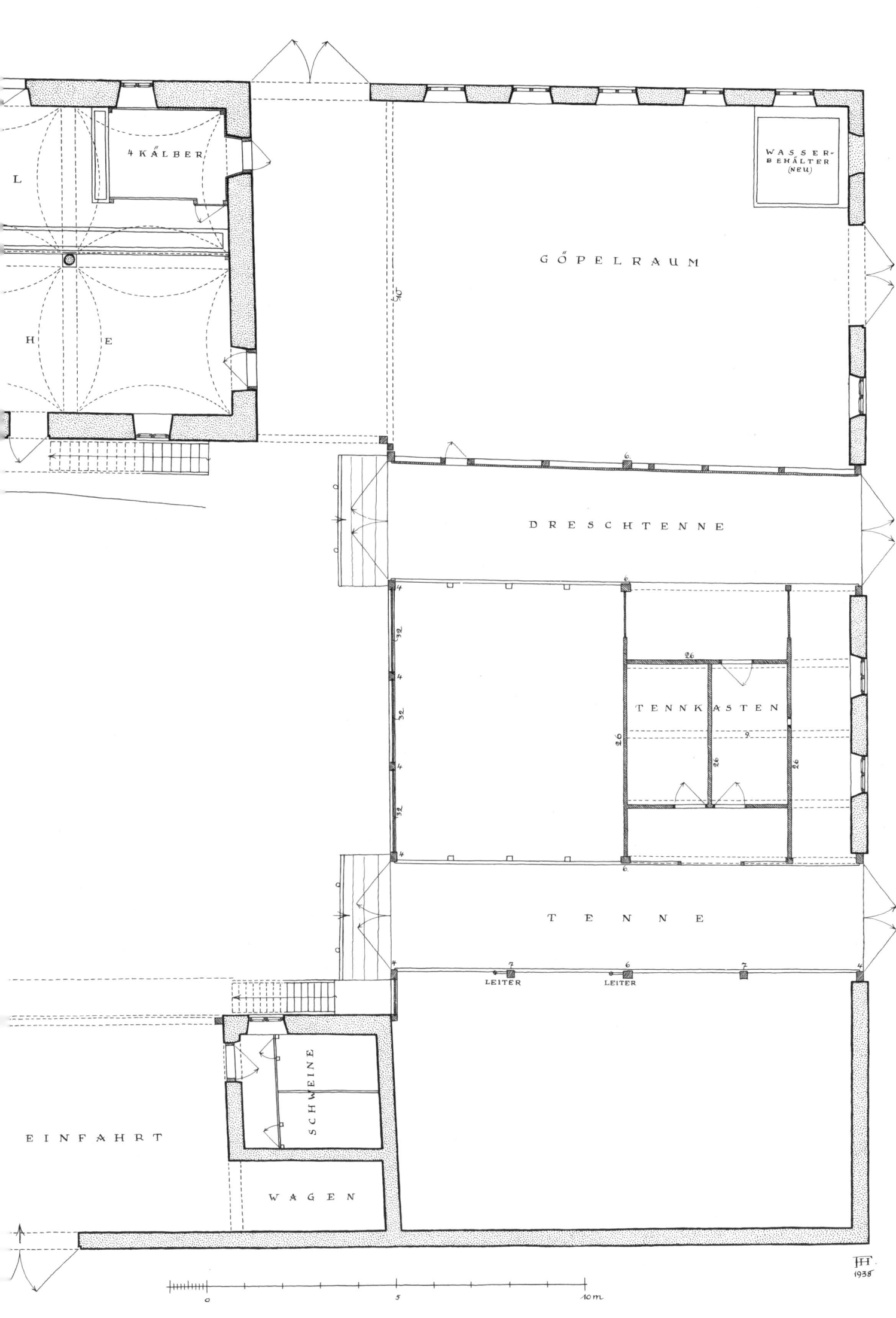

*Bauernhof Gerntal in Bichl: Östliche Außenfassade von Stadel und Kuhstall*

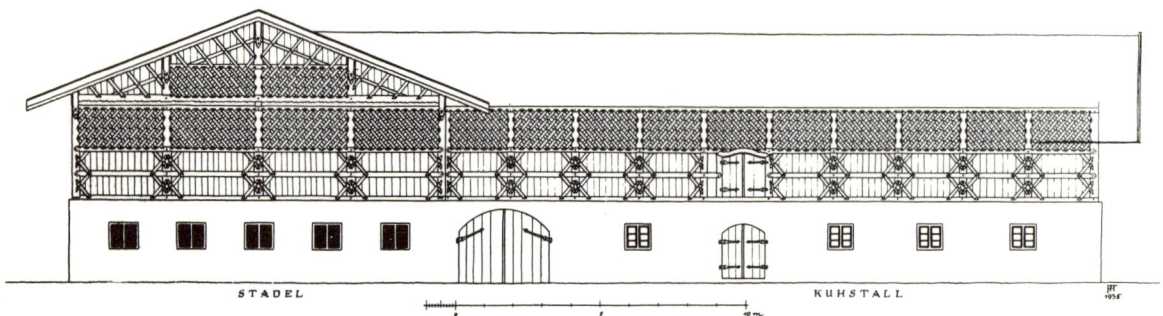

fenhofanlage rechnen müssen. Das vorliegende Material ist von grundsätzlicher Bedeutung, da wir hier an eine Kernfrage der Hausforschung überhaupt rühren. Man hat sich angewöhnt, das Verbreitungsgebiet von Haus- und Hoftypen wie eine alte Territorialkarte zu lesen, mit größeren und kleineren Geltungsbereichen. Wir sehen nun hier mit Hilfe des historischen Materials, daß Haus- und Hoftypen nicht allein in einem Teilraum maßgebend waren, sondern daß verschiedene Typen nebeneinander vorkamen, wobei es offenbleiben muß, wie weit das nur durch die Gleichzeitigkeit älterer und jüngerer baulicher Anlagen bedingt war. Wir müssen ferner bedenken, daß gerade zu Beginn des 17. Jahrhunderts die Zeit angebrochen war, in der spätmittelalterliche Bauten zugrunde gingen und damit Hausformen ausstarben, die wir höchstens einmal mit Hilfe der Mittelalter-Archäologie kennenlernen können. Auf jeden Fall dürfte unsere These, daß die niederbayerisch-ostbayerischen Vierseithöfe aus Haufenhofanlagen hervorgegangen sind, zu Recht bestehen. Die hier gewonnenen Erkenntnisse zwingen uns auch, dazu für den niederbayerischen Raum an Hand des vorhandenen Materials Typen zu beschreiben mit Angabe ihres räumlichen Vorkommens, ohne daß wir eine starre hausgeographische Karte entwerfen. Für den Beginn des 19. Jahrhunderts kann man mit Hilfe der Flurkarten den damals noch nicht abgeschlossenen Prozeß der Vierseithofbildung genau verfolgen. In der Gegenwart erleben wir als Folge des großen Maschineneinsatzes in der Landwirtschaft die bauliche Zerstörung älterer Vierseithofanlagen, da sie für die moderne Betriebsweise nicht geeignet sind. Ansätze zur Vierkantbildung hat es auch bei uns gegeben, die großartig geschlossenen Formen wie in Oberösterreich wurden jedoch nie erreicht. Die altbayerischen Vierseithöfe lassen sich in Unterformen gliedern, wobei die Unterschiede durch wechselnde räumliche Ordnung innerhalb des Wohnhauses entstehen. Im südlichen Teil des Vierseithofgebietes liegt die Stube in der Mitte, zwischen Fletz und Roßstall, aber traufseitig. Im sog. Stockhausgebiet dagegen erscheint sie an der Giebelseite, wenn auch zwischen Fletz und Roßstall. Im unteren Rottal nimmt sie, wie auch sonst, die Südwestecke des Hauses ein. Das Stockhaus ist durch den Hof Schusteröd in der Gemeinde Malling, der heute in Massing steht (ehem. Landkreis Eggenfelden), bekannt geworden (Abb. 176). Das Stockhaus ist schwerpunktmäßig im Raum Eggenfelden, Massing verbreitet gewesen, reicht aber nach allen Seiten über das ehemalige Landkreisgebiet hinaus. Die Bezeichnung Stockhaus, die von Rudolf Hoferer übernommen wurde, ist in ihrer Entstehung nicht geklärt. Stockhaus konnte in der Sprache des Barock Gefängnis bezeichnen. Hier läßt sich keine Verbindung finden. Auch der im Eggenfeldener Gebiet vorkommende Ortsname Stockhäusl hilft nicht weiter. Man erklärt sich die Bezeichnung für den Hoftyp vom Modell Schusteröd als Hinweis auf eine nachträgliche Aufstockung eines nur ursprünglich erdgeschossigen Baues, wobei diese Aufstockung nur im mittleren Bereich des Bauwerkes, also über Stube und Flez, zustande kam. Man kann sich den Vorgang als Firstdrehung erklären, wodurch auch die Lage der Stube in der mächtigen Giebelfront begründet wäre. Der folgerichtige Schritt war dann eine abermalige Drehung des Firstes, mit der ein volles

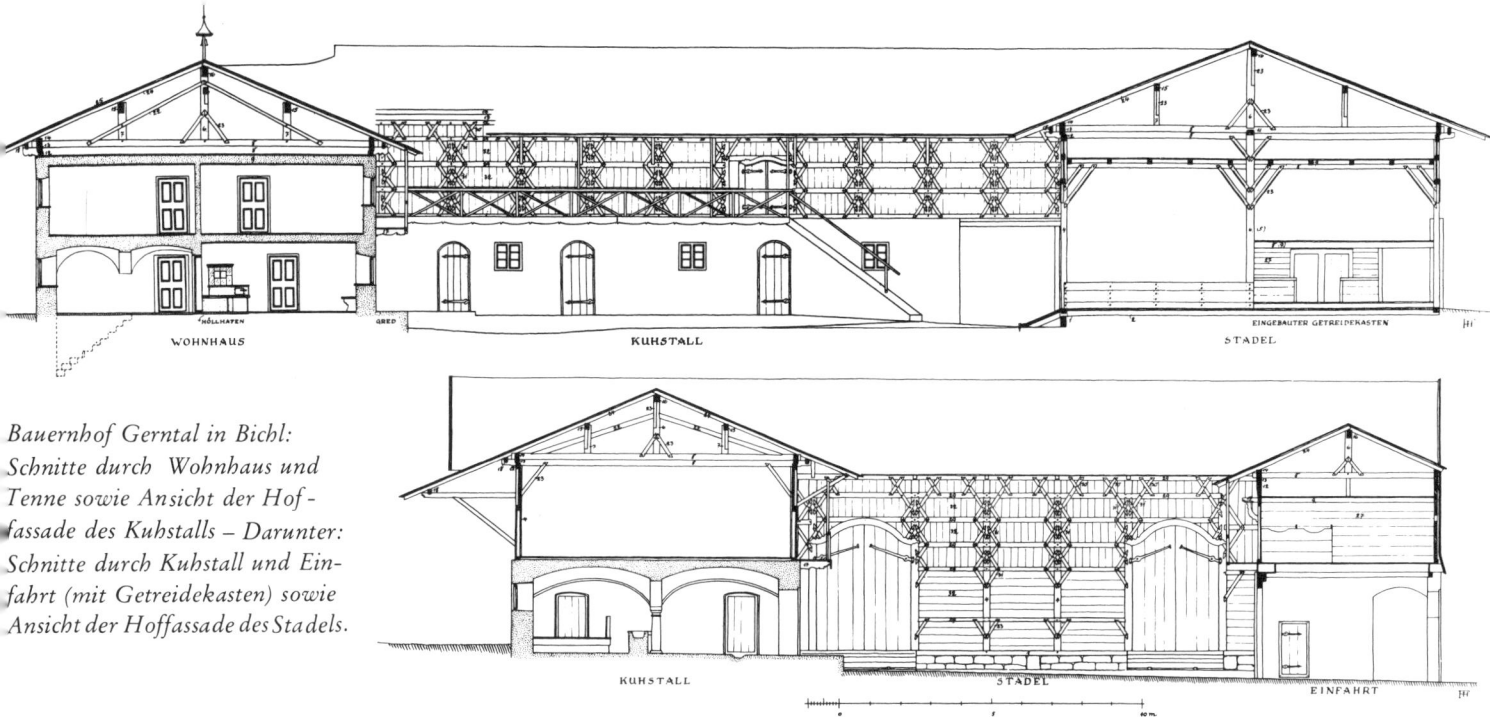

*Bauernhof Gerntal in Bichl: Schnitte durch Wohnhaus und Tenne sowie Ansicht der Hoffassade des Kuhstalls – Darunter: Schnitte durch Kuhstall und Einfahrt (mit Getreidekasten) sowie Ansicht der Hoffassade des Stadels.*

Obergeschoß erreicht wurde. Auch hier gibt es natürlich viele Fragen: Wer hat erstmals eine solche Firstdrehung druchgeführt, wann und wo geschah das? Wir können heute nur so viel sagen, daß diese Drehung in echt barockem Sinne zu einer monumentalen Form bäuerlicher Anwesen geführt hat, wie sie sonst nur durch Doppelhäuser erreicht wurde, die ebenfalls im Barock über das Alpengebiet hinaus verbreitet waren. Der Fortbestand der Stockhäuser ist heute in Frage gestellt. Der zuständige Kreisbaurat Otto Schweiger zählte 1967 in seinem Dienstbereich noch 35 Höfe. Die Stube im Stockhausgebiet wurde 1858 von dem bereits zitierten königlichen Assessor Joseph Wimmer wie folgt beschrieben: »In der Wohnstube ist außer den an den vier Wänden herumlaufenden, festgemachten Bänken und einer oder zwei weiteren derartigen beweglichen, dann einem großen Tische und einer neben der Stubentüre befindlichen Bank, unter welcher sich der Hühnerstall befindet, kein weiteres Meublement zu finden, es müßte denn das hie und da neben dem Ofen in schiefer Richtung angebrachte Brett: Ofenbank, auch die Bruck oder Höll genannt, als solches betrachtet werden.« Im Rottal und darüber hinaus waren Stube und Küche klar voneinander getrennt. Der Stubenofen (Hinterlader) diente nur als Wärmequelle. Wenn die Hühner in der Stube ihren Platz hatten, so entsprach das einer jahrhundertealten Gewohnheit. So werden beispielsweise bei einem großen Bauernhof in Niederpöring bei Vilshofen im Jahre 1666 in der Stube aufgezählt: 1 Hahn, 12 alte und 27 junge Hennen. Wesentlich anders war die Wohnsitte im Bayerischen Wald. So berichtet die »Bavaria« um 1860: »Eine echte Wäldlerstube ist mit allem versehen, was sie zum Winteraufenthalt für eine ganze Familie geeignet macht. Alle Ecken sind von bestimmten Gegenständen eingenommen. In der einen steht der Ofen, mit einer Eisenplatte versehen, mit Wasserkessel und Backröhre, denn es wird den größten Teil des Jahres hindurch auf diesem Ofen gekocht. Die Küche wird nur im Sommer oder zum Backen von Nudeln und dergleichen benützt, die auf offenem Feuer in der Pfanne mit Schmalz bereitet werden. Zwischen den Fenstern, vor der Wandbank, befindet sich der Tisch und darüber der Hausaltar mit seinem Kruzifix und den bunten Tafeln, Bildern und Blumensträußen. Eine der beiden übrigen Ecken gehört den zwiespännigen Betten des Hausvaters und seines Weibes, die andere dem Webstuhl, der fast in keinem Wäldlerhause fehlt. Bei ärmeren Leuten wird oft ein Stück Kleinvieh, ein Schweinchen oder dergleichen, im strengen Winter auch noch Hühnervolk in solch einer Stube untergebracht, wo es von Kindern nur zu oft wimmelt, die aus den feuchten, kalten Kammern ihr Lager auf die Ofenbänke oder die Bank daneben verlegen. In solchen Gemächern ist dann wenig Ordnung und Reinlichkeit zu erwarten, und man kann unter den Inhäuseln und Hütten der ärmeren Innerwäldler menschliche Wohnungen finden, die kaum für solche angesehen werden können.« Das klingt alles so, als ob es ein Aufklärer zu Beginn des 19. Jahrhunderts geschrieben hätte, doch besteht kein Zweifel daran, daß hier nicht Einzelfälle herausgegriffen wurden, sondern eine typische Situation, die man ganz ähnlich damals auch in der Oberpfalz noch vorfinden konnte und die uns ermöglicht, trockene Aufzeichnungen von Inventaren des 17. Jahrhunderts uns plastisch vorzustellen. Hierfür ein Beispiel aus dem Jahre 1633 (Utzenzell, Gemeinde Wiesenfelden, Amtsgericht Mitterfels, ehemaliger Landkreis Bogen, heute Straubing): 1 Tisch samt der Schubladen, 1 blecherner Schub vor dem Ofen, 1 kupferner Höllhafen, 20 Koch- und andere Häfen, 2 Hafendeckel, 1 eiserne Pfanne, 2 kupferne Pfannen, 1 Seihpfanne, 1 Schöpflöffel, 3 Kochlöffel, 2 schlechte Stühle, 1 Spanleuchter, 2 Hängeleuchter, 1 Laterne, 1 Salzfaß, 1 Gewürzbüchse, 2 Wasserkrüge, 6 irdene und 3 hülzerne Schüsseln, 8 Teller, 8 Eßlöffel, 1 Pfannholz, 1 Viertelmaß, 1 altes blechernes Fläschel, 1 Fleischhaken, 3 Fleischbeil, 2 alte Weidner, 1 Garnhaspel, 3 Rocken, 18 Spindeln, 1 Windhaspel, 20 Strähn Garn, 1 Sauzange, 1 Knödelbrett, 2 Trogscharren, 1 Denglgeschirr. An Holzbearbeitungswerkzeugen werden noch als Inventar der Stube aufgeführt: 3 Hacken = Äxte, 1 Spanschnitzer, 2 eiserne Keile, 1 Reifmesser, 1 Stemmeisen, 4 große und kleine Bohrer, 1 Beißzange, 1 Reißhacke und schließlich eine halbe Truhe (Werkzeugkasten?). In dieser Stube wurde also gekocht, gegessen und gearbeitet. Die Geräteangaben liefern dafür den sicheren Hinweis. Wir haben es also bei diesem Beleg vom Jahre 1683 mit einem Kochofen zu tun, ohne daß wir bis heute wüßten, wie lange diese Kochofenkultur in dem Raum zwischen Waldsassen und Passau nördlich der Donau schon bestanden hat. Konrad Bedal konnte diese Erscheinung nur vom Ende des 16. Jahrhunderts an untersuchen. Die Donau war möglicherweise Grenze des Kochofengebietes. Südlich der Donau scheint im Altbayerischen der voll ausgenutzte Küchenraum mit der offenen Herdstatt die Regel gewesen zu sein. Inventare nach der eben zitierten Art können hier weitere Hilfe zur Klärung dieser Erscheinung bieten. Für den Bayerischen Wald kommt im 19. Jahrhundert ebenso wie für Oberösterreich die Form des sogenannten Sesselofens in Frage, den man als Sparherd mit Kachelaufbau bezeichnen kann (vgl. die Beispiele aus Mantel bei Neustadt a. d. Waldnaab, aus Schwarzenbach bei Tirschenreuth und die Karte 11 bei Konrad Bedal). Die sogenannte Küche war im Bayerischen Wald also ebenso wie in der Oberpfalz mehr oder weniger eine Räucherkammer. Dreifuß und Küchelspieß war die normale Ausstattung dieses Raumes. Im Bereich des unteren Rottales sollen Küchenräume vorgekommen sein, bei denen der Herd in der Mitte des Raumes stand, wobei der Herd nicht etwa gegen die Stubenwand, sondern gegen die Außenwand des Hauses gerückt war. Die Wohnverhältnisse änderten sich in Niederbayern auch dann noch nicht, als man im 19. Jahrhundert dazu überging, im größeren Umfang Holz durch Stein zu ersetzen. Die Verwendung von Granit im Bayerwald, von Ziegel im tertiären Hügelland und von Nagelfluh im südlichsten Ausläufer des Vierseithofgebietes, der bereits in Oberbayern liegt, entspricht nur der allgemeinen Tendenz im mitteleuropäischen Bauwesen im Bereich der Landwirtschaft. Es darf hier schon darauf hingewiesen werden, daß man in den dreißiger Jahren gerade dem südöstlichen Vierseithofgebiet besondere Aufmerksamkeit geschenkt hat, da hier im 19. Jahrhundert eine letzte hohe Blüte des Zimmermannshandwerks (Abb. S. 44) zu beobachten war, das sich durch die reichen Bundwerkskonstruktionen an den Stadelwänden auszeichnet. Diese Spätblüte ist nicht auf den sogenannten Rupertiwinkel

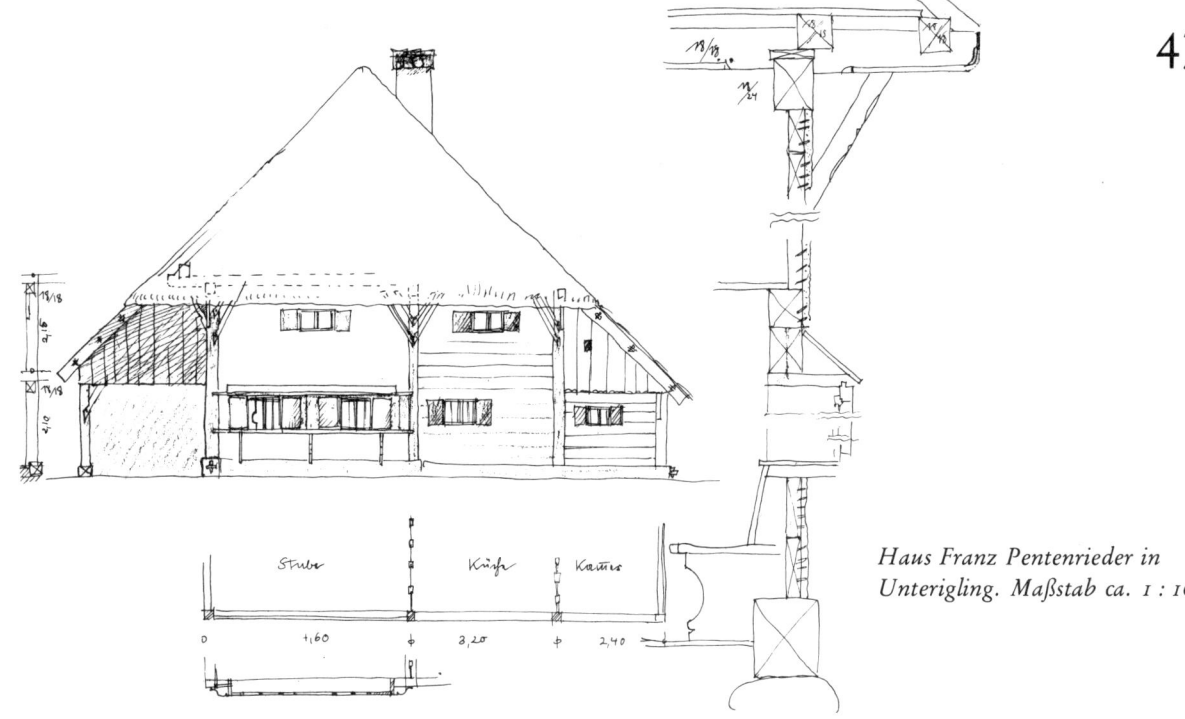

*Haus Franz Pentenrieder in Unterigling. Maßstab ca. 1 : 165*

beschränkt. Sie ist auch noch weiter nördlich im Rottal und im oberösterreichischen Innviertel festzustellen. Die Bundwerkskonstruktion selbst, die aus dem alten Ständerbau entwickelt ist, muß schon hundert Jahre zuvor in Übung gewesen sein, nur waren es damals wesentlich niedrigere Bauten, bei denen keine monumentale Wirkung zustandekam. Man muß sich darüber im klaren sein, daß die Spätblüte des Bundwerks zeitlich mit dem häufigeren Vorkommen von ganz gemauerten Stadelbauten in Niederbayern zusammenfällt. Wir wissen nicht, wieviel ältere Bundwerkstädel hier in der ersten Hälfte des 19. Jahrhunderts verschwunden sind. Die aus Ziegel gemauerten Städel sind für uns Kennzeichen des auf das rein Praktische gerichteten Sinnes niederbayerischer Bauern. Insofern ist die kleine Gruppe von Zimmerleuten im Rupertiwinkel, die dort um 1840 tätig war, eine eigenartige Erscheinung. Waren es Handwerker, die förmlich aus der Erinnerung an die frühere hohe Blüte ihres Berufes gearbeitet haben? Sicherlich dürfen wir hierin auch einen anderen Willen zur Repräsentation auf seiten des Bauherrn sehen. Greifen wir nochmals den Gedanken auf, daß der niederbayerische Raum als altbayerisches Kernland zu betrachten ist, in dem man in erster Linie altertümliche Verhältnisse erwartet, so läßt uns das heute zur Verfügung stehende Material erkennen, daß wir solche Altertümlichkeit hier am wenigsten finden können, da bei relativem Wohlstand hier nüchterner Sinn stets auf Modernisierung bedacht war. Größte Altertümlichkeit bewahrten sich während des 19. Jahrhunderts in Niederbayern die westlichen Gebiete (Landshuter, Moosburger, Mainburger und Mallersdorfer Umland). Günstige Erschließung durch den Eisenbahnbau und Steigerung des Hopfenanbaues haben jedoch im Endeffekt diese Altertümlichkeit restlos verschwinden lassen, so daß heute das östliche Niederbayern für die Hausforschung ergiebiger ist. Zwischen München, Ingolstadt und Kelheim findet man heute selten ein Anwesen, das älter als 120 Jahre ist.

## Oberbayern (Abbildungen 181–230)

Wenn wir mit den in Niederbayern gewonnenen Erkenntnissen nunmehr uns in Oberbayern umschauen, dann erkennen wir, daß sich hier manche Formerscheinungen klarer voneinander absetzen. Dies zeigt sich schon bei dem Thema der Reichweite des flachgeneigten Daches, das wir als Tiroler Dach bezeichnet haben. Nirgends hat es sich in Niederbayern zur Alleinherrschaft durchgesetzt. In Oberbayern können wir, wie in Bayerisch-Schwaben, von einer Flachdachgrenze sprechen, sofern wir darin nicht eine scharfe Linie, sondern ein Band sehen. Von dem eben geschilderten Vierseithofgebiet im Osten zieht diese Grenze an Wasserburg vorbei Richtung Anzing, Zorneding, Taufkirchen bei Unterhaching, Grünwald, Utting am Ammersee, Landsberg, Buchloe, Mindelheim, Memmingen. Die Grenze schwenkt dann nach Süden und erreicht bei Leutkirch das württembergische Allgäu. Mit

Sicherheit wissen wir, daß am Ende des 16. Jahrhunderts auf der Linie Kempten, Markt Oberdorf, Schongau, Weilheim, Miesbach, Rosenheim das Flachdach allgemein ortsüblich war. Das Vorrücken gegen die eben beschriebene Nordgrenze mag sich hauptsächlich im 17. Jahrhundert ereignet haben. Das Besondere liegt hier darin, daß das Flachdach auch bei den Wirtschaftsbauten verwendet wurde. Die Gegend von Haag bei Wasserburg am Inn gehörte unter diesem Gesichtspunkt noch ganz zu Niederbayern, denn hier waren Steildachstädel die Regel. Wilhelm Neu hat festgestellt, daß in der Gemeinde Reichau, zwischen Illertissen und Memmingen, ein flachgeneigtes Dach bei einem Bauernhof vorkam. Dieser Beleg ist isoliert. Es fragt sich, aus welchem Anlaß hier diese Dachform gewählt wurde. Kam der Bauherr oder der Zimmermann aus einer südlicheren Gegend? Man ist zunächst geneigt, den Anlaß eher beim Bauherrn zu suchen, denn in anderen Fällen beobachten wir, daß nicht heimische Zimmerleute sich nach den Baugewohnheiten der Bauherrn gerichtet haben.
Was nun die Abgrenzung von Haus- und Hoftypen in Oberbayern anlagt, so läßt sich, grob gesprochen, folgende Unterscheidung treffen: Im Berchtesgadener Land war der alpine Paarhof heimisch; in den ehemals salzburgischen Gerichten Tittmoning und Laufen ein Einheitstyp mit Mittelflur und Mittertenne; nördlich des Chiemsees reicht, wie bereits bekannt, von Niederbayern her das Vierseithofgebiet herein; in den Bezirken Traunstein Süd, Rosenheim und Miesbach haben wir es, wie in Tirol, mit Mittelflur- und Seitenflurhäusern zu tun, wobei Wohn- und Wirtschaftsteil unter einem First vereinigt sind. Die Seitenflurhäuser gehen, entwicklungsgeschichtlich gesehen, den Mittelflurhäusern voraus. Diese müssen schon im 16. Jahrhundert voll entwickelt gewesen sein. Ihre Vorbilder sind in Nordtirol (Alpachtal, Wildschönau, Brixental) zu suchen. Wir dürfen nicht vergessen, daß die Gerichtsbezirke Kufstein, Rattenberg und Kitzbühel bis 1505 zum Herzogtum Bayern gehörten. Kulturgeschichtlich bildeten sie mit den bayerischen Gerichten Auerburg, Rosenheim, Aibling, Miesbach und Tegernsee eine Einheit. Mit Hilfe des erhaltenen Bestandes und älterer Bildquellen gewinnen wir die Erkenntnis, daß die Mittelflurhäuser – Tiroler Prägung – schon um 1600 voll entwickelt waren, regelmäßig mit Obergeschoß, Lauben an der Giebel- und Traufseite, mit Legschindeldach und im Stadelteil auch schon mit Bundwerk. Dieser Haustyp hat schon damals einen deutlichen Unterschied zu den weiter nördlich gelegenen Hauslandschaften gebildet. Es kann kein Zweifel darüber bestehen, daß um 1600 in dem weiten Raum zwischen der Rhön, dem Frankenwald und den Alpen wesentlich voneinander verschiedene Haustypen existierten. Wir erinnern nur an das Haus Haas in Watterbach (Odenwald), an die frühen Häuser des 17. Jahrhunderts in Birnbaum (Frankenwald), an das sogenannte Schwedenhaus in Nürnberg-Thon, an den Edelmannshof von 1605 in Perschen (Oberpfalz). Das Eigenartige bei den Mittelflurhäusern des Miesbacher Landes liegt darin, daß sie weit über ihren ursprünglichen Geltungsbereich hinaus zum Vorbild geworden sind. Sie wurden zu Beginn und dann am Ende des 19. Jahrhunderts gleichsam entdeckt. Am Beginn, also zur Zeit König Max' I., waren es Architekten, die gerade in den Höfen des Miesbacher Landes

Jägerbauerhaus in Miesbach. Maßstab ca. 1:275

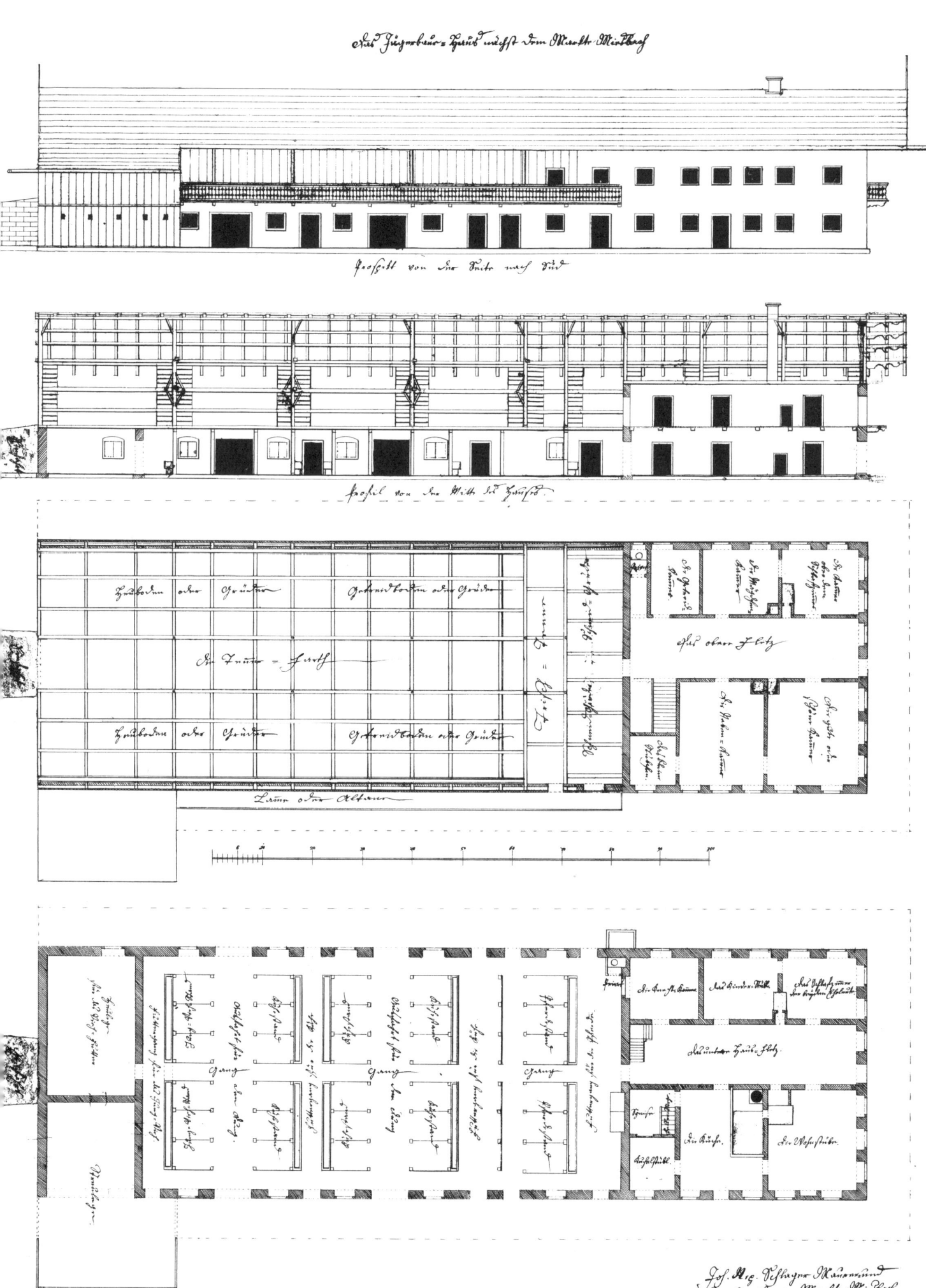

die Verwirklichung einer idealen Betriebsform sahen, da sämtliche Wohn- und Wirtschaftsräume gleichsam auf eine einzige Längsachse orientiert waren. Der Antrieb ging von dem 1810 gegründeten Landwirtschaftlichen Verein aus, der für Bayern eine ähnliche Rolle spielte wie die steiermärkische Landwirtschaftsgesellschaft, die von Erzherzog Johann ins Leben gerufen wurde. Der bayerische Verein veranlaßte systematische Bauaufnahmen, um sozusagen die zweckmäßigste Hofanlage zu ermitteln. Ohne Zweifel muß das voll entwickelte Miesbacher Haus klassizistischen Vorstellungen entgegengekommen sein. Zu den führenden Leuten gehörte hier der königliche Bauinspektor des Isarkreises J. M. C. G. Vorherr. Neben ihm der Landbauinspektor Popp in Regensburg und der in Eichstätt tätige Kreisbauinspektor Voit, der 1818 ein eigenes Handbuch der landwirtschaftlichen Baukunst herausgab. Besonders aber begeisterte sich das Mitglied der Bayerischen Akademie der Wissenschaften, Karl Friedrich von Wiebeking (gestorben 1842), der 1818 in der Akademie einen Vortrag über das Bauernhaus in den Gebirgsgegenden von Bayern und längs den Ufern des Inns und Lechs gehalten hatte und der später in seinem großen Architekturwerk eine Reihe von Maßaufnahmen dieser Bauernhöfe veröffentlichte. Die damals entstandene Plansammlung des Landwirtschaftlichen Vereins ist zum großen Teil erhalten und befindet sich heute im Institut für Volkskunde der Bayerischen Akademie der Wissenschaften. Wiebeking kannte auch das hohe Lob Justus Mösers auf das Niedersachsenhaus. Er meinte, daß das Miesbacher Haus, vom Betrieb her gesehen, jenen Niedersachsenhäusern nicht nachstünde. Wiebeking war es auch, der schon in den dreißiger Jahren mahnte, man möge doch nicht die »Schweizer Häuser« nachahmen, nachdem man im eigenen Lande so vorzügliche Beispiele für ein – wie wir heute sagen würden – bodenständiges Bauen besitzen. Von hier aus wird es verständlich, daß die Bauelemente der Miesbacher Höfe allenthalben in Oberbayern und auch gelegentlich bis ins Niederbayerische hinein nachgeahmt wurden. Dabei beschränkte man sich nicht auf landwirtschaftliche Anwesen, sondern übertrug diese Formen auch auf Gasthöfe, Landhäuser und später auch auf Amtsbauten der Gemeinden usw. Diese Tendenz ist auch in unserem Jahrhundert nicht zum Stillstand gekommen. Viel hat dazu die zweite Entdeckung des Miesbacher Hauses am Ende des Jahrhunderts durch Architekten wie Franz Zell und Aufleger und den Kunsthistoriker Philipp Maria Halm beigetragen. Bezeichnenderweise war jetzt nicht mehr von den betrieblichen Vorteilen die Rede, die der Landwirtschaftliche Verein gesehen hatte. Nunmehr ging es um künstlerische und bauästhetische Werte. So kam es, daß das Miesbacher Haus, wie wir kurzerhand sagen wollen, zusammen mit der wiedererneuerten Tracht, mit Musik, Lied, Tanz, Brauchtum und Spiel gesehen wurde und dieser oberbayerische Teilraum damit zum Inbegriff des Bayerischen erhoben wurde. Es mag vielleicht damit zusammenhängen, daß wir nirgends in Oberbayern, zwischen Rosenheim und Bad Tölz, noch so viele Holzbauten vorfinden wie hier. Vom Standpunkt der Bauernhofforschung in Bayern sind die niederbayerisch-ostbayerischen Vierseithöfe an sich wesentlich wichtiger als das Miesbacher Haus. Eines wurde von den genannten

*Kuchl in Grundern/Bad Tölz*

Architekten des 19. Jahrhunderts übersehen. Diese Einfirstanlagen besaßen natürlich auch Nebenbauten, vor allem Getreidekästen, dann vielfach auch einen Backofen und nicht zuletzt eine Badstube. Nur wenn man diese Nebenbauten mit berücksichtigt, behält die Bezeichnung Einfirstanlage ihren eingeschränkten Sinn. Folgende Elemente müssen noch einmal hervorgehoben werden: 1. Es handelt sich hier fast ausnahmslos um Bauten mit einem Obergeschoß (zwiegädige Häuser). 2. Abgesehen von der Ständerkonstruktion des Stadels, ist es regelmäßig ein voll entwickelter Blockbau. 3. Wohn- und Wirtschaftsbauten besaßen ausschließlich Legschindeldächer (Schwardächer). Die drei Elemente sind, streng genommen, nicht bayerisch. So befremdend das auch klingen mag, so muß doch die Möglichkeit in Rechnung gezogen werden, daß sie im Oberland, zwischen Rosenheim und Wolfratshausen, im hohen Mittelalter noch nicht heimisch waren. Das Inntal leitete stärker noch als Lech und Isar alpine Einflüsse in das weite Land bis zur Donau. Von hier aus strömten die uns hier interessierenden in das Unterland und verdrängten nach und nach die überlieferte Bauweise mit Ständerbohlenwänden und steilen Strohdächern. Von hier aus kam auch die Anregung, die eingädige Bauweise durch eine zwiegädige abzulösen. Wenn man sich diesen Prozeß klargemacht hat, versteht man die unterschiedliche Bauweise im westlichen Oberbayern, auf die wir noch im einzelnen kommen. Daß die Blockbauweise zwischen Isar und Inn keine absolute Selbstverständlichkeit ist, zeigt uns die Archäologie, die für die Karolingerzeit bei Klais Ständerbau nachgewiesen hat, ebenso wie man in Oberösterreich in St. Michael ob Rauhenöd für das Frühmittelalter Ständerbau bestätigt fand.

Noch eine letzte Erkenntnis gewinnen wir an dem so beispielhaften Material des Miesbacher Landes. Der Höhepunkt bäuerlicher Baukultur liegt in der Zeit zwischen 1770 und 1790, also in der Regierungszeit Karl Theodors. Wenn wir aus diesen Dezennien so viele Belege besitzen, so ist dies ein deutliches Zeichen für die Intensität der damaligen Bautätigkeit. Dazu kam die damalige Vorliebe für Freskomalerei an den Hauswänden, die sich selbst kleinere Bauern geleistet haben. Ihre Höfe erhielten dadurch einen monumentalen Zug. Es ist gar nicht anders denkbar, als daß die damaligen Bauern von der Vorstellung geleitet waren, Häuser zu schaffen, die über Generationen hinaus Fortbestand haben sollten. Das war an sich etwas Neues, denn bisher war ein Bauernhaus im Grunde genommen ein transportabler Gegenstand, den man sich variabel vorstellte. Der Vater mußte damit rechnen, daß der Sohn bereits Änderungen vornahm. Bei den mit Fresken geschmückten Höfen, die ja Mauerwerk als Träger voraussetzten, mußten solche Ideen der Zweckmäßigkeit aufgegeben werden. Natürlich haben diese Höfe in dem langen Zeitraum zwischen 1600 und 1900 wiederholt Änderungen erfahren, insbesondere wurden nach und nach die Fenster vergrößert. Das 19. Jahrhundert nahm förmlich Anstoß an den kleinen, liegenden Formaten und forderte das hochrechteckige Fenster. Dieses hatte bei Neubauten die Änderung in den Proportionen des Hausquerschnittes zur Folge.

In den Gebieten von Tölz und Wolfratshausen treffen wir Einfirstanlagen, die dem Miesba-

*Riegerhof in Deining bei Wolfratshausen: Südseite.*
*2. Hälfte 18. Jh. Maßstab ca. 1 : 160*

cher Typ äußerlich gleichen und die man daher zunächst – um mit der österreichischen Terminologie zu sprechen – in die Gruppe des tirolisch-oberbayerischen Einheitshauses einreihen würde. Rudolf Hoferer hat gezeigt, daß diese Gruppe, die im Süden nahezu an das Stadtgebiet von München heranreicht, aus einem getrennten Wohn- und Wirtschaftsteil zusammengefügt wurde. Dieser Haustyp ist regelmäßig quer aufgeschlossen (Abb. S. 52/53). Denkt man sich den Wirtschaftsteil (Stall, Stadel, Schupfen) fort, so bleibt ein Eckfletzhaus, das noch im 16. Jahrhundert in Oberbayern ziemlich verbreitet gewesen sein muß. Wahrscheinlich lag die Herdstatt ursprünglich in diesem Fletz und wurde erst während des 16. Jahrhunderts nach und nach abgetrennt. Auch in diesem Gebiet gehörten zum Haupthaus noch ein Getreidekasten, eine Badstube und ein freistehender Backofen. Nur selten findet man aber heute zusätzlich einen kleinen Schupfen, ein Waschhaus, eine Werkstatt (Schmiede). Dies wird sich am besten durch den ständig wachsenden Einfluß der Landeshauptstadt während des 19. Jahrhunderts erklären lassen.

Im Weilheimer und Landsberger Gebiet tritt uns der sogenannte Mittertennbau entgegen, der zu den echten Ständerbauten gehörte, wobei die Tenne, wie der Name besagt, den mittleren Teil des Hauskörpers einnimmt. Die Mittertennbauten konnten sowohl mit einem Steildach wie mit einem Flachdach gebaut werden. Südlich der Linie Landsberg–Utting waren die Erträgnisse an Roggenstroh offenbar schon seit Jahrhunderten geringer und das Schindelmaterial leichter zu beschaffen. Leoprechting konnte von seinem Landsitz bei Landsberg diesen Gegensatz deutlich beobachten. Er war ein Freund des Weichdaches und meinte: »Wer auf dem Lande seinem Hause freiwillig ein Plattendach gibt, den plagt jedenfalls der Hoffartsteufel; er will, sein Haus soll städtisch aussehen.« – Die Mittertennbauten machen an der schwäbischen Grenze keineswegs Halt. Sie setzen sich nach Westen über weite Räume fort. Im Bereich der Mittertennbauten kommen zusätzliche Bauwerke nur gelegentlich vor. Die Frage, ob die Mittertennbauten ältere Haufenhöfe abgelöst haben, ist gänzlich ungeklärt. In den dreißiger Jahren schrieb man dem Mittertennbau ein sehr hohes Alter zu, ja man sah in ihm einen Haustyp, der schon in der Karolingerzeit so gebaut wurde. Heute bestehen Zweifel an einem solchen Ansatz. Es ist nicht ausgeschlossen, daß der Mittertennbau erst im Spätmittelalter voll entwickelt wurde. In den auf uns gekommenen Beispielen ist er regelmäßig zwiegädig, wobei die Schlafkammer über der Wohnstube liegt. Die Tenne vermittelte den Eingang sowohl in das Wohnhaus wie in den Wirtschaftsteil. Im Laufe des 18. Jahrhunderts ging man dazu über, die Tenne etwas schmäler zu machen und einen eigenen Eingang neben ihr für die Wohnung anzulegen. Der Mittertennbau ist, was man nicht übersehen sollte, vor allem der Haustyp des kleinen Bauern gewesen. Die Zwiegädigkeit ist im Bereich des bayrisch-schwäbischen Mittertennbaues eine Regel, die wohl kaum eine Ausnahme kannte. Sie grenzt sich gegen Norden zu ab gegen den nordwestbayerischen Raum (Dachau, Friedberg, Rain a. Lech, Ingolstadt, Moosburg, Freising), in dem, mindestens noch im 17. Jahrhundert, bei dem bäuerlichen Gehöft die Erdgeschossigkeit vorherr-

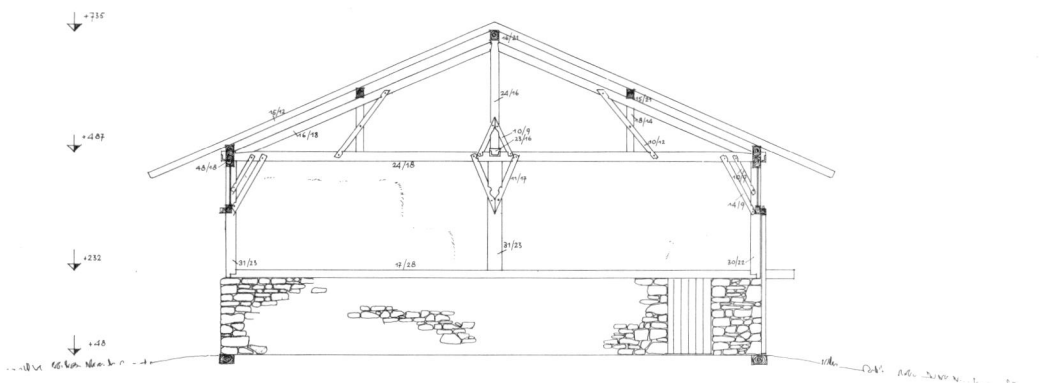

*Riegerhof in Deining: Schnitt durch die Scheune.
Maßstab ca. 1 : 160*

schend blieb. Da es sich bei den Ständerbauten des Mittertennbaubereiches um durchgehende Ständer handelt, die als hohe Säulen (»auf der hohen Saul«) bezeichnet wurden, könnte man auf den Gedanken kommen, daß die Zwiegädigkeit durch die Höhe des unter dem gleichen First gebauten Stadelteiles bedingt war. Hier nun können theoretische Überlegungen über die Entstehung der Mittertennbauten des uns hier interessierenden geographischen Raumes einsetzen. Es wäre die Frage zu stellen, ob es sich nicht um die Verbindung eines eingädigen Feuerhauses mit einem zwiegädigen Futterhaus gleicher Firstrichtung handelt. Wollte man zwei derartige Baukörper unter ein Dach bringen, so war es nur notwendig, die niederen Säulen des Feuerhauses auf die Höhe der Säulen des Futterhauses zu bringen und dann über die bisher selbständigen Baukörper gemeinsame Spangen (Rähmhölzer) zu legen, die dann den bisher freien Zwischenraum zwischen den beiden Bauten überspannten, der fortan als Tenne dienen konnte. Die Hausforschung ist sich schon lange darüber im klaren, daß der mittelalterliche Bauernhof aus relativ kleinen Einzelbauten bestanden hat. Es wäre also die Möglichkeit nicht von der Hand zu weisen, daß die hier theoretisch geschilderte Verbindung von Feuerhaus und Futterhaus gegen Ausgang des Mittelalters erfolgt ist, daß sie sich dann auf Grund ihrer hohen Zweckmäßigkeit sehr schnell ausgebreitet hat und – immer für den gerade hier behandelten Raum – rund zweihundert Jahre lang behaupten konnte. Wenn wir hier den aus dem alpinen Raum bekannten Begriff für Feuerhaus für Wohnhaus eingeführt haben, so ist das damit begründet, daß wir heute unter Wohnhaus im landwirtschaftlichen Bauwesen normalerweise ein Bauwerk verstehen, in dem sich auch Wirtschaftsräume befinden. Bei unserem eben entworfenen Entwicklungsmodell muß das Wohnhaus ein reines Feuerhaus gewesen sein, d. h. ein Haus mit Feuerstätte (Herdstatt), Stube und Schlafkammern. Unser Entwicklungsmodell kann uns aber auch noch bei der Klärung einer anderen hausgeographischen Erscheinung Hilfe leisten. In der zuvor umschriebenen nordwestoberbayerischen Landschaft, und zwar besonders in den Gebieten von Friedberg, Aichach, Rain/Lech und Schrobenhausen, einem alten Haufenhofgebiet, wurde das Wohnhaus bis in das 19. Jahrhundert hinein ohne Stallungen gebaut (Abb. 232). Der Raum ist also durch das Fortleben eines alten Feuerhauses gekennzeichnet. Es ist nicht ausgeschlossen, daß das Feuerhaus einmal weiter verbreitet war. Man kann diesen Entwicklungsprozeß auch noch von einer anderen Seite her betrachten. Gehen wir von der Hypothese aus, daß im Vierseithofgebiet, wie auch im Gebiet der südbayerischen Einfirstanlagen und des Mittertennbaues in der Ausgangsstellung der Haufenhof vorhanden war, dann war es offenbar möglich, ihn jeweils auf die genannten Typen hin zu entwickeln. Damit würde sich aber das nordwestliche Oberbayern als eine recht altertümliche Landschaft erweisen, ungeachtet dessen, daß hier der alte Bestand an Holzbauten im 19. Jahrhundert nahezu restlos durch gemauerte Bauten ersetzt wurde. Es ist wohl mehr ein Zufall als bewußte Überlegung, wenn hier nach dem zweiten Weltkrieg bei modernen Bauernhöfen das Wohnhaus, entsprechend modernen Vorstellungen, ebenfalls keinen Wirtschaftsteil mehr enthält. Tat-

*Laubengitter aus Igelsbach/Nirnharting (um 1830)*

sächlich bleibt auf diese Weise hier ein alter Baugedanke lebendig. Man darf die hier vorgetragene Theorie der Entstehung des Mittertennbaues im schwäbisch-bayerischen Voralpenraum nicht mißverstehen. Wenn das tirolisch-bayerische Einfirsthaus immer zwiegädig erscheint, so hat das sicher einen anderen Grund. Im Alpenland ergibt sich die Mehrgeschossigkeit sozusagen von selbst durch das Bauen am Hang. Sie wurde überdies durch den Mauer- bzw. Blockbau gefördert, der das turmartige Übereinanderstellen von Geschossen jederzeit erlaubt. Schließlich müssen wir vermuten, daß der Mittertennbau in unserem engeren Untersuchungsgebiet eine schwäbische Erfindung ist, die zwischen Landsberg und Schongau über den Lech nach Osten vorgedrungen ist (Abb. 214). Wir nannten bereits Utting am Ammersee, die Ostgrenze berührte noch die Gemeinden Zankenhausen, Inning (im Norden des Ammersees), Pähl und Habach. Im Süden reichte sie weit nach Tirol hinein in ein Gebiet, das von jeher mit dem schwäbischen Raum in enger wirtschaftlicher und kultureller Verbindung stand. Mittertennbauten sind uns schließlich auch aus dem sogenannten Rupertiwinkel – also zwischen Tittmoning und Salzburg, westlich der Salzach –, der ehemals salzburgisch war, bekannt geworden. Bei dieser Baugruppe wurden Stadel, Tenne und Stall in Ständerbau errichtet, während sich der Blockbau auf den Wohnteil beschränkte. Die Höfe haben in der Regel einen in der Firstrichtung angeordneten Hausgang, von dem aus man linker Hand die Stube und rechter Hand eine Kammer betritt. Die Küche liegt hinter der Stube. Es ist aber nicht ausgeschlossen, daß man früher im Hausgang eine offene Herdstatt hatte, so wie uns dies von den Rauchhäusern des Mondseegebietes geläufig ist. Bauten des 17. Jahrhunderts in dieser Gegend lassen erkennen, daß auch Eckfletzanlagen (mit oder ohne Feuerstätte) vorgekommen sind. Auch hier wäre nunmehr die Frage zu stellen, ob sich solche bayrisch-salzburgisch-oberösterreichischen Mittertennbauten erst im Mittelalter in einem ähnlichen Prozeß wie in Bayerisch-Schwaben entwickelt haben könnten. Einer jüngeren Entwicklung in Bayern blieb es vorbehalten, bei den Mittertennbauten des Rupertiwinkels den Wirtschaftsteil so zu erweitern, daß er über die Längsseiten des Hauses hervortrat, wodurch ein sogenannter T-förmiger Grundriß entstand. Auch hierfür gibt es jenseits der Salzach Belege, die Kurt Conrad nachgewiesen hat. Rudolf Hoferer grenzte die Reichweite unserer südostbayerischen Mittertennbauten nach Westen zu folgendermaßen ab: Von der Ruhpoldinger Ache nach Reit im Winkel, zum Süd- und Ostrand des Chiemsees (Übersee, Hemhof) über Pavolding, Altenmarkt bis nach Abtenham bei Kirchheim (Tittmoning).

Was die Paarhöfe des Berchtesgadener Landes angeht, so stehen sie ohne Zweifel im Zusammenhang mit den Paarhöfen des Pinzgaues. Wie lange sie hier in Übung waren, muß zunächst offen bleiben. Sicherlich baute man eine solche Hofordnung am Ende des Mittelalters. Das Feuerhaus dürfte damals ein Eckfletzhaus gewesen sein. Bekanntlich wurde um das Jahr 1105 in Berchtesgaden durch Graf Berengar von Sulzbach ein Augustinerstift für 12 Chorherrn gegründet, das 1156 das Salzregal, 1194 die weltliche Gerichtsbarkeit, 1294 den Blutbann und 1386 die Hoheitsrechte und damit die Reichsunmittelbarkeit erhielt. Seit 1245

*Laubengitter aus Kirchanschöring bei Laufen (2. Viertel 19. Jh.)*

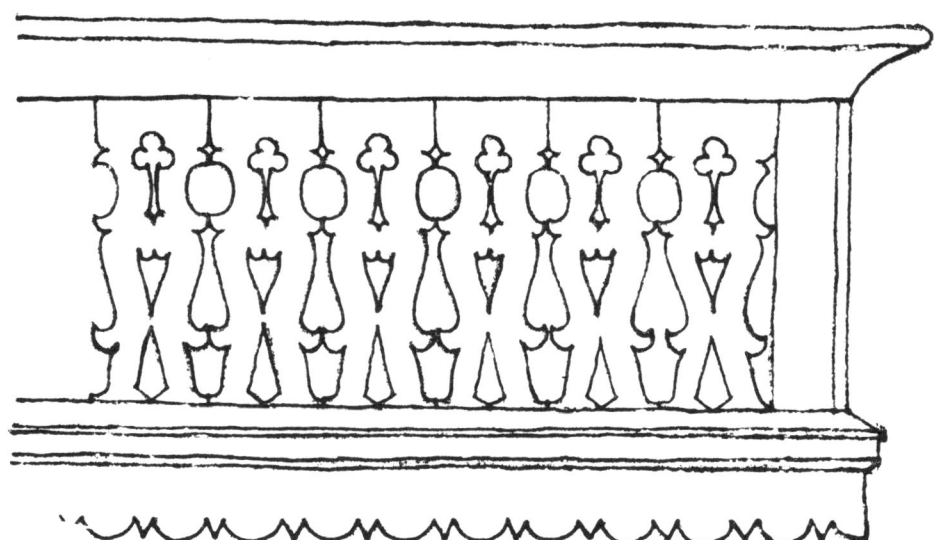

unterstand das Stift unmittelbar dem Papst, die Schellenberger Saline war von 1389 bis 1546 an Salzburg verpachtet. Die Besiedelung des Landes erfolgte der Überlieferung nach im 12. Jahrhundert vom Augustinerkloster Rottenbuch bei Schongau aus. Das Land kann bis dahin aber nicht völlig unbesiedelt gewesen sein, da seine Almwirtschaft bereits in der Karolingerzeit urkundlich nachweisbar ist. Die Geschichte des landwirtschaftlichen Bauwesens im Berchtesgadener Land für die Zeit von 1100 bis 1600 wird sich nur klären lassen, wenn einmal das gesamte Pinzgauer Material aufgearbeitet ist. Wir können lediglich als sicher annehmen, daß man von Anfang an die Einzelhofsiedlung (Einöden) bevorzugte. Dabei möchten wir annehmen, daß die Augustiner-Chorherrn auch Siedler aus dem Pinzgau zuließen, die mit der Bergbauernwirtschaft vertraut waren. Die Siedlungseinheiten wurden Lehen genannt, eine Bezeichnung, die sich bis heute gehalten hat. Gruppen von Höfen wurden in sogenannten Gnotschaften zusammengefaßt. Aus der Gnotschaft Schönau seien erwähnt: Das Augstenlehen, ein eingeschossiger Blockbau aus der Zeit um 1600, das Rennerlehen von 1638 mit gewölbter Rauchküche, das Storchenlehen, das Simonlehen und das Hassetzlehen. Aus der Gnotschaft Schwarzeck: Das Hell-Lehen, das Stöckllehen, Grübllehen, Pfaffenlehen (1620), Schmucklehen (1756), das Fronwieslehen (gewölbte Rauchküche, 1769), um nur einige Beispiele aufzuzählen. Wir wissen, daß die Pröpste von Berchtesgaden 1387 die Lehen den Bergbauern gegen geldliche Ablösung zum Eigentum überließen, jedoch unter Aufrechterhaltung der Leibeigenschaft, der Naturalabgaben und Dienste. 1461 bestanden im Berchtesgadener Land 572 Lehen. Die Bauern betrieben seit dem Spätmittelalter vor allem in den Wintermonaten ein Holzhandwerk, wie dies auch sonst bei Bergbauern üblich war. Hier aber kam es zu einer besonderen Spezialisierung, so daß »Berchtesgadener Ware« bis zur Stunde zu einem handelsüblichen Begriff geworden ist. Die Alpwirtschaft des Berchtesgadener Landes ist heute am Erlöschen. Um 1930 wurden noch etwa 60 Almen bestoßen. Leider ist die Aachener Dissertation über das Bauernhaus des Berchtesgadener Landes von Mathilde Trenkel nie erschienen. Sie konnte noch bedeutsame altartige Almhütten aufmessen.

Ungeachtet der verschiedenen Grundrißlösungen, die wir im Bereich des Flachdaches kennengelernt haben, kehren im konstruktiven Gerüst dieser Bauten, unabhängig davon, ob es sich um Wohn- oder Wirtschaftsteile handelt, die gleichen Elemente wieder. Hierüber gibt eine Zeichnung des Rosenheimer Zimmermeisters Nikolaus Fuchs vom Jahre 1816 hinreichend Aufschluß (Abb. 181). Fuchs war 1759 als Sohn eines Rosenheimer Kistlers geboren. Er wurde 1803 zweiter Marktzimmermeister, war mit einer Aiblinger Drechslertochter verheiratet und starb 1836. Es ist für die früheren Handwerksverhältnisse geradezu typisch, daß hier unter verschiedenen Holzhandwerken Familienbeziehungen bestanden. Wir müssen uns damit begnügen, zu den bei Abb. 181 aufgeführten Fachwörtern, die offenbar von Fuchs selbst stammen, einige wenige Erläuterungen zu geben. Am wichtigsten sind die Bezeichnungen für die Hölzer im Stadelteil, da sie nicht nur im Blockbaugebiet, sondern insbeson-

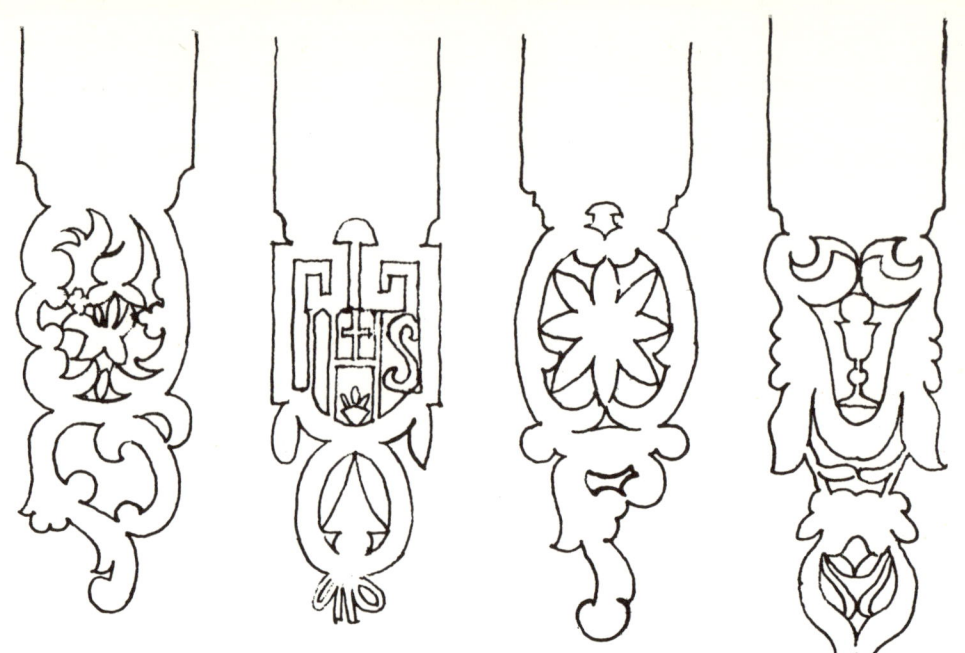

*Pfettenbrettchen aus Mayerhofen/ Fridolfing (1806), Hinterhof/Törring (1821), Pietling/Fridolfing (1. Viertel 19. Jh.), Harpfetsham/Palling (1. Viertel 19. Jh.)*

dere im Ständerbaugebiet und damit ehemals in ganz Altbayern Gültigkeit besaßen. Die tragenden Elemente werden regelmäßig mit Säule bezeichnet, die waagrechten Hölzer (Pfetten) mit Bäume. So gehört die Firstsäule zum Firstbaum. Die Fußpfetten führen die Bezeichnung Rofenspange, obwohl sie echte Dachbäume sind. Der Grund hierfür liegt darin, daß die äußeren Wandsäulen durch eine sogenannte Spange (Rehmholz) miteinander verbunden waren. Fuchs unterscheidet 3 Arten von Spangen, die Säulen-, Leg- und Rofenspangen. Die Säulenspange ist der Funktion nach das gleiche Holz, das in der Lex Baiuvariorum als »spanga« erscheint. Wir sind hier an einer Stelle, an der wir älteste konstruktive Ideen wiederfinden. Sosehr wir heute davor warnen müssen, von den nachmittelalterlichen Hausformen auf solche der Karolingerzeit zu schließen, so unbedenklich dürfen wir hier die Fortdauer eines konstruktiven Gedankens über ein Jahrtausend hinweg feststellen. Die Konstruktion des Stadelteiles auf der Zeichnung von Nikolaus Fuchs mit ihren Raumsäulen, Bundsäulen, Schirmsäulen und Stallsäulen hat auch für das Steildachgebiet ihre Gültigkeit. Auch hier spürt man in etwa die Durchdringung des altbayerischen Ständerbaues mit dem Tiroler Blockbau. Die drei genannten Spangen werden in der Giebelseite durch die sogenannten Bretten ergänzt, die die Funktion des Dachbalkens besitzen. Zusammengefaßt spricht man vom sogenannten Kranzholz. Um den konstruktiven Vergleich mit niederdeutschen Ständerbauten zu ziehen, müßte man betonen, daß man in Altbayern stets bei der Unterrähmzimmerung geblieben ist. Für die Blockwand hat Fuchs die Bezeichnung Schlußwand. Hier birgt sich eine alte, in Bayern übliche Bezeichnung. Die bayerische Bauordnung vom Jahre 1864 erwähnt in § 4 das Bauen mit geschlossenem Holz letztmals. Aus dem 15. Jahrhundert bringt Joseph Scheidl einen Beleg für »ain geschossenes Haus«, wobei nur ein Blockbau gemeint sein kann. Auch später ist in solchen Fällen immer von einem geschossenen Bau die Rede. Sicher in das Mittelalter hinein reichen auch die Bezeichnungen Glaitsäule und Glaitbaum, wobei Glaitbaum heute als Mittelpfette bezeichnet würde. Für die bei Fuchs abgebildete Ständerbohlenwand steht die Bezeichnung Ladenwand. Die Bohlen werden Ladenhölzer genannt. Die kurzen Blockwände zwischen den Fenstern heißen Kögeltrümmer; damit kommt offenbar zum Ausdruck, daß an diesen Hölzern die Kegel für die Fensterladen angeschlagen wurden. Aus den Raumbezeichnungen, die Fuchs anführt, sei »Raumdiel« hervorgehoben. Hiermit wird der Raum über dem Stall beziehungsweise über der Tenne bezeichnet. Die Grundbedeutung von Diel (Dill) ist Brett. Bretterzäune hießen Dillzäune. Die Bretterlage über der Stube und in den Wirtschaftsräumen nannte man kurzweg Dillen. Auch hier haben wir es mit altbayerischem Wortgut zu tun. Nur einmal weicht Fuchs von dem überkommenen Wortgut ab, wenn er die Speiskammer Viktualienkammer nennt. Die Zeichnung läßt im übrigen deutlich erkennen, daß drei Wände der Küche gemauert waren. Sie besaß aber keine Wölbung, die uns sonst im bayerisch-tirolerischen Grenzraum häufig begegnet und feuerpolizeilich vielfach gefordert wurde. Der Herd war offenbar noch ein tischhoher, gemauerter Block, über dem sich eine Rauchkutte befand. Das Kuttenholz wird ausdrück-

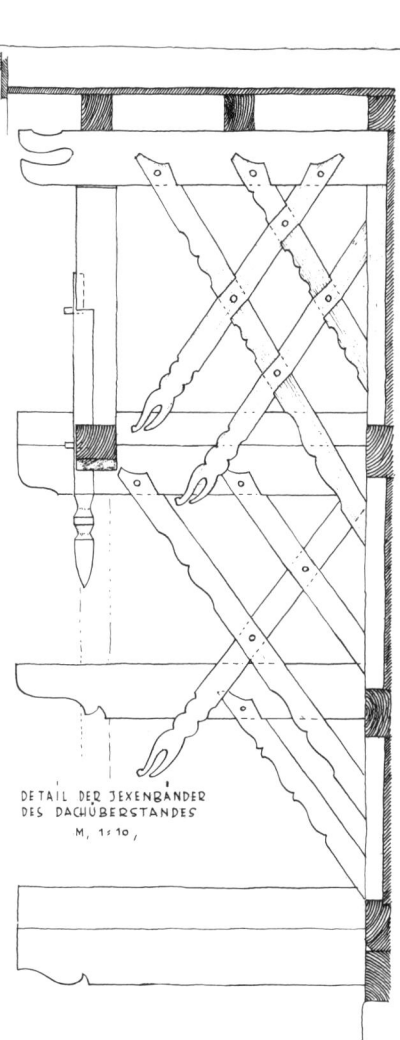

*Jexenbänder eines Bundwerkgiebels in Mittenwald. Hier Maßstab ca. 1 : 30*

lich genannt. Die Zeichnung des Rosenheimer Zimmermeisters war offensichtlich durch den schon genannten Landwirtschaftlichen Verein veranlaßt. Das Original ist jedoch nicht in der heute beim Institut für Volkskunde in München verwahrten Sammlung vorhanden. Aus dieser sei der sogenannte Weyherbauerhof abgebildet (1. Vorsatzblatt). Die Maßaufnahme stammt von dem Maurermeister Bürckl aus Pfaffenhofen an der Ilm und dürfte 1812 entstanden sein. Der Weyherbauer gehörte dem Angerkloster in München und stand in Weihern (früher Gemeinde Eberstetten, jetzt in Pfaffenhofen eingemeindet). Es handelt sich um einen Vollbauernhof (Maierhof). Das Haupthaus ist erdgeschossig und enthält keine Wirtschaftsräume, wenn wir von der Milchkammer absehen, die als Milchstube bezeichnet wird. Der Hof ist somit in jene Gruppe einzureihen, die in dem nordwestlich von München gelegenen Raum üblich war, wie oben bereits dargelegt wurde. Es handelt sich durchwegs um gemauerte Bauten und somit um eine recht fortschrittliche Anlage zu einer Zeit, als in der dortigen Gegend Holzbauten noch in starkem Maße vertreten waren. Heute ist von dieser Anlage in Weihern nichts mehr zu finden. Fast möchte man Zweifel hegen, ob sie je in der Vollkommenheit bestand, wie sie der Plan zeigt. Der Maurermeister Bürckl wußte nämlich genau, worauf es dem Landwirtschaftlichen Verein ankam. Es sollten beispielhafte Höfe aufgemessen werden. Es kann auch grundsätzlich der Wunsch des Weyherbauern gewesen sein, eine derartige Anlage zu bekommen, wobei man davon ausgehen darf, daß er daran dachte, die einzelnen, schon vorhandenen Bauten durch neue nach und nach zu ersetzen, wozu der Maurermeister einen generellen Vorschlag machte. Besonders anzumerken wäre vielleicht noch der Hinweis bei der »Wagenremise«, über der sich der »Getreidekasten« befindet. Die Verbindung von Wagenschupfen und Traidkasten war im altbayerischen Flachland traditionell. Die starke Tendenz zum Ersatz der Holzbauten im nordwestlichen Oberbayern durch Steinbauten, in der Regel mit einem ziegelgedeckten Satteldach, lag natürlich im Zug der Zeit. Man kann sich aber nicht des Eindrucks erwehren, daß hier durch Persönlichkeiten wie Vorherr, der aus Franken kam, fränkische Bauvorstellungen besonders gefördert wurden. Dem mag auch zugeschrieben werden, daß man ziemlich einheitlich heute noch von Nördlingen über Donauwörth bis in die Freisinger Gegend erdgeschossige Wohn- und Stall-Häuser (Quereinhäuser) findet, die im Grund genommen ansbachische Baugedanken des 18. Jahrhunderts fortsetzen. Bekanntlich wurden sie auch noch in den dreißiger Jahren unseres Jahrhunderts als so vorbildlich angesehen, daß sie in Baufibeln gewürdigt und aus ihnen zeitgemäße Modelle entwickelt wurden. Im Dachauer Hinterland erhielten diese an sich bescheidenen schmucklosen Bauten gelegentlich eine Hauszier in Gestalt einer geätzten Solnhofener Platte oder einer Mörtelplastik, deren Verbreitung uns Stois und Böck liebevoll ermittelt haben.

Schwaben (Abbildungen 232–265)

Um einen Überblick über die Bauernhofformen in Bayerisch-Schwaben zu gewinnen, bedarf es eines kurzen Hinweises auf die landschaftlichen Gegebenheiten. Im Folgenden sprechen wir dabei kurzerhand von Schwaben, womit Bayerisch-Schwaben verstanden wird. Der Raum reicht vom Nordrand des Jura an der mittelfränkischen Grenze bis zu den Hochalpen des Allgäu über eine Entfernung von 200 km Luftlinie und erreicht zwischen Lech und Iller im Durchschnitt nur eine Breite von 80 km Luftlinie. Er läßt sich von Nord nach Süd in 3 Zonen gliedern: Nordschwaben mit den Landkreisen Nördlingen, Donauwörth, Dillingen und Neuburg/Donau (nach der Einteilung vor 1972), in den mittelschwäbischen Raum zwischen Augsburg, Ulm und Memmingen und in das Allgäu. Der mittelschwäbische Raum findet auf württembergischer Seite seine Fortsetzung in der dort als Oberschwaben bezeichneten Landschaft. Das Allgäu (Alpgau), ursprünglich eine territoriale Bezeichnung, wurde von den Geographen für einen weiteren Raum, der auch noch Kempten einbezog, verwendet. In jüngster Zeit versteht man im nördlichen Teil des Allgäus Gegenden, die einst noch als mittelschwäbisch angesehen wurden. Das Problem der Namensgebung ist jüngst erneut von Richard Dertsch behandelt worden. Hauskundlich gesehen, verfügen wir in Schwaben über gründliche Forschungsergebnisse. Es sei nur an die Monographie von Heinrich Götzger und Helmut Prechter erinnert. Einen fast isolierten Raum stellt der Landkreis Lindau dar, der in seinem östlichen Teil als Westallgäu bezeichnet wird und im übrigen einen Teil der kulturgeschichtlichen, eine Einheit bildenden Bodenseelandschaft darstellt. Beginnen wir unsere Übersicht im Norden, so können wir zunächst den kleinen Anteil Schwabens am fränkischen Jura (Gerichtsbezirk Monheim und Neuburg/Donau) ausklammern, da dieser schon weiter oben behandelt wurde (S. 27). Eine Landschaft von hohem kulturgeschichtlichem Interesse ist das Ries mit der ehemaligen Reichsstadt Nördlingen als Mittelpunkt. Es war wohl immer wohlhabendes Bauernland. Die Felder um Nördlingen gehörten im 19. Jahrhundert zu den fruchtbarsten Bayerns, und die Wiesen längs der Wörnitz waren wegen ihres reichen Futterertrages berühmt. Grund und Boden hatte hohen Wert und die Dienstbotenlöhne lagen hier, wie im Allgäu, weit über dem Durchschnitt. Dinkel und Gerste waren die Hauptfrüchte, Weizen wurde seltener angebaut, Roggen und Hafer nur für den eigenen Bedarf. Die »Bavaria« unterschied Klein-, Mittel- und Großbegüterte, in Abweichung der geschichtlich üblichen Scheidung in Bauern und Söldner, wobei die Bauern einen Hof mit 50–100 Morgen Landes besaßen, während die Söldner in der Regel neben ihrer kleinen Landwirtschaft ein Handwerk trieben oder im Taglohn arbeiteten. Es hatte sich aber um die Mitte des 19. Jahrhunderts von Söldnern, die sich hinaufgearbeitet hatten und von Bauern, die heruntergekommen waren, eine Mittelschicht gebildet. Daher führte der Berichterstatter in der »Bavaria«, Melchior Meyr, den Begriff des Mittelbegüterten ein. Der Viehbestand der Kleinbegüterten bestand, wenn wir Meyr folgen wollen, aus ein paar Kühen oder

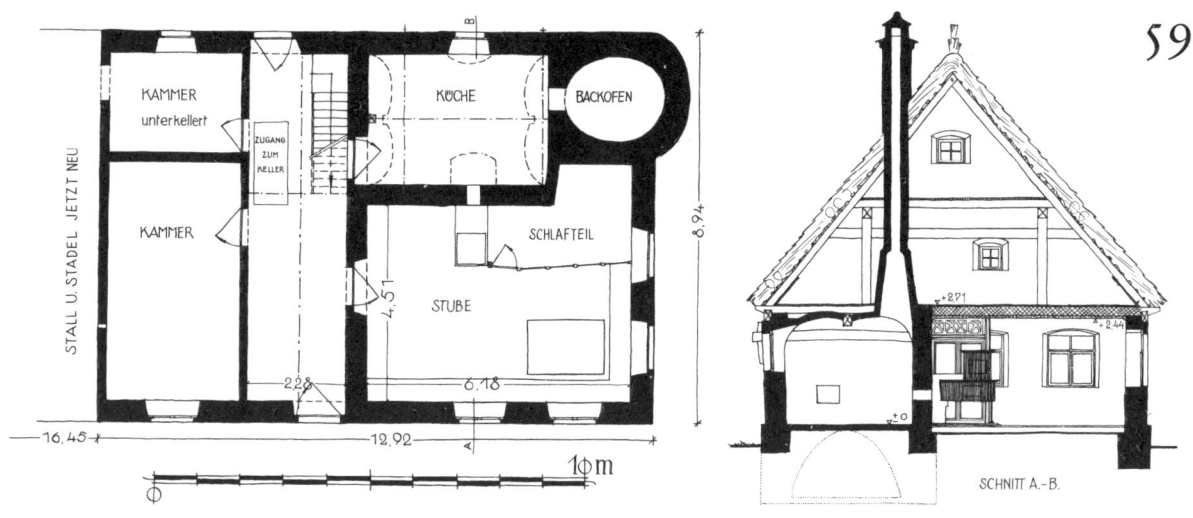

*Bauernhof Hubel in Thurneck bei Nördlingen*

gar nur einer, ein paar Schweinen und hie und da einer Geiß. Der Mittelbegüterte hatte neben dem Rindvieh ein bis zwei Rösser. Bezeichnend ist der Hinweis, daß sich der geringe Bauer von dem wohlhabenden Söldner dadurch unterschieden habe, daß der Bauer sein Feld nach Möglichkeit mit Rossen bestellte, während der Söldner Stiere oder Kühe anspannte: »Der Anspann ist die hergebrachte Unterscheidung zwischen Groß und Klein im Dorf; daher derjenige, der immer noch den Ehrentitel Bauer führt, das auszeichnende Rossegespann festhält, auch wenn ihm ein Zug Stiere nachweislich mehr Nutzen brächte.« Beachtenswert bleibt es, daß bei den drei Schichten die Anwesen immer nur als erdgeschossige Bauten vorkamen. Zur Typisierung seien kurz die Angaben der »Bavaria« in Erinnerung gerufen. Das Haus der Kleinbegüterten: »Auf der einen Seite des Tennens (Hausflur) die Stube und die Küche, auf der anderen die Kammer, hinter ihr der Stall und der Dreschtennen; ein Keller im Vorderhaus und ein oberer Boden für Frucht und Hausgerät, allenfalls mit einem Kämmerlein.« Das Haus war somit quer aufgeschlossen (Abb. 245). Nebengebäude waren nicht nötig. Für das Haus des Mittelbegüterten wird ein Hof gewählt, der 1848 erbaut wurde und 1700 fl. gekostet hatte: »Das einstöckige Haus präsentiert sich hübsch geweißt mit grünen Fensterläden. Wir treten ein und stehen auf einem Tennen von Solnhofner Steinen.« In der Stube werden die an den Fensterwänden entlanglaufende Bank, der große Tisch im Fensterwinkel, ihm gegenüber an der Hinterwand eine Bettstatt, zwischen ihr und dem eisernen Ofen der lederne Sorgenstuhl aufgezählt. Die Küche hatte ihr Fenster auf der Traufseite gegen den Garten zu. Zwischen Küche und Stube lag das Stübchen der Großmutter, auf der anderen Seite des Tennens, also des Hausflurs, befand sich die eheliche Schlafkammer, daneben noch eine Kammer mit einem Dienstbotenbett. Der Stall hatte einen eigenen Eingang, was als Neuerung bezeichnet wurde, die sich aber nicht bewährt habe. Normalerweise führte zwischen der Schlafkammer der Eltern und der Gesindekammer ein Gang unmittelbar zum Stall. Auf den Stall folgte dann bei dieser Einfirstanlage noch der Stadel mit der Stadeltenne. Zu dem Hof gehörten 22 Morgen. Als Beispiel für das Haus eines Großbegüterten wählte Meyr ebenfalls einen Neubau, aber ohne Angabe einer Jahreszahl. Wir zählen nur die wichtigsten Merkmale auf: Der Hausflur (Tennen), zu dem ein steinerner Antritt führte, war mit Solnhofener Platten belegt. Die Fenster der Stube hatten Vorhänge, an der Wand beim Ofen stand ein Bett, ohne Verschlag (Kanzleyle oder Kanzley), der sonst üblich war. Die Küche besaß zwei Fenster, einen großen und kleinen Herd sowie einen Backofen. Am Ende des Hausflurs lag eine kleine Speisekammer. Auf der anderen Seite des Hausflurs lagen wieder die Schlafkammern. Zwischen ihnen der Gang zur Stallung. In dieser waren zunächst dem Wohnteil die Stiere, jenseits des Futterganges die Rösser untergebracht. Vom Hausgang führte eine steinerne Treppe in zwei Keller und eine hölzerne auf den Dachboden, in dem sich die Austragswohnung der Eltern befand, sowie eine Getreidekammer und der Futterboden. Zu diesem Haupthaus gehörten noch zwei Städel, die aber auch noch die Stallung für das Rindvieh und einen Schafstall enthielten. Zusätzlich werden der Taubenschlag am vorde-

*Freundpolz, Haus Nr. 9: Längsansicht (Südseite)*

Südansicht

ren Giebel, der Hühnerstall unter der Treppe im Haustennen, ein Schweinestall aus Holz im Hof, ein Zieh- oder Pumpbrunnen aufgezählt. Der Hühnerstall konnte auch im Rindviehstall untergebracht werden, der Gänsestall fand entweder am Ende des Haupthauses oder in einem Stadel seinen Platz. Unschwer lassen sich auch heute noch für die drei Typen Beispiele finden, wie etwa in Wallerstein, Deiningen, Löpsingen, Minderoffingen, Munningen usw. Die älteren, einmal gültigen Verhältnisse kann man an heute nicht mehr bestehenden Objekten wie dem einst strohgedeckten Haus in Thurneck bei Rohrbach (Abb. 239) ablesen. Wie ein solcher gußeiserner Ofen ausgesehen hat, zeigt Prechter mit einem Beispiel vom Jahre 1842 in Bergheim bei Neuburg/Donau.

Die erdgeschossigen Bauten des Rieses lassen sich weiter nach Süden über Donauwörth, das Kesseltal nördlich von Höchstädt/Donau, Wertingen bis in das Augsburger Umland diesseits und jenseits des Lech verfolgen. Man hatte sich angewöhnt, die Landschaften nach der Art der Dachform und Dachdeckung zu gliedern. Wir müssen grundsätzlich davon ausgehen, daß das steile Dach einst sehr weit nach Süden, bis in die Kemptener Gegend, gereicht hat und daß das flachgeneigte Dach, ähnlich wie in Oberbayern, von Süden her vorgedrungen ist. Wie in Altbayern und im württembergischen Oberschwaben hat jahrhundertelang ein Nebeneinander von Hart- und Weichdach bestanden. Was das Strohdach betrifft, so gab es in Schwaben 2 größere Gebiete, in denen bis 1900 noch die Landschaft bestimmte, das schon genannte Kesseltal und das Staudengebiet. Mit der Bezeichnung »in den Stauden« wurde das untere Wertachland bezeichnet. Die Umgrenzung kann durch die Gemeinden Gessertshausen, Oberschöneberg, Markt Wald und Schwabmünchen in etwa angegeben werden. Die Bezeichnung war in der Mitte des 19. Jahrhunderts offenbar noch ganz geläufig und erklärt sich vielleicht aus der Vegetation dieses bis ins 19. Jahrhundert versumpften und mit Gesträuch teilweise bewachsenen, tälerreichen Landstriches westlich des Lechfeldes. Die Bezeichnung Staudenhaus dagegen dürfte erst von den Hausforschern unseres Jahrhunderts geprägt worden sein. Im vorigen Jahrhundert bestand zwischen den beiden Räumen des Kesseltales und der Stauden offenbar noch eine Brücke von Strohdächern. Im Bereich von Günzburg und Burgau wurde damals das Stroh- durch das Ziegeldach verdrängt. Die Bewegung erfolgte, also ähnlich wie in Franken, von Westen her. Im Weissenhorner Umland beobachtete man dagegen noch häufiger Strohdächer. Wichtiger als die Dachhaut ist die Tatsache, daß im Staudengebiet sogenannte 1½stöckige Häuser vorkamen, vielfach mit Mittertenngrundriß, in denen Hoferer eine Übergangsform zwischen den Häusern »auf der niedern und der hohen Saul« erkannte. Diese Hausform ist heute am Aussterben. Ehe wir uns dem eigentlichen Mittertenngebiet zuwenden, sind noch zwei besondere Siedlungsgebiete zu erwähnen, das Donaumoos und Waldhufendörfer zwischen Burgau und Zusmarshausen. Die Besiedlung des Donaumooses, eine echte Tat der Aufklärungszeit, begann unter Karl Theodor 1791 mit Karlskron. Es folgte 1792 Karlsruh, 1795 Karlshuld, 1802 Neuschwetzingen und Untermaxfeld und weitere Siedlungen in der Folgezeit wie Heinrichsheim und

*Freundpolz, Haus Nr. 9: Giebelansicht (Ostseite)*

Ostansicht

Klingsmoos. Auch hier wählte man zunächst nur erdgeschossige Hofanlagen. Auf der gleichen Linie lagen Siedlungen wie Karlsfeld und Ludwigsfeld bei München und Königsbrunn, südlich von Augsburg. Zu den mittelschwäbischen Waldhufendörfern, die von Klaus Fehn eingehend untersucht sind, gehören Rechbergreuthen, Baiershofen, Landensberg und Neumünster. Die hier grundsätzlich auftretenden Probleme sind bereits erörtert. Es ist anzunehmen, daß bei ihrer Entstehung im 14. Jahrhundert Ständerbohlenbauten errichtet wurden, bei denen Wohnteil und Stall unter einem First vereinigt waren, während der Bergeraum (Stadel) ein selbständiger Bau gewesen ist, dessen First im rechten Winkel zum Hauptbau stand, eine Ordnung, die sich zum Teil bis in die Gegenwart erhalten hat. Natürlich gab es noch weitere Rodungsdörfer dieser Art, wie Grünenbaindt und das wenig beachtete Herretshofen bei Babenhausen.

Ein wichtiges Problem der Hausforschung in Schwaben ist das Auftreten des Fachwerkbaues, für den die ehemaligen Reichsstädte seit Jahrhunderten hervorragende Beispiele besaßen. Die Zusammenhänge mit dem Ständerbau können dabei nicht übersehen werden. In Resten ist er in Stadt und Land nachgewiesen. Am eindrucksvollsten hat sich Fachwerkbau ostwärts der Iller, zwischen Ulm und Memmingen, erhalten. Fachwerkbauten kommen als zwiegädige Mittertennbauten im Mittelschwäbischen reichlich vor. Sie entsprechen auf der württembergischen Seite dem von Kolesch sogenannten altoberschwäbischen Haus und ähnlichen Vielzweckhäusern der Schweiz, die von Max Gschwendt eingehend analysiert sind. Spezifisch schwäbisch sind die geputzten Giebel, deren Zierleisten der Kehlbalkendachkonstruktion folgen. Im Bereich der ehemaligen Landkreise Kaufbeuren, Mindelheim und Marktoberdorf beobachten wir die gleichen Probleme, was Wand, Dach und Grundriß angeht, wie in den bayerischen Landkreisen Landsberg und Schongau. Südlich der Linie Memmingen, Mindelheim, Buchloe mehren sich selbständige Speicherbauten, die es einst wesentlich häufiger gegeben haben dürfte. Der Ständerbau läßt sich in Schwaben weit besser als in Oberbayern in Resten nach Süden gegen die Alpen zu verfolgen. Eindrucksvolle Beispiele sind im Bereich von Schwangau erhalten, wo Laubenhäuser aus der zweiten Hälfte des 18. Jahrhunderts die Bezeichnung Schwangauer Haus erhalten haben. Von Marktoberdorf südwärts treffen wir auf eine Verbindung von Blockbau mit Fachwerkgiebeln, die namentlich in Oberstdorf dem Ort noch heute das Gepräge geben. Das oberste Allgäu hat alpine Paarhöfe gekannt. In Resten ist dies in Gerstruben (Abb. 256) zu beobachten, eine Siedlung, die von Bauern aus dem Tiroler Lechtal angelegt wurde und im Spätmittelalter auch unter Tiroler Hoheit stand. Das Auffälligste an den Bauernhöfen des Oberallgäus ist: der Käsekeller, der eine relativ hohe Lage des Erdgeschosses bedingt, der Schindelschuppenpanzer (seit der Mitte des 19. Jahrhunderts) und das Fehlen einer Firstpfette, an deren Stelle zwei eng aneinandergerückte Pfetten treten, die wir aus dem vorarlbergischen Kleinen Walsertal und aus der Ostschweiz kennen. Im Landkreis Lindau grenzt sich das Flachdachgebiet gegen das Steildachgebiet ab. Hier treffen wir wieder ein Nebeneinander von ein- und zweigeschossi-

gen Bauten. Ein bedeutsamer Nebenbau am Bodensee ist der Torggel, ein Kelterraum, der Gemeinschaftsanlage war und durch den bis zu Beginn unseres Jahrhunderts betriebenen Weinbau bedingt war. Wie sehr der Hausbestand dieser Landschaft im Zusammenhang mit dem des Vorarlberger Rheintals und dem Schweizer Kanton St. Gallen zusammenhängt, beweist der wohl wertvollste und älteste noch erhaltene Bau vom Jahre 1662 in Oberhof (Stadt Lindau).
Damit sind wir am Ende der orientierenden Wanderung durch Bayern angelangt. Wo immer altartige Bauernhöfe das Interesse von Forschern, Künstlern, Architekten oder Liebhabern erregen, werden sie heute in erster Linie wegen ihres geschichtlichen oder ästhetischen Wertes geschätzt. Vom Standpunkt des landwirtschaftlichen Bauens gelten sie in der Regel als veraltet oder in vieler Beziehung als überflüssig. Das klingt hart, ist aber von der Sache her bedingt. Die alten Formen der Landwirtschaft lassen sich nicht zurückholen, so wenig wie dörfliches Leben des 19. Jahrhunderts. Nicht einmal der Verstädterung wird man Einhalt gebieten können. Dafür ist der soziale Strukturwandel zu mächtig. Soweit Landwirtschaft noch möglich bleibt, wird sie sich eines weithin einheitlichen Bauwesens bedienen. Die starke Differenzierung, die man noch um 1900 mit größter Bewunderung geschildert hat, ist schließlich geschichtlich bedingt und nur eine Episode, wenn man nicht in Jahrhunderten, sondern in einem Jahrtausend denkt, eine Episode, die im 16. Jahrhundert – vielleicht auch noch etwas früher – begonnen hatte und in der zweiten Hälfte des 19. Jahrhunderts zum Stillstand gekommen ist.
Wieder drängt sich, wie am Eingang, der Vergleich mit den Bäumen auf; auch die schönsten Bäume fallen, wenn ihre Zeit gekommen ist. Wir wissen aber, daß beim Nachpflanzen nur vorübergehend ein Bild der Dürftigkeit entsteht. Wenn also die Verjüngung des Hausbestandes unvermeidlich ist, so wird die Baupflege auf diesem Sektor in Zukunft wohl wichtiger sein als die Denkmalpflege. Der Kulturbesitz eines Landes wird nicht nur durch den überkommenen Denkmälerbestand begründet, sondern auch durch die jeweiligen Neuschöpfungen. Die Kenntnis des Vergangenen wird bei solchem Wirken stets förderlich sein.
Fragt man nach den Sonderleistungen der drei bayerischen Stämme auf dem Gebiet des landwirtschaftlichen Bauwesens, dann wird man an den Landstrich an der Altmühlalp mit den Kalkplattendächern, an das Stockhausgebiet des oberen Rottales, die mächtigen Sandsteingiebel des Nürnberger Umlandes und vielleicht auch das Staudenhaus erinnern müssen. Alle anderen behandelten Haustypen hängen mehr oder weniger mit solchen zusammen, die den Nachbarlandschaften angehören. Insofern ist der Raum des Freistaates Bayern von jeher ein formenreiches Begegnungsfeld gewesen.
Ungeachtet aller wissenschaftlichen Probleme sollte man nie vergessen, daß das Studium von Haus und Hof in Dörfern, Weilern und Einöden eine unendliche Fülle an altem Handwerksgut vor Augen führt. Ohne Handwerk können wir uns auch die Zukunft nicht vorstellen – auch nicht im Zeitalter der Technik und Atomkraft.

# Abbildungsteil

ABB. 1: *Sulzberg/Kempten (Allgäu), gotischer Flügelaltar, Darstellung der Geburt Christi um 1480. Der Künstler hat das Gerüst des Stadels mit der Genauigkeit eines Zimmermannes wiedergegeben. Der Firstbaum ruht auf einer abgefangenen Firstsäule, ebenso die Mittelpfetten. Deutlich sind die Überblattungen der Kopf- und Fußbänder zu erkennen.*

ABB. 2: *Eschenbach/Oberpfalz, Relief vom Jahre 1585 in der kath. Pfarrkirche. Im Stile der Jahreszeitenbilder wird hier die bäuerliche Arbeit von der Feldbestellung bis zur Ernte gezeigt. Besonders wichtig erscheint die Darstellung des Stadels mit giebelseitiger Einfahrt, die auch noch in der Gegenwart in der nördlichen Oberpfalz und in Oberfranken zu beobachten ist.*

Abb. 3–5: *Drei Ortsansichten aus dem Beginn des 17. Jh. (Staatl. Bibliothek Bamberg, Handzeichnungen Nr. 55). Dargestellt sind: Röttenbach, Großenseebach und Röhrach bei Hannberg in der Gegend von Höchstadt a. d. Aisch. Wenn diese Zeichnungen auch keine exakte Bestandsaufnahme der Ortschaften sind, die damals schon aus einer größeren Zahl von Höfen bestanden, so ist ohne Zweifel das Typische der Gehöfte klar erkennbar. Das Vollwalmdach muß am Ende des Mittelalters noch vorherrschend gewesen sein. Die Rückbildung setzt zunächst beim Wohnhaus ein.*

Abb. 6: *Eingabeplan für den Umbau eines Bauernhofes in Tauchersreuth bei Lauf a. d. Pegnitz vom Jahre 1741. Während der Altbau noch in Ständerbohlen- und Fachwerktechnik errichtet war, herrscht beim Neubau das Steinmaterial vor. Typisch ist auch die Vergrößerung nach Länge und Breite.*

Abb. 7: *Eingabeplan für den Umbau eines Bauernhofes in Reutles bei Großgründlach (Fürth i. B.) vom Jahre 1781. In diesem Falle wurde der Fachwerkbau durch massiven Steinbau ersetzt.*

Abb. 8: *Skizze eines bäuerlichen Anwesens in Tauchersreuth bei Lauf a. d. Pegnitz aus der Zeit um 1590. Die etwas ungeschickte Zeichnung läßt immerhin erkennen, daß der Hof einem wohlhabenden Bauern gehört haben muß, da er gleich zwei Städel benötigte und das Vieh zum Teil in dem Ständerbohlenbau (linke Bildhälfte) untergebracht gewesen sein muß. Deutlich erkennbar sind die Schweinekoben. Der Backofen in der Nähe des Brunnens war ein Neubau. Man beachte, daß der Ofen in Lehm gewölbt wurde und das Schutzgehäuse selbständig ihn umgibt. Die Bank neben dem Brunnen diente offenbar zum Wäschewaschen.*

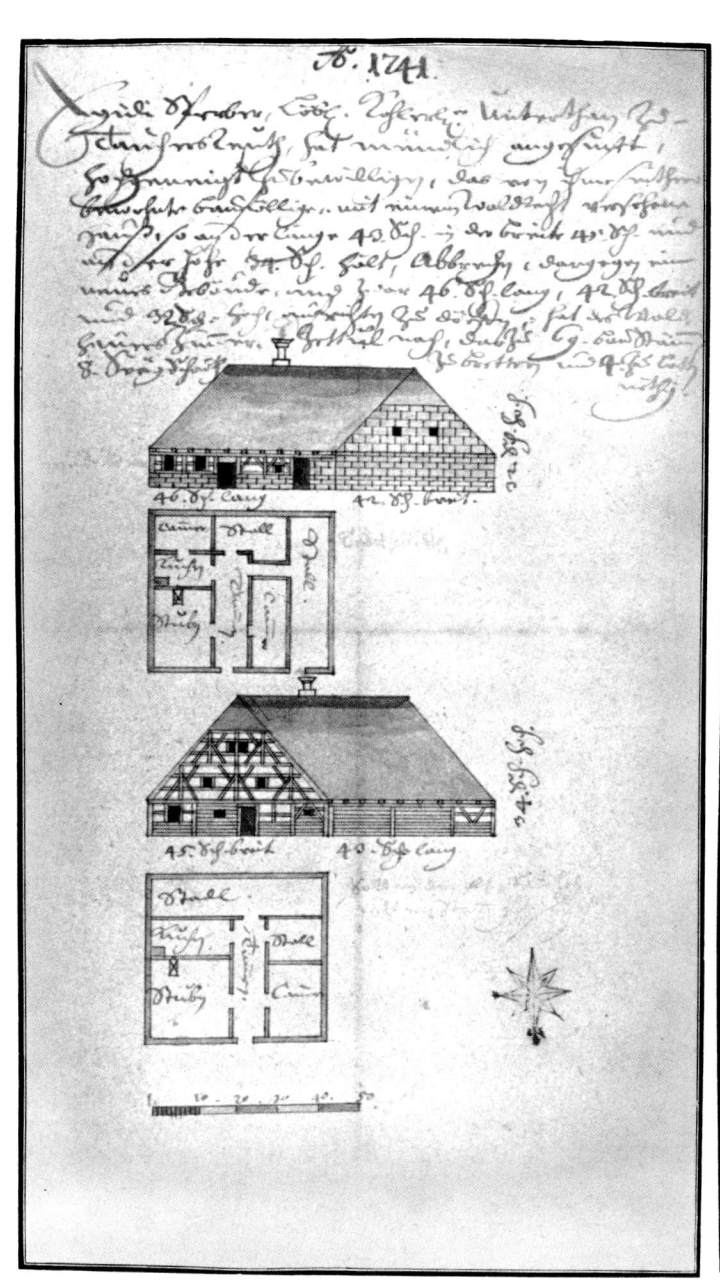

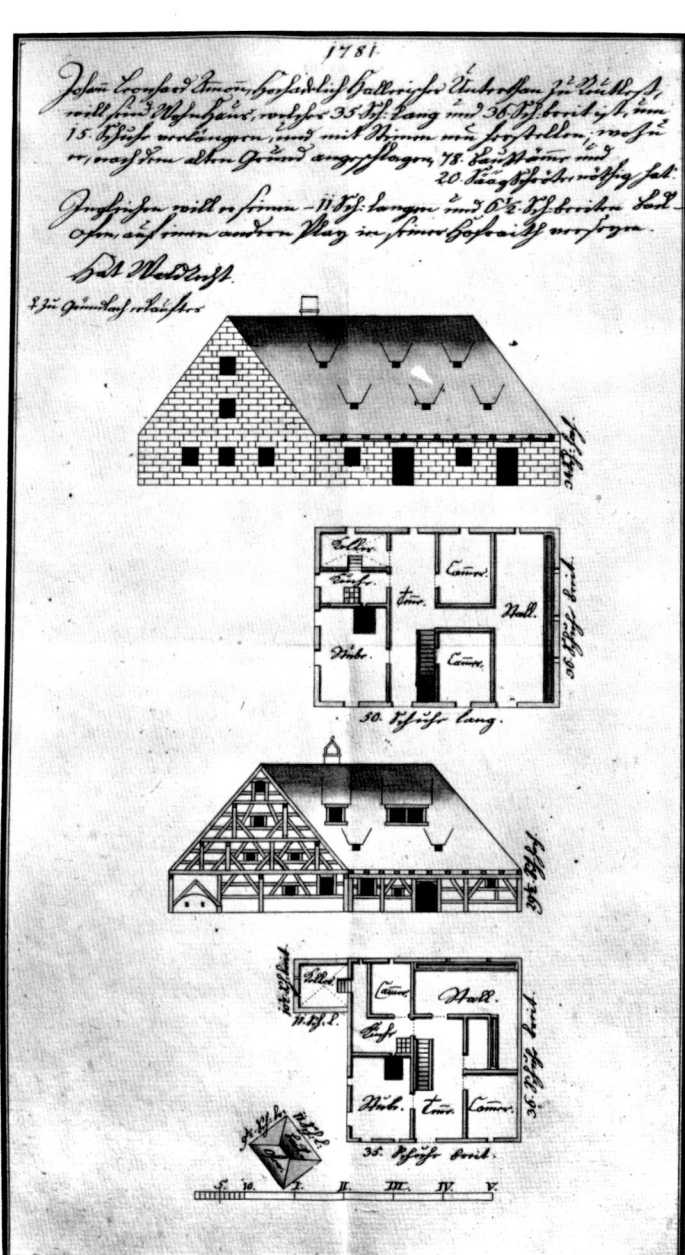

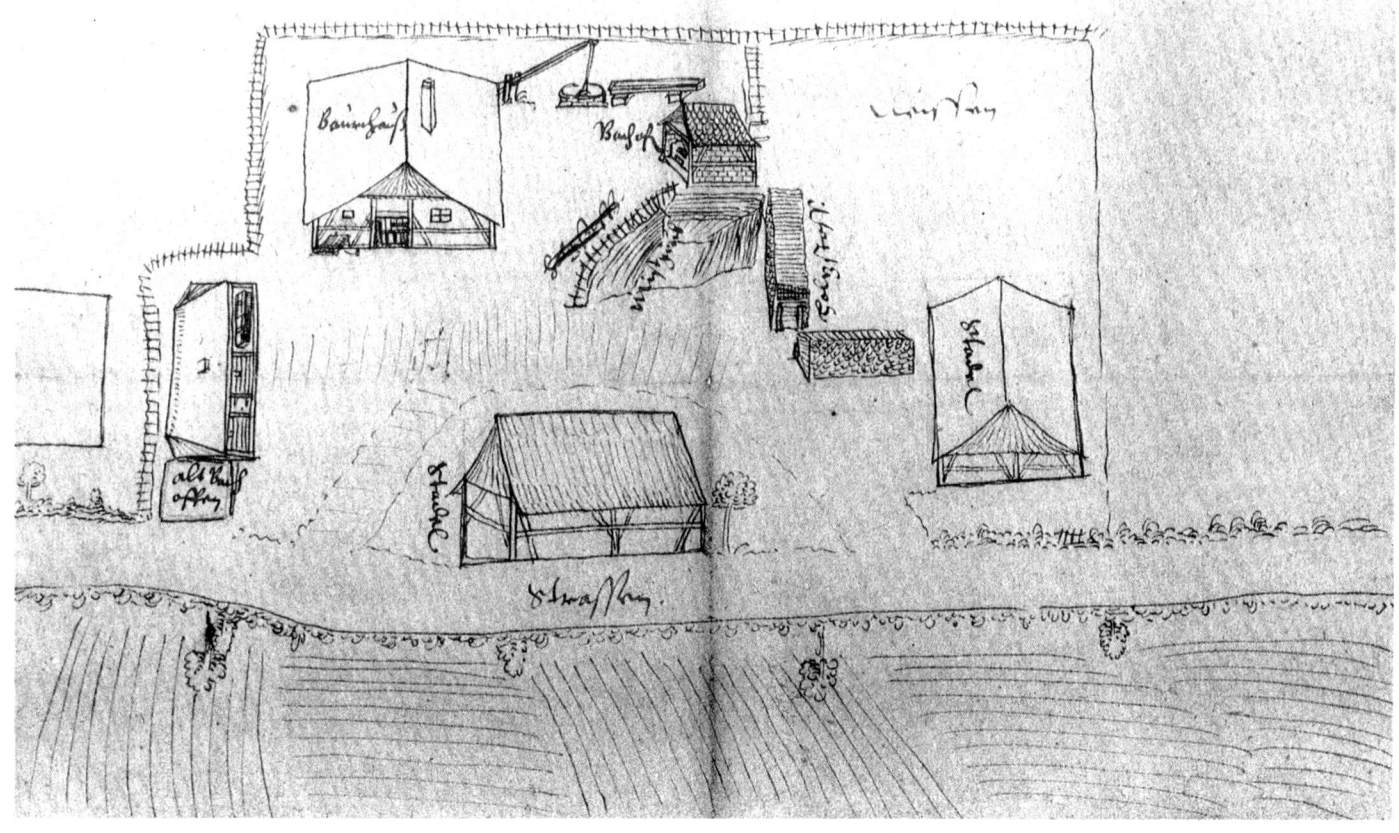

ABB. 9: *Almhütte im Hochrißgebiet, Gemeinde Törwang. Zeichnung von Doppelmayr aus dem Jahre 1810. Die Hütte zeigt einen Typ, wie wir ihn heute noch in der Eng (Tirol, Karwendel) finden. Der Herdraum wird beiderseits von Längsställen flankiert. Die Hütte ist längst durch einen Steinbau ersetzt (vgl. Abb. 10).*

ABB. 11: *Bauernhaus in Garching bei München aus der Zeit um 1810, Zeichnung von Wilder. Die Zeichnung ist insofern sehr aufschlußreich, als sie beweist, daß im nordwestlichen Oberbayern bei den erdgeschossigen Bauten ein abgewalmtes Strohdach bis zu Beginn des 19. Jh. die Regel gewesen ist. Im übrigen gehört der Bau in die große Gruppe der sog. Mittertennbauten.*

ABB. 13: *Fischerhaus bei Irschen, Gemeinde Bernau. Zeichnung von Doppelmayr aus der Zeit um 1812. Der Bau dürfte aus dem letzten Viertel des 18. Jh. stammen. In der Höhe der Oberlaube (Katzenlaube) befinden sich Taubenkobel. Beachtenswert sind auch die in Tierköpfen endenden, gekreuzten Windbretter.*

ABB. 10: *Pölcheralm, Lk. Rosenheim, um 1960. Die Almhütte besitzt zwar noch das mit Steinen beschwerte Dach. Seine Neigung ist jedoch steiler geworden, die Herdstatt hat einen Kamin erhalten.*

ABB. 12: *Garching bei München, Bauernhof aus der Zeit um 1840, Aufnahme um 1950. Deutlich wird hier die Fortentwicklung der Hausform, wie sie Wilder darstellte, erkennbar. Der Wohnteil hat an Raum gewonnen, an Stelle der Mittertenne ist ein Stall getreten. In der Erbauungszeit dürfte der Hof ein Ziegeldach besessen haben, das durch ein Blechdach ersetzt ist.*

ABB. 14: *Darstellung einer Sägmühle bei Steinkirchen am Samerberg von Doppelmayr vom Jahre 1811. Der ungewöhnlich stattliche Bau läßt die Aufhängung der Laube an den Tramen deutlich erkennen. Ebensogut kann man die Einfügung des sog. Auslagholzes und des Kranzholzes verfolgen. Zu den gekreuzten Windbrettern kommt noch ein hölzerner Pfahl, der auch sonst für Mühlen in Oberbayern aus dieser Zeit belegt ist.*

ABB. 15 und 16: *Reinlachalm und Herrenalm im Gebiet vom Wendelstein (Oberaudorf). Zeichnungen von Doppelmayr aus den Jahren 1811 und 1815. Kulturgeschichtlich hoch bedeutsame Dokumentation der Inneneinrichtung oberbayerischer Almhütten. Beachtenswert bleibt, daß Kesselkette und Kesselhaken offenbar unbekannt waren.*

ABB. 17: *Freimann bei München (heute eingemeindet). Stube des Fischer Blasl, Aquarell von Dillis aus der Zeit um 1810. Das Fischerhaus gehört zum Typ des Garchinger Hauses (Abb. 11). Man beachte, daß der Stubenraum gegen den Dachraum nur durch lose, nebeneinandergelegte Dielen abgedeckt ist. Was hier zunächst zufällig erscheint, ist in Wirklichkeit typisch. Hinter dem Ofen ein – durch eine Türe abgeschlossenes – Schwitzbad (Höllbadl), neben der Türe ein Milch- und Brotkasten, unter dem Ofen eine Hennensteige.*

ABB. 18: *Typische Dorfstraße des östlichen Unterfranken in Hendungen bei Mellrichstadt. Aufnahme um 1914. Bei der engen Stellung der Höfe wird der rückwärtige Hofabschluß durch Scheunen nicht erkennbar.*

ABB. 19: *Pfarrdorf Limbach bei Haßfurt. Aufnahme um 1914. Das Straßenbild zeigt den typischen Wechsel von erdgeschossigen Bauten mit solchen, die ein Obergeschoß aufweisen. Die Halbwalme erinnern daran, daß sich der Haustyp aus einem Vollwalmdach entwickelt hat.*

ABB. 20: *Weiler Thomashof bei Weipoltshausen/Schweinfurt. Aufnahme 1938. Der Hof läßt die geradezu klassische Dreiseitanlage erkennen. Der kleinere erdgeschossige Bau ist entwicklungsgeschichtlich von einem Speicherbau abzuleiten.*

ABB. 21: *Watterbach bei Miltenberg, Haus Haas, vor dem Abbruch. Aufnahme um 1950. Dieses aus dem 16. Jh. stammende, dem Gefüge nach aber noch mittelalterliche Haus konnte leider nicht an Ort und Stelle erhalten werden. Die Schindelverkleidung der Wetterseite dürfte nicht vor der zweiten Hälfte des 18. Jh. aufgekommen sein.*

ABB. 23: *Bauernhof in Oberhohenried bei Haßfurt, vermutlich aus der Zeit um 1760. Aufnahme vor 1914. Man beachte das weit über den Boden herausragende Kellergeschoß. Die ursprüngliche Treppenanlage zum Eingang ist verändert, ebenso der rückwärtige Wirtschaftsteil.*

ABB. 25: *Baldersheim bei Ochsenfurt. Aufnahme um 1939. Doppelhaus mit Stall im Untergeschoß, sog. gestelzte Bauweise.*

ABB. 22: *Haus Haas nach dem Wiederaufbau in Breitenbach bei Amorbach. Aufnahme 1973. Beim Neuaufbau wurde das Hartdach wieder durch ein Weichdach ersetzt, das dem Haus ursprünglich sicher zukam.*

ABB. 24: *Wetzhausen bei Hofheim, Bauernhof des 18. Jh. Aufnahme vor 1914. Der Hof war damals schon unbewohnt. Sehr charakteristisch sind die gemauerten Pfeiler der Hofeinfahrt. Zwischen Haus und Stadel der sog. dritte Bau (ehemaliger Speicher).*

ABB. 26: *Zeuzleben bei Werneck/Schweinfurt. Dorfplatz. Aufnahme um 1939. Die Reihung der Dreiseithöfe älterer und jüngerer Art ist deutlich erkennbar.*

ABB. 27–30: *Fachwerkbauten in Schöllkrippen/Alzenau, Reckertshausen/Hofheim, Schimborn/Alzenau (abgebrochen 1958) und Breitensee/Königshofen im Grabfeld. Aufnahmen um 1925 und um 1960. Die Abbildungen lassen erkennen, welche Variationsbreite sich unter den Begriff »Mainfränkisches Fachwerk« verbirgt. Das Fachwerk in Schöllkrippen geht noch in das 16. Jh. zurück, das Haus in Breitensee wurde nach dem Zweiten Weltkrieg erneuert.*

ABB. 31: *Bauernhof in Heustreu bei Neustadt a. d. Saale. Der massive Hoftorabschluß hält sich an ein Modell, das schon im hohen Mittelalter bei Klosteranlagen vorkam. Die störende Falzziegeleindeckung ist heutzutage leider häufig.*

ABB. 32: *Bauernhof in Rügheim bei Hofheim. Aufnahme vor 1914. Die reich ausgestattete Vorlaube erinnert an die Nachbarschaft des Coburger Landes und damit des südlichen Thüringen. Man beachte auch die plastische Durchbildung der Ortsäulen in Erd- und Obergeschoß.*

ABB. 33: *Nassach bei Hofheim, Gehöft. Aufnahme 1938. Nassach ist ehemals thüringische Enklave. Auch hier ist der traufseitige Hauseingang durch eine Vorlaube geschützt.*

Abb. 34: *Rügheim bei Haßfurt, ehemaliger Speicherbau eines Gehöftes. Aufnahme 1938. Parallelen hierzu finden sich im Coburger Land.*

Abb. 35–38: *Einzelheiten von Wandverkleidungen und Abschlüssen aus: Breitenbach bei Amorbach, Bischofsheim vor der Rhön, Breitenbach und Aidhausen bei Hofheim. Neben der sicher älteren rechteckigen Schindel kommen in Unterfranken auch schablonenmäßig zugeschnittene Schindel in einer Form vor, die in der Mitte des 19. Jh. entwickelt wurde. Abb. 37 zeigt einen sog. Kellerstein, den verschiebbaren Verschluß des halbhoch über den Erdboden hinausragenden Kellers. Mit dieser baulichen Einzelheit weist der Odenwald (ehemaliges Mainzisches Gebiet) auf die Zusammenhänge mit der Rheinpfalz, in der diese Kellersteine allgemein verbreitet waren. Abb. 38 gibt eine durch Kratzputz verzierte Scheunenwand wieder. Diese seit dem 18. Jh. für Unterfranken nachgewiesene Schmucktechnik erlebte in den dreißiger Jahren unseres Jahrhunderts nochmals eine Blütezeit.*

Abb. 39: *Bauernhof in Untertheres bei Haßfurt. Aufnahme um 1940. Im Vordergrund ehemaliger Backofen, zum Schweinestall umgebaut. Wohnung und Stall unter einem First, parallel zum Haus die nicht mehr abgebildete Scheune.*

Abb. 40: *Dorftor in Heustreu bei Mellrichstadt. Das unterfränkische Dorf nähert sich in seinem Gesamtgefüge häufig einem kleinen Markt und konnte durch Befestigung geradezu stadtähnlichen Charakter erhalten.*

Abb. 41: *Hoftor eines Gehöftes im Markt Baunach bei Ebern. Aufnahme 1925. Das Tor besaß ursprünglich ein kleines Satteldach. Das Türwächtermotiv deutet auf Entstehung gegen 1600. Gegenwärtig ist das Hoftor versetzt und erfüllt nicht mehr seine ursprüngliche Funktion.*

ABB. 42: *Ölbühl bei Nagel/Fichtelgebirge. Aufnahme um 1925. Bauernhaus im Kern wohl zweite Hälfte des 18. Jh. Ursprünglich dürfte es ein reiner Blockbau mit strohgedecktem Satteldach gewesen sein. Bei schadhaften Stellen wählte man ersatzweise Mauerwerk bzw. Holzschindeln. Der nur leicht verbretterte Giebel deutet auf die Möglichkeit, diesen Haustyp des Fichtelgebirges von einem mittelalterlichen Walmdachhaus abzuleiten.*

ABB. 44: *Oberndorf bei Kulmbach. Aufnahme 1965. Der in manchen Teilen veränderte Bau war ursprünglich wohl reiner Ständerbohlenbau, der mit einem Weichdach eingedeckt gewesen sein dürfte. Das Pfannendach kommt aus dem nordwestlichen Oberfranken.*

ABB. 46: *Kunreuth bei Stadtsteinach, Haus Nr. 3. Aufnahme 1965. Bei diesem erdgeschossigen Haus erkennt man deutlich das am Bürgerhaus orientierte Streben, größere hochformatige Fenster einzusetzen. Dies geschah in dem an sich älteren Bau wohl gegen Mitte des 19. Jh. Die Schieferverkleidung der Hauswand erfolgte in Anlehnung an das Frankenwaldhaus.*

Abb. 43: *Das gleiche Haus wie Abb. 42 von der gegenständigen Traufseite.*

Abb. 45: *Lienlas bei Bayreuth. Aufnahme 1965. Ursprünglich wohl ein Blockbau mit Ständerbohlenwänden im Stallteil. Die Schieferdeckung dürfte ein älteres Strohdach abgelöst haben. Als Entstehungszeit wird man etwa die Mitte des 18. Jh. annehmen dürfen.*

Abb. 47: *Grassemann im Fichtelgebirge bei Bayreuth. Aufnahme 1964. Dieses Haus gehört zu den wenigen noch kaum veränderten Vertretern des Fichtelgebirgshauses, in dem offensichtlich, ähnlich wie im Frankenwald, der Blockbau einmal heimisch gewesen sein muß.*

ABB. 48: *Kleinschloppen bei Wunsiedel. Aufnahme 1938. Typisches Beispiel eines Dorfbildes, das nach den Vorstellungen des 18. Jh. geformt ist. Gemauerte Wände, Wechsel von Erd- und Obergeschoßbauten, gleichzeitiges Vorkommen von Steilgiebel und Halbwalm.*

ABB. 49: *Eichenstein, Haus Nr. 2, bei Naila. Aufnahme 1965. Beispiel eines oberfränkischen vierseitig umbauten Hofes mit überdecktem Einfahrtstor. Das Wohnhaus 1½stöckig ausgebildet, sog. Frackdach.*

ABB. 50: *Wölbersbach bei Hof. Aufnahme 1950. Vierseithof, überwiegend gemauert. Auffällig die relativ geringe Dachneigung des Wohnbaues. Die Annäherung an kleinbürgerliche Bauweise ist typisch für die Gegend.*

ABB. 51: *Vordorf bei Wunsiedel. Aufnahme 1937.* Bauernhof vom Typ des Wohn-Stall-Hauses mit Fachwerkobergeschoß und Frackdach. Das Erdgeschoß ist durchgängig gemauert, wie es für das Bayreuther Land seit dem 18. Jh. die Regel wurde. Die Reste des Strohdaches erinnern daran, daß dieses noch zu Anfang der Neuzeit die normale Eindeckung bei bäuerlichen Anwesen gewesen sein dürfte.

ABB. 52: *Meierhof bei Wunsiedel, Haus Nr. 15. Aufnahme um 1960.* 1960. Das Haus dürfte Anfang des 19. Jh. entstanden sein. Das Obergeschoß ist in Fachwerk errichtet, das jedoch zur Angleichung an das Erdgeschoß überweißt ist. Die relativ großen Stubenfenster zeigen wieder die Neigung, sich dem Bürgerhaus anzugleichen.

ABB. 53: *Großschloppen bei Wunsiedel. Aufnahme 1938.* Das Wohn-Stall-Haus wurde laut Inschrift im Scheitelstein des Eingangs 1789 erbaut. Im Unterschied zu dem Hof in Vordorf (Abb. 51) weist das Fachwerk die üblichen schrägen Streben auf. Die Aufnahme ist zugleich ein Beweis dafür, daß das Strohdach in den dreißiger Jahren noch möglich war.

ABB. 58: *Förmitz bei Münchberg. Aufnahme 1938. Hier ist ein wichtiger Beleg für den oberfränkischen Speicherbau erhalten. Die eine Hälfte des Erdgeschosses diente als Schupfen, wie dies auch im Altbayerischen üblich war. Der Blockbau läßt erkennen, daß er im Frankenwaldgebiet auf alter Tradition beruht.*

ABB. 59 und 60: *Beispiele für Hoftore aus dem Münchberger Raum (Großloßnitz und Selbitz). Aufnahme 1937/38. Die aufwendigen Torbauten ermöglichen es, die Gehöfte des Münchberger Landes unter die Vierseithöfe einzuordnen.*

ABB. 54–57: *Beispiele für Giebellösungen aus den Ortschaften Gottfriedsreuth bei Hof, Posterlitzmühle bei Münchberg und Niederlamitz bei Wunsiedel. Aufnahmen aus den Jahren 1938/39. Die Beispiele zeigen, wie sich hier mainfränkische Fachwerkfiguren mit solchen des Egerlandes berühren. Abb. 56 und 57 geben überdies Hinweise, daß beide Bauten von ein und demselben Zimmermann errichtet wurden.*

ABB. 61–63: *Beispiele für Längstennscheunen aus dem Bayreuther Umland. Aufnahme 1937/38. Die Scheunen zeigen resthaft noch Ständerbohlenwände, die wohl seit dem Spätmittelalter bei derartigen Bauten üblich waren. Die kräftige Abzimmerung der Scheunentore hat ihre Parallelen im Egerland und in der östlichen Oberpfalz.*

ABB. 64: *Speicher aus Waldbuch bei Stadtsteinach. Aufnahme um 1937. Der typische, gestelzte Fachwerkbau weist eine Art Kniestock auf, den man als ein kräftig ausgebildetes Kranzholz in Blockbauweise ansprechen kann. Der Bau ist gleichzeitig ein Beweis dafür, daß im Oberfränkischen wie im Egerland und in der Oberpfalz selbständige Speicherbauten innerhalb der bäuerlichen Anwesen in früheren Jahrhunderten selbstverständlich gewesen sind.*

ABB. 65: *Fichten bei Naila. Aufnahme um 1910. Zwei heute nicht mehr bestehende Höfe aus dem Frankenwald, die uns eine deutliche Vorstellung geben, wie sich in der ersten Hälfte des 19. Jh. die Ortsbilder dem Besucher dargeboten haben. Ausgiebige Verbretterung als Wetterschutz, reine Schindeldächer.*

ABB. 66: *Lahm bei Kronach, Haus Nr. 19. Aufnahme 1955. Das Haus ist im Kern ein reiner Blockbau des 18. Jh. Die Schiefereindeckung und Schieferbekleidung dürfte auf die zweite Hälfte des 19. Jh. zurückgehen.*

ABB. 67: *Fattigau bei Hof. Aufnahme 1938. Das Frackdachanwesen verkörpert den Typ eines kleinbäuerlichen Betriebes. Das Strohdach resthaft erhalten.*

ABB. 68: *Eschlipp bei Ebermannstadt, Haus Nr. 12. Aufnahme um 1935.* Erdgeschossiger Fachwerkbau aus der Zeit um 1700, der das Gefüge deutlich erkennen läßt. Die Längsschwellen durchstoßen die Querschwelle. Die Fenster sind in ihrer Teilung jünger als der Kernbau.

ABB. 69: *Seibelsdorf bei Stadtsteinach, Haus Nr. 25. Aufnahme um 1926.* Der Wohnteil, der ursprünglich Fachwerkwände besaß, ist durch Mauerwerk ersetzt. Bei dieser Gelegenheit wurden auch die steilen Fenster eingesetzt. Wie vielfach in Franken, ist das Erdgeschoß hoch unterkellert, was im vorliegendem Fall z. T. auch durch das abschüssige Gelände bedingt ist. Die Laubenbildung vor dem Hauseingang ist für die dortige Gegend etwas ungewöhnlich.

ABB. 70: *Unterwoltersgrün bei Wunsiedel, Haus Nr. 1, vom Jahre 1801. Aufnahme 1965.* Typischer Vertreter der markgräflichen Bauweise: vollgemauert mit Obergeschoß und Halbwalm. In der Vorstellung der damaligen Zeit dürfte das Anwesen den Idealtyp verkörpert haben.

Abb. 71: *Unterwohlsbach bei Coburg, Stadel aus dem 18. Jh. Aufnahme 1960. Die Oberlaube des Blockbaues weist darauf hin, daß wir es hier mit einem alten Speicherbau zu tun haben.*

Abb. 72: *Eschlipp, Haus Nr. 12, Hauseingang. Aufnahme um 1960. Beachtenswert ist der ausgerundete Türsturz, der in die Türständer eingezapft ist.*

Abb. 73: *Buch bei Bamberg. Aufnahme 1965. Bauernhof aus der Zeit um 1875, vollständig gemauert mit gestelztem Erdgeschoß. Typisch für die Bautätigkeit der siebziger Jahre in Oberfranken, die den Fachwerkbau bewußt aufgab.*

Abb. 74: *Poxdorf bei Forchheim, Ansicht der Dorfstraße um 1930. Wie im Gebiet von Erlangen und Nürnberg herrschen die erdgeschossigen, gemauerten Bauten vor. Das Erscheinungsbild weist in die zweite Hälfte des 18. Jh. zurück.*

Abb. 75: *Unterferrieden bei Nürnberg. Aufnahme 1937. Der prächtige Fachwerkbau ist leider nicht mehr erhalten. Charakteristisch sind die auf Steinen und nicht auf einer Holzschwelle ruhenden Ständer. Man kann hier höchstens von Schwellenriegel sprechen.*

Abb. 76: *Honings bei Forchheim, Aufnahme 1926. Im Gefüge entspricht der Bau jenem von Unterferrieden (Abb. 75). Das mächtige Dach läßt noch deutlich erkennen, daß hier ursprünglich abgewalmte Strohdächer üblich waren.*

ABB. 77: *Ahlfeld bei Hersbruck, Dorfstraße. Aufnahme um 1935. Das Ortsbild ist typisch für das oberpfälzisch-mittelfränkische Grenzgebiet.*

ABB. 78: *Dobenreuth bei Forchheim. Aufnahme um 1935. Typisch kleinbäuerliches Anwesen mit Vereinigung von Wohn- und Wirtschaftsteil. Schwellenloser Fachwerkbau.*

ABB. 79: *Kalbensteinberg bei Gunzenhausen, Dorfstraße um 1930. Das Fachwerk spielt nur noch eine untergeordnete Rolle. Die gewisse Nüchternheit des Gesamtbildes entspricht den Vorstellungen der ehemaligen markgräflichen Bauverwaltung.*

ABB. 80: *Oberhochstadt bei Weissenburg, Dorfstraße aus der Zeit um 1930. Der Wechsel von Steil- und Flachdächern (Kalkplatten) ist durch die geographische Lage des Ortes bedingt.*

Abb. 81: *Dietenhofen bei Markt Erlbach in Mittelfranken. Aufnahme um 1930. Stattlicher, in reichem Fachwerk ausgezimmerter Bau, dessen Erdgeschoß weitgehend Wirtschaftszwecken dient.*

Abb. 82: *Puschendorf bei Fürth, Haus Nr. 11. Aufnahme 1967. Typisches Wohn-Stall-Haus des 18. Jh., das seine alten Fenstergrößen bewahrt hat.*

Abb. 83: *Altdorf bei Nürnberg. Aufnahme 1967. Ackerbürgerliches Sandsteinhaus, wie es für den Nürnberger Raum mit Einschluß des Schwabacher Umlandes üblich war. Der Fachwerk-Zwerchgiebel dürfte eine jüngere Ergänzung sein. Der Sandsteinbau gehört dem frühen 19. Jh. an. Das Erdgeschoß ist leicht erhöht, wie es städtischer Gewohnheit entspricht.*

ABB. 84: *Bruck bei Wassertrüdingen, Scheuer des Anwesens Nr. 4. Aufnahme 1937. Das mächtige Satteldach läßt noch deutlich erkennen, daß es ursprünglich mit Stroh gedeckt war. Das Fachwerkgerüst hat einen älteren Firstsäulenbau abgelöst.*

ABB. 85: *Birkach bei Wassertrüdingen, Scheuer des Anwesens Nr. 6. Aufnahme 1937. Das Bauwerk erscheint als konsequente Weiterentwicklung der Scheuer in Bruck.*

ABB. 86: *Birkach bei Wassertrüdingen, Hof Nr. 13. Aufnahme 1937. Das erdgeschossige Wohn-Stall-Haus zeigt die Verwandtschaft zu den Bauernhäusern des südlich gelegenen schwäbischen Rieses.*

Abb. 87: *Burk bei Wassertrüdingen, Haus Nr. 41. Aufnahme 1937. Der Haustyp, der aus der Gegend von Hipoltstein und Neumarkt i. d. Oberpfalz geläufig ist, überrascht in dieser Gegend.*

Abb. 88: *Heinersdorf bei Wassertrüdingen. Aufnahme 1937. Bezeichnendes Beispiel für ein kleinbäuerliches Anwesen, bei dem es nicht zu einer mehrseitigen Hofanlage gekommen ist.*

Abb. 89: *Schobdach bei Dinkelsbühl, Haus Nr. 16. Aufnahme 1937. Langgestreckte Einfirstanlage mit der Folge Wohnteil, Stall, Stadel, Schupfen, aus der Zeit um 1820. Der Haustyp erinnert an Bauten des nördlichen Schwaben und des nordwestlichen Oberbayern.*

ABB. 90: *Bachmühle bei Veitsbronn/Fürth. Aufnahme 1967. Wohlerhaltenes Fachwerk aus dem Anfang des 18. Jh.*
ABB. 91: *Eckartsweiler bei Rothenburg o. T. Aufnahme um 1925. Der reiche Ziergiebel stammt aus dem Jahre 1705.*
ABB. 92: *Kühnhofen bei Hersbruck, Hirtenhaus. Aufnahme um 1939. Die Stubenwand besteht z. T. noch aus Blockbau (18. Jh.).*

ABB. 93: *Nürnberg-Thon, Haus Nr. 17. Aufnahme 1938. Verputzter Fachwerkbau aus der Zeit der zweiten Hälfte des 18. Jh.*

ABB. 94: *Hellmitzheim bei Scheinfeld, Haus Nr. 51. Aufnahme um 1937. Ursprünglicher Fachwerkbau aus der ersten Hälfte des 18. Jh. Im 19. Jh. z. T. umgebaut, mit halbhohem Kellergeschoß.*

ABB. 95: *Unterampfrach bei Feuchtwangen. Aufnahme um 1925. Fachwerkbau aus der Mitte des 18. Jh., z. T. verändert.*

ABB. 96: *Tholbat bei Ingolstadt. Aufnahme um 1950. Dreiseitig umbauter Hof mit Kalkplattendächern.*

ABB. 98 und 99: *Kasing bei Ingolstadt. Aufnahme um 1950. Ackerbürgerhaus des 18. Jh. mit Kniestockausbildung und Giebelerker.*

ABB. 100: *Stammham bei Ingolstadt, Holzmauerweg 1. Aufnahme 1967. Typisches Beispiel für ein bäuerliches Wohnhaus im Kalkplattendachgebiet.*

ABB. 97: *Oberhofen bei Riedenburg. Aufnahme um 1938. Kleinbauernhof mit ausgebautem Kniestock und Kalkplattendach.*

ABB. 101: *Hagenstetten bei Ingolstadt, Wirtschaftsbau bei Anwesen Nr. 21. Aufnahme um 1960. Reiner Steinbau, unverputzt, von südländischem Gepräge.*

ABB. 102: *Matting/Regensburg. Aufnahme um 1938. Bäuerliches Wirtshaus mit landwirtschaftlichem Betrieb.*

ABB. 103: *Matting bei Regensburg, Bauernhof des 16. Jh. Aufnahme um 1938. Das Haus besaß ursprünglich ein Kalkplattendach.*

ABB. 104: *Warching bei Donauwörth. Aufnahme um 1938. Dreiseithof im Kalkplattendachgebiet. Der Stadel zeigt ein Zwicktaschendach.*

ABB. 105: *Eichstätt, Bäuerliches Anwesen. Aufnahme um 1937. Erdgeschoß gemauert, Obergeschoß Fachwerk, verputzt.*

ABB. 106: *Matting bei Regensburg. Aufnahme um 1938. Wohn-Stall-Haus des 17. Jh. mit Kalkplattendach.*

ABB. 107: *Mendorf bei Riedenburg. Aufnahme um 1940. Schweinestall, Ständerbohlenwand und Kalkplattendach (19. Jh.).*

ABB. 108: *Weissenburger Gegend. Aufnahme um 1937. Stadelwand, Kniestockbildung und Dachansatz, Kalkplattendach.*

ABB. 109: *Blossenau bei Donauwörth. Aufnahme um 1940. Kniestock eines Stadels.*

ABB. 110: *Weilheim bei Monheim, Dorfstraße. Aufnahme um 1940.*

ABB. 111: *Laaber bei Neumarkt/Opf. Aufnahme 1936. Strohgedecktes Kleinbauernhaus.*

ABB. 112: *Degerndorf bei Parsberg. Aufnahme um 1940. Kleinbäuerliches Anwesen mit gemauertem Erdgeschoß. Erste Hälfte 19. Jh.*

ABB. 113: *Unterwiesenacker bei Parsberg. Aufnahme um 1940. Fachwerkgiebel vom Jahre 1774.*

ABB. 114: *Matzenhof/Poppberg bei Sulzbach-Rosenberg. Aufnahme um 1936. Bauernhof mit Backofen. Der verbretterte Giebel läßt erkennen, daß das Haus ursprünglich einen Halbwalm besessen hat.*

ABB. 115: *Laaber bei Neumarkt. Aufnahme um 1936. Strohgedecktes Kleinbauernhaus.*

ABB. 116: *Albersdorf/Neidstein bei Sulzbach-Rosenberg. Aufnahme 1936. Die Verdoppelung der Streben im Fachwerk ist typisch für die Gegend um Illschwang und Sulzbach.*

ABB. 117: *Mittelreinbach bei Sulzbach-Rosenberg. Aufnahme 1936. Kleinbauernhof aus der ersten Hälfte des 18. Jh.*

ABB. 118: *Stöckelsberg bei Neumarkt/Opf. Aufnahme um 1940. Pfarrstadel des 18. Jh. mit Längstenne.*

ABB. 119: *Nattershofen bei Neumarkt/Opf. Aufnahme um 1940. Typische Lösung für ein kleinbäuerliches Anwesen. Der Stadel wird im rechten Winkel zum Wohnstallhaus gestellt.*

ABB. 120: *Herzogöd bei Tirschenreuth. Aufnahme 1965. Blockbau mit Umgebinde. Das Blechdach hat älteres Schindeldach abgelöst.*

ABB. 121: *Eschldorf/Reuth bei Neustadt a. Waldnaab. Aufnahme 1964. Nordoberpfälzischer Vierseithof der zweiten Hälfte des 18. Jh.*

ABB. 122: *Münchenreuth bei Tirschenreuth. Aufnahme 1952. Bauernhof mit gemauertem Erdgeschoß und angebautem Backofen.*

Abb. 123: *Schneeberg bei Oberviechtach, Haus Nr. 27. Aufnahme 1940. Vierseithof nach Egerländer Art mit Fachwerkwänden.*

Abb. 124: *Neualbenreuth bei Tirschenreuth. Aufnahme 1940. Vierseithof aus dem frühen 19. Jh. Egerländer Bauweise.*

Abb. 125: *Tirschnitz bei Waldsassen. Aufnahme 1963. Vierseithof des 18. Jh. Im äußeren Erscheinungsbild gleicht er ähnlichen Bauten des Wunsiedler Gebietes.*

ABB. 126: *Kleinheitzenhofen bei Burglengenfeld. Aufnahme um 1950. Kornkasten, Blockbau auf gemauertem Untergeschoß. Die einst in der Oberpfalz nicht minder als in Niedernbayern häufigen Kornkästen sind heute eine große Seltenheit.*

ABB. 127: *Ansicht des gleichen Objektes von der Gegenseite.*

ABB. 129: *Weihersdorf/Wappersdorf bei Neumarkt/Opf. Aufnahme 1942. Ansicht zweier Bauernhöfe. Beispiel eines Stüberlvorbaues, der in Nordschwaben und im nordwestlichen Oberbayern üblich war.*

ABB. 128: *Perschen. Aufnahme 1964. Gruppe von Stadelbauten mit der in der dortigen Gegend einst typischen Giebelverbretterung mit Schrägstellung.*

ABB. 130 und 131: *Perschen. Aufnahme 1968. Edelmannshof (heute Bauernmuseum), Inschrift im Stubentram vom Jahre 1605.*

Abb. 132: *Roßtränk bei Eslarn/Vohenstrauß. Aufnahme 1940. Wohn-Stall-Haus, Blockbau aus der Zeit um 1700.*

Abb. 133: *Kulmain bei Kemnath. Aufnahme 1954. Hauseingang mit ursprünglichem Türgerüst. Vielleicht noch aus der zweiten Hälfte des 17. Jh.*

Abb. 134: *Tiefenbach bei Waldmünchen, Haus Nr. 73. Aufnahme 1940. Klingschrot mit Zimmermannswerkzeugen. Von unten nach oben: Breitaxt, Zwerchaxt, Hobel.*

ABB. 135: *Rodenzenreuth bei Tirschenreuth. Aufnahme 1940. Frackdachhaus vom Fichtelgebirgstyp. Der Fachwerkgiebel weist auf Zusammenhänge mit dem Egerland hin.*

ABB. 136: *Neualbenreuth, Haus Nr. 59. Aufnahme 1939. Umgebindewand.*

ABB. 137: *Ernestgrün bei Tirschenreuth. Aufnahme um 1968. Straßenbild. Die auffällige Ähnlichkeit der Bauten läßt auf gemeinsame Entstehungszeit schließen (etwa 1820).*

ABB. 138: *Zwergau bei Kemnath. Aufnahme 1956. Verbretterter Blockbau vom Fichtelgebirgstyp.*

ABB. 139: *Neualbenreuth, Hoftor zu Anwesen Nr. 22. Aufnahme 1940. Das wohl noch dem 18. Jh. angehörende Gerüst ist stark verbrettert.*

ABB. 140: *Neualbenreuth, Anwesen Plobner. Aufnahme um 1968. Das prächtige, auf einem kräftigen Holzkranz (Blockbau) ruhende Fachwerk Egerländer Prägung gehört zu den besten Beispielen dieser lokal abgrenzbaren Zimmermannskunst.*

ABB. 141: *Klapfenberg bei Parsberg, Haus Nr. 127. Aufnahme um 1926. Typisches Beispiel für die offene Hofbauweise in der westlichen Oberpfalz. Der Stadel besitzt noch ein Strohdach mit Giebelzier. Das Wohnhaus gehört zu einer Hausgruppe, die vor allem in der Gegend von Hilpoltstein, Neumarkt/Opf. und Sulzbach-Rosenberg vertreten ist.*

ABB. 142: *Hetzmannsdorf bei Rötz. Aufnahme 1937. Der Bauernhof kann als typisches Beispiel für das einst in der Gegend von Cham und Waldmünchen übliche sog. Waldlerhaus gelten. Im rückwärtigen Teil ist die Blockwand durch Steinbrocken ersetzt worden. Man beachte die Kniestockbildung, die hier offensichtlich nur angewandt wird, um einen höheren Dachraum zu gewinnen. Die Stadelbauten haben in der Oberpfalz wie in Niederbayern das einmal modische Flachdach nicht übernommen.*

ABB. 143: *Engelsdorf bei Cham. Aufnahme 1973. Bauernhof vom Jahre 1789. Festdatierte Waldlerhäuser des 18. Jh. gehören zu den größten Seltenheiten in der Oberpfalz.*

Abb. 144: *Leopoldsreuth bei Freyung vorm Wald. Aufnahme um 1928. Bauernhöfe des ehemaligen 1618 gegründeten Rodungsdorfes, das heute abgesiedelt ist. Die dargestellten Häuser dürften auf den alten Siedlerstellen um 1760/80 erneuert worden sein.*

Abb. 145: *Rinchnach bei Regen. Aufnahme um 1927. Ursprünglicher Vierseithof mit Einfahrtstor. Verputzter Blockbau, gegen 1800.*

Abb. 146: *Rimbach bei Kötzting. Aufnahme um 1927. Waldlerhaus der zweiten Hälfte des 18. Jh. Das Halbwalmdach weist bereits auf den Böhmerwald und das Mühlviertel hin.*

ABB. 147 und 148: *Gehmannsberg bei Regen. Aufnahme 1925 und 1962. Ortsansicht. Das alte Waldhufendorf hatte seinen Charakter zu Beginn unseres Jahrhunderts noch rein bewahrt. Man beachte den breiten Dorfanger, auf dem ein Backofen aus der Zeit um 1790 stand. Die Häuser dürften in ihrer Substanz etwa der gleichen Zeit angehört haben. Die Neubautätigkeit nach 1945 ist symptomatisch für die Veränderung unserer Ortsbilder.*

ABB. 149 und 150: *Vorderfreundorf bei Freyung vorm Wald. Aufnahme 1967. Ansicht des Waldhufendorfes von innen und außen. Man erkennt deutlich, daß die Vierseithofform nicht zur ursprünglichen Planung des Dorfes gehört, daher die enge Verschachtelung.*

ABB. 151: *Messnerschlag bei Wegscheid, Aufnahme 1962. Bauernhof aus der Zeit um 1820. Die Stube schaut mit drei Fenstern zur Straße. Der über das Hausdach herausragende Stadel war von Anfang an so angelegt.*

ABB. 152: *Kleinphilippsreuth. Aufnahme 1962. Der Ort gehört zu den Passauer Rodungsdörfern des 17. Jh. Das Haus (Blockbau, weiß gestrichen) dürfte der Zeit um 1900 angehören.*

ABB. 153: *Breitenberg bei Wegscheid. Aufnahme um 1926. Waldlerhaus aus der Zeit um 1820 mit Giebellaube.*

ABB. 154: *Augrub bei Grafenau. Aufnahme um 1925. Dorfstraße. Blockbauten der zweiten Hälfte des 18. Jh., z. T. noch mit ursprünglicher Dachdeckung.*

ABB. 155: *Niederwinkling bei Bogen. Aufnahme um 1930. Kleinbauernhof. Wohnteil in Blockbau, Stall gemauert. Originales Strohdach.*

ABB. 156: *Lohberg bei Kötzting. Aufnahme um 1925. Bauernhof in Blockbau, Einfirstanlage. Die reiche Ausbildung des Obergeschosses erinnert an oberbayerische Höfe.*

ABB. 157: *Neudorf bei Grafenau. Aufnahme um 1925. Straßenbild. Bemerkenswerte einheitliche architektonische Anlage vom Jahre 1848 (nach Ortsbrand), die Dacheindeckung nach 1920.*

ABB. 158: *Rottenmann bei Deggendorf. Aufnahme um 1925. Bauernhof aus der zweiten Hälfte des 18. Jh.*

ABB. 159: *Reut/Karlsbach bei Freyung vorm Wald. Aufnahme um 1926. »Waldlerhaus«, reiner Blockbau. Stube in der Breite des Hauses an der Giebelseite.*

ABB. 160: *Kriestorf bei Vilshofen. Aufnahme um 1928. Mühlengebäude. Wie häufig in der Gegend von Dingolfing, Landau und Vilshofen, steht das Erdgeschoß auf einem hohen Unterbau. Die Mühle gehört zu den stattlichsten Bauten ihrer Art in Niederbayern. (Vgl. auch Abb. 162.)*

ABB. 161: *Schmidham bei Griesbach/Rottal. Aufnahme um 1938. Der hohe Stand des Zimmermannshandwerks im frühen 19. Jh. im Bereich des unteren Rottales und Vilstales wird hier eindrucksvoll erkennbar.*

ABB. 162: *Kriestorf. Aufnahme um 1938. Mühle. Der Reichtum der Schnitzerei sollte offensichtlich den Wohlstand des Müllers dokumentieren. (Vgl. Abb. 160.)*

ABB. 163: *Riedertsham bei Griesbach/Rottal. Aufnahme 1962. Mittermaier. Kopfbänder einer Schupfensäule aus der Zeit um 1820.*

ABB. 164: *Gessenreuth/Zenting bei Deggendorf. Aufnahme 1933. Zimmermannsmalerei des frühen 19. Jh. auf dem Dachvorstand eines Bauernhofes (Unterseite).*

ABB. 165: *Degernbach bei Bogen. Aufnahme 1967. Stiege und Laube eines Traidkastens aus der Zeit um 1800.*

ABB. 166: *Riedertsham bei Griesbach/Rottal, Aufnahme 1938. Bauernhof, Türdetail. Die stattliche Anlage entstand offenbar an Stelle eines älteren Vierseithofes zu Beginn der zwanziger Jahre des 19. Jh. Auf der Laubenbrüstung über der Eingangstüre die Jahreszahl 1823. (Vgl. Abb. 163.)*

ABB. 167: *Poigham bei Griesbach/Rottal. Aufnahme um 1926. Ehemaliger Bauernhof. Die Fenster im Erdgeschoß z. T. versetzt und vergrößert. Die früheren Wirtschaftsbauten fehlen. Außergewöhnlich stark ausgebildete Querschwelle.*

ABB. 168: *Ganacker bei Landau a. d. Isar. Aufnahme um 1926. Der Blockbau gehört noch dem 18. Jh. an. Der Stubenteil wurde im 19. Jh. neu gemauert. Dabei ging man von dem quadratischen Fensterformat zu einem Hochrechteck über.*

ABB. 169: *Kay bei Straubing. Aufnahme um 1925. Blockbau, weiß übertüncht, mit traufseitiger Laube und Steildach. Der Straubinger Raum kannte ein Nebeneinander von Flach- und Steildach, wobei, entwicklungsgeschichtlich gesehen, das letztgenannte zu einer älteren Schicht gehört.*

ABB. 170: *Oberergoldsbach bei Rottenburg a. d. Laaber. Aufnahme um 1926. Blockbauten, weiß übertüncht.*

ABB. 171: *Kläham bei Rottenburg a. d. Laaber. Aufnahme um 1926. Blockbau mit gemauertem Stallteil. Die Giebelseite verschindelt mit Schutzdach über den Stubenfenstern. Die traufseitige Stubenwand geweißt.*

ABB. 172: *Altenburg bei Rottenburg a. d. Laaber. Aufnahme um 1926. Einödhof in Blockbau. Der verbretterte Giebel erinnert daran, daß in der Rottenburger Gegend ebenso wie in der Umgebung von Landshut Vollwalmdächer üblich gewesen sind.*

ABB. 173: *Hofwimm bei Eggenfelden. Aufnahme um 1937. Sog. Stockhausgehöft. Neben der Stube, die zum Hof schaut, der Roßstall. Die Anlage dürfte der Zeit gegen 1800 angehören. Der im rechten Winkel angefügte Stallbau ist nicht vor 1860 denkbar.*

ABB. 174: *Altdorf bei Landshut. Aufnahme um 1924. Bauernhof vom Wohn-Stall-Haus-Typ mit Vollwalmdach. Die Hartdeckung dürfte älteres Strohdach abgelöst haben.*

ABB. 175: *Sallach bei Mallersdorf. Aufnahme um 1920. Der schon vor 1935 abgebrochene Bauernhof läßt erkennen, daß der zwiegadige Haustyp der Landshuter Umgebung einst weiter verbreitet gewesen sein muß.*

Abb. 176: *Schusteröderhof bei Massing. Aufnahme 1969. Blockbau des Stockhaustypes aus der Zeit von 1770. Der Hof befand sich ursprünglich in der Gemeinde Malling bei Massing. Die Aufnahme entstand unmittelbar nach der Versetzung. Die Vierseitanlage war zu diesem Zeitpunkt noch nicht geschlossen (Niederbayr. Bauernhofmuseum).*

Abb. 177: *Sielstätten bei Mainburg. Aufnahme um 1920. Kleinbauernhof. Blockbau, strohgedeckt. Der Bau dürfte aus der Zeit um 1780/90 stammen und gehört zur Gruppe der erdgeschossigen Bauernhöfe in Nordwest-Oberbayern.*

Abb. 178: *Meilenhofen bei Mainburg. Aufnahme um 1924. Winkelhofanlage des frühen 19. Jh., die eine ältere Haufenhofanlage abgelöst haben dürfte. Man beachte den knappen Abschluß des Daches am Giebel und den kräftigen Überstand an der Traufseite des Wohnbaues.*

ABB. 179: *Frauenberg bei Freyung vorm Wald. Schindelmacher bei der Arbeit. Aufnahme um 1966. Da sich die Schindeleindeckung im Bayerischen Wald sowohl bei Steil- wie bei Flachdächern noch erhalten hat, besteht für dieses Handwerk noch eine Absatzmöglichkeit.*

ABB. 180: *Rottal. Unbekannter Maler der ersten Hälfte des 19. Jh. Dargestellt ist das Innere eines Roßstalles. Die Türe im Hintergrund dürfte in die Wohnstube führen. Man beachte die Liegestatt des Knechtes, die davor stehende Haferkiste (Stollentruhe) und die Gewandtruhe des Knechtes. Derartige Laienmalereien sind für uns heute von großem dokumentarischem Wert, nicht zuletzt wegen der Wiedergabe von Gerätschaften.*

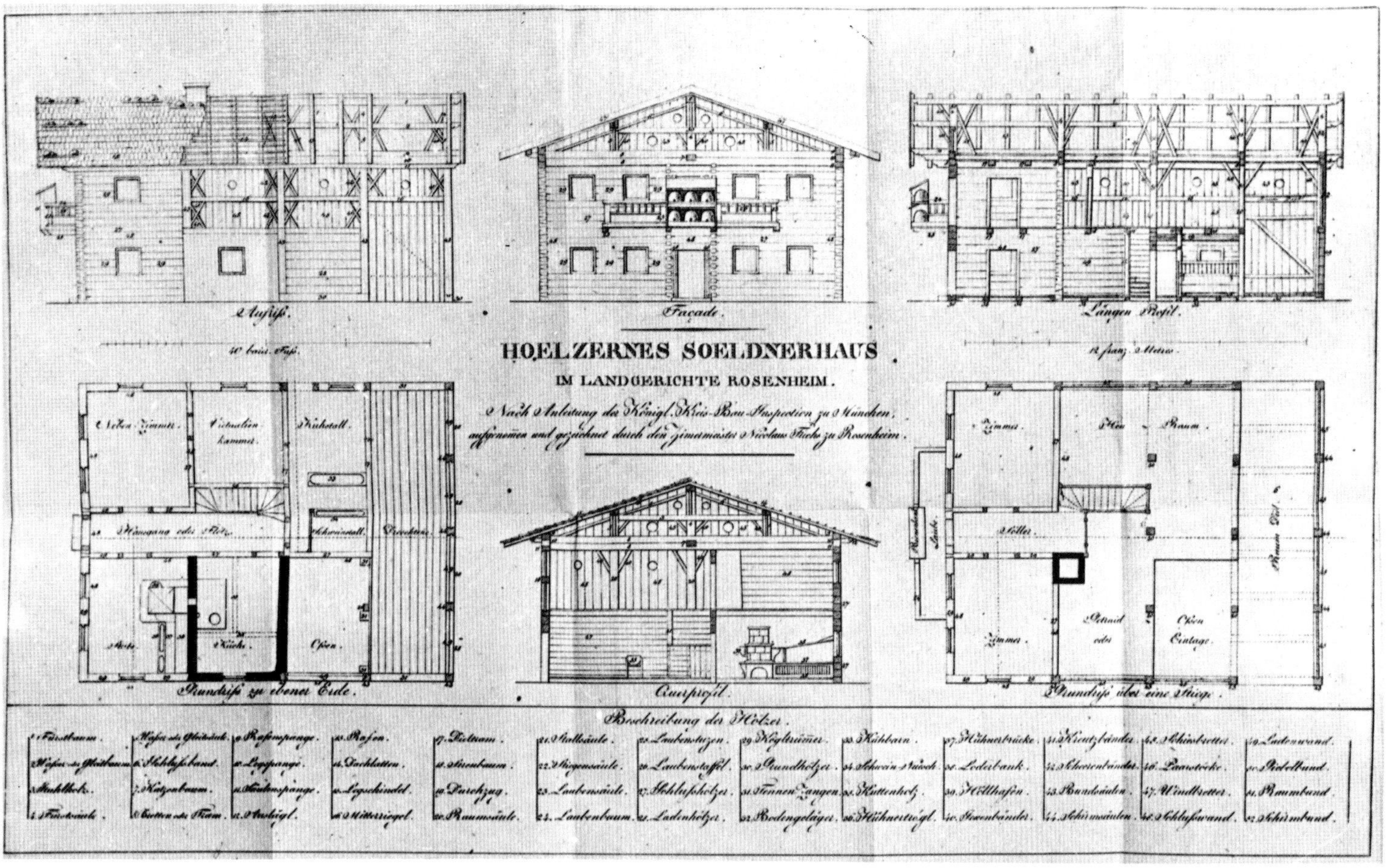

ABB. 181: *Rosenheimer Gegend, um 1810. Darstellung eines Söldnerhauses in Blockbau durch den Rosenheimer Zimmermeister Nicolaus Fuchs, 1816. Legende:* 1. Firstbaum. 2. Wasser- oder Gleitbaum. 3. Stuhlholz. 4. Firstsäule. 5. Wasser- oder Gleitsäule. 6. Schlußband. 7. Katzenbaum. 8. Bretten oder Tram. 9. Rafenspange. 10. Legspange. 11. Säulenspange. 12. Auslägl. 13. Rafen. 14. Dachlatten. 15. Legschindel. 16. Mitterriegel. 17. Dieltram. 18. Streubaum. 19. Durchzug. 20. Raumsäule. 21. Stallsäule. 22. Stiegensäule. 23. Laubensäule. 24. Laubenbaum. 25. Laubenstutzen. 26. Laubenstaffel. 27. Schlußhölzer. 28. Ladenhölzer. 29. Kegeltrümmer. 30. Grundhölzer. 31. Tennenzangen. 32. Bodengeläger. 33. Kühbarrn. 34. Schweinsnursch. 35. Kuttenholz. 36. Hühnertrögl. 37. Hühnerbrücke. 38. Loderbank. 39. Höllhafen. 40. Jäxenbänder. 41. Kreuzbänder. 42. Scherenbänder. 43. Bundsäulen. 44. Schirmsäulen. 45. Schießbretter. 46. Paarstöcke. 47. Windbretter. 48. Schlußwand. 49. Ladenwand. 50. Giebelbund. 51. Raumbund. 52. Schirmbund.

ABB. 182: *Happing bei Rosenheim. Zeichnung von Doppelmayr aus dem Jahre 1812. Der Bauernhof dürfte zu Anfang des 19. Jh. entstanden sein. Hochtenne auf der Traufseite, Bundwerkwand über dem Stall. Originale Dachneigung von etwa 22° ohne Kniestock; gekreuzte Windbretter in Tierköpfen endigend, gedrehte Laubensäulen. Legschindeldach. Die Eingangstüre zeigt das übliche Sommergitter. Im Obergeschoß kurz vor der Stadelwand Bienenkörbe, die sonst auch über der Eingangstüre angebracht wurden (vgl. Abb. 181).*

ABB. 183: *Breitötting bei Erding. Aufnahme 1950. Bauernhaus des frühen 18. Jh. Blockbau. Das Halbwalmdach läßt seine Herkunft vom Vollwalmdach noch deutlich erkennen (vgl. Abb. 187). Die Strohdachdeckung um 1900 durch Hartdach ersetzt.*

ABB. 184: *Pliening bei Ebersberg. Aufnahme 1950. Kleinbäuerliches Anwesen »beim Viz«. Stubenvorbau.*

ABB. 185: *Goldau/Lauterbach bei Mühldorf. Aufnahme 1937. Stadel mit Vollwalmstrohdach vom Jahre 1608. Von diesem Typ dürften im 16. und 17. Jh. die Mehrzahl aller altbayerischen Städel gewesen sein.*

Abb. 186: *Breitötting. Aufnahme 1950. Das Anwesen Abb. 183 von der Gegenseite.*

Abb. 187: *Bergham bei Altenerding. Aufnahme 1924. Hirtenhaus. Blockbau des 17. Jh. mit Vollwalmdach. Der Kamin war nicht ursprünglich, er dürfte vor dem Ersten Weltkrieg entstanden sein.*

Abb. 188: *Grüngiebing/Oberornau bei Haag in Obb. Aufnahme 1950. Der Stadel mit Bundwerkwand und Halbwalm, 18. Jh., ursprünglich strohgedeckt. Fortentwicklung des Stadels in Goldau (Abb. 185).*

Abb. 189: *Bernried bei Weilheim, Haus Nr. 21. Aufnahme 1965. Bundwerkgiebel der zweiten Hälfte des 18. Jh.*

Abb. 190: *Ort bei Kochel, Anwesen Nr. 9. Aufnahme 1964. Hochtenneneinfahrt, traufseitig. Die Stadelwände aus Kantholz mit Lüftungsfugen. Diese Wandkonstruktion kann als Vorläufer der Bundwerkwände angesehen werden. Sie ist eine Fortentwicklung der Rundholzblockwände mit Lüftungsfugen bei Feldstädeln.*

Abb. 191: *Schwindkirchen bei Mühldorf. Aufnahme 1950. Stadelwand in Ziegelbauweise mit Lüftungsfenster aus Formziegeln. Seit der Mitte des vorigen Jahrhunderts waren solche Städel im Raum von Isen, Rott und Vils sehr beliebt. Im Innern behielt man das Ständergerüst bei.*

Abb. 192: *Obergrainau bei Garmisch-Partenkirchen. Aufnahme 1937. Bundwerkgiebel und Bundwerkwand 18. Jh. Derart reichgezimmerte Giebel beschränken sich in Oberbayern auf die Gegend um Weilheim, Schongau und Garmisch-Partenkirchen.*

Abb. 193: *Reibersdorf/Schwindegg bei Mühldorf. Aufnahme 1950. Stadelwand im unteren Teil Ständerbohlenbau, im oberen Bundwerkwand. Die Ständerbohlenwand war bis zum 19. Jh. bei Wirtschaftsbauten Altbayerns (von den Bergbauerngemeinden abgesehen) vorherrschend.*

Abb. 194: *Thal/Hohenthann bei Bad Aibling. Aufnahme 1967. Bundwerkwand eines Stadels aus der Zeit um 1830.*

ABB. 195: *Unterzeismering bei Starnberg. Aufnahme 1939. Fenster eines Blockbaues vom Anfang des 18. Jh. Derartige Fenster sind heute eine große Seltenheit, zumal die Fenster in den älteren Blockbauten für gewöhnlich schon nach 1760 vergrößert wurden. Kennzeichnend für die ältere Stufe ist das querrechteckige Format. Solche Fenster wurden in der Regel von den Kistlern angefertigt.*

ABB. 196: *Jepolding/Obing bei Trostberg. Aufnahme 1954. Türsturz eines Bauernhofes aus der Zeit um 1730/40.*

ABB. 197: *Jakobneuharting bei Ebersberg. Aufnahme 1954. Geschnitzte Haustüre vom Jahre 1838 mit Darstellung eines Hufschmieds. Geschnitzte Haustüren sind in Oberbayern relativ selten erhalten. Es ist anzunehmen, daß sich hier ein Schreiner betätigt hat. Die gegenständigen Löwen sind sicherlich durch eine wappenartige Darstellung angeregt. Die Überbetonung des Werkzeugs, das den Beruf des Hauseigentümers kennzeichnet, ist in der Volkskunst allerorts üblich gewesen.*

ABB. 198: *Siegsdorf bei Traunstein. Aufnahme 1937. Bemalte Pfettenköpfe vom Jahre 1767. Der Firstbaum (Firstpfette) war im Chiemgau, wie auch im Berchtesgadener Land, normalerweise Träger der Jahreszahl, der Besitzerinitialen, wie auch der Segenszeichen.*

ABB. 199: *Berchtesgaden. Aufnahme 1965. Geschnitzter Firstbaum vom Jahre 1618. Das Kerbschnittornament (Sechsstern) war dem Bauhandwerk seit dem Mittelalter geläufig.*

ABB. 200: *Berchtesgaden. Aufnahme 1965. Rest eines Pfettenkopfes vom Jahre 1620. Die eingeschnitzte Blumenvase wurde offenbar mit Hilfe eines Geißfußes hergestellt. Die Technik ist in Altbayern für das ausgehende Mittelalter am Bauholz belegt. Für das Vasenmotiv standen den Zimmerleuten graphische Blätter (Holzschnitte) zur Verfügung, die auch von den Kistlern ausgewertet wurden.*

ABB. 201: *Deining. Aufnahme 1965. Teilaufnahme einer Laube. Die Laubensäulen, die an den Vorstößen der Wandbalken aufgehängt sind, weisen in ihrer Form noch in das 18. Jh. Die Verbretterung und die Bemalung dürften dem 19. Jh. angehören, lehnten sich vermutlich aber an älteren Bestand an.*

ABB. 202: *Moosen bei Laufen a. d. Salzach. Aufnahme 1925. Detail vom Stadel des Anwesens »beim Iller« aus dem Jahre 1834. In den dreißiger und vierziger Jahren feierte das Zimmermannshandwerk in Südostbayern einen letzten Triumph.*

ABB. 203: *Rupertsdorf/Rabenden bei Trostberg. Aufnahme 1937. Stadeltor um 1830/40.*

ABB. 204: *Griesbach. Aufnahme 1937. Säule mit doppelten Kopfbändern einer Badstube. Vermutlich Mitte 18. Jh.*

Abb. 205: *Laufen a. d. Salzach. Aufnahme 1934. Badstube aus der Umgebung. Das klar ablesbare, konstruktive Gerüst läßt deutlich erkennen, daß es von einer ursprünglich bei Steildachbauten angewandten Konstruktion herrührt.*

Abb. 206: *Wechselberg/Oberaudorf. Aufnahme 1954. Ehemalige Badstube vom Anfang des 19. Jh. mit gemauertem Erdgeschoß und Kniestock in Blockbauweise.*

Abb. 207: *Stetten/Endorf bei Rosenheim. Aufnahme 1954. Feldstadel aus der ersten Hälfte des 19. Jh. Man vgl. das Gerüst mit dem der Badstube (Abb. 205).*

Abb. 208: *Kreuzberg/Fronreiten bei Schongau. Aufnahme um 1950. Ehemalige Haarbadstube, um 1820/30.*

ABB. 209: *Berchtesgadener Land. Aufnahme 1936. Paarhof »beim Pfnür«. Die im Detail mehrfach veränderte Anlage dürfte im Kern aus dem 18. Jh. stammen.*

ABB. 210: *St. Margarethen/Großbrannenberg bei Rosenheim, »beim Gugg«. Aufnahme um 1942. Der Überlieferung nach Stammhaus der Dientzenhofer. Das Anwesen dürfte im Kern noch aus dem 17. Jh. stammen. Die Einzelheiten gehören jedoch dem 19. Jh. an.*

ABB. 211: *Gmund-Festenbach bei Miesbach. Aufnahme um 1910. Charakteristische Einfirstanlage, die im Typ mit dem Bauernhaus des Tiroler Unterinntales und des Achensees verwandt ist.*

ABB. 212: *Siegertsbrunn bei München. Aufnahme 1950. Bauernhof des 18. Jh. in reinem Blockbau. Die Bauernhöfe im Süden und Südosten von München haben offenbar im 18. Jh. nie die Dimensionen erreicht, die im Miesbacher und Rosenheimer Gebiet möglich waren.*

ABB. 213: *St. Margarethen/Großbrannenberg bei Rosenheim. Aufnahme 1942. Bauernhof des 18. Jh. mit Eckerker. Das Erkermotiv, das ein gemauertes Erdgeschoß voraussetzt, rührt aus Tirol her. Man beachte das besonders gut erhaltene Laubengitter und die Trockengerüste an der Oberlaube, die inneralpinen Gewohnheiten entsprechen.*

ABB. 214: *Bayersoien bei Schongau. Aufnahme um 1940. Mittertennbau mit Bundwerkgiebel. Die giebelseitige Stellung der Tenneneinfahrt treffen wir in gleicher Form im Tiroler Oberinntal wie auch im Stubaital.*

ABB. 215: *Linden bei Wolfratshausen. Aufnahme 1960. Bauernhof aus der Zeit um 1800 mit späteren Veränderungen. Regelmäßig ist der einheitliche Zug derartiger Einfirstanlagen heute durch eingezogene Brandmauern gestört.*

ABB. 216: *Bruckhof/Schalldorf bei Ebersberg. Aufnahme 1959. Gemauerter Hof aus der Zeit um 1880 mit jüngeren Veränderungen. Solche stattlichen Höfe zeigen, daß man es im 19. Jh. verstanden hatte, den älteren Blockbau folgerichtig weiterzuentwickeln.*

ABB. 217: *Au/Kirchbichl bei Tölz. Aufnahme 1964. Neubau aus der Jahrhundertmitte. Eines der nicht allzu häufigen Beispiele für traditionsgebundenes Bauen im Oberland.*

ABB. 220: *Kleinhöhenrain bei Bad Aibling. Aufnahme 1964. Gemauertes Anwesen des 19. Jh., das weitgehend verändert wurde. Die Wiederaufnahme der längst aufgegebenen Hausmalerei kann grundsätzlich begrüßt werden.*

ABB. 218: *Neupullach/Hohenlinden bei Ebersberg. Aufnahme 1954. Kleinbauernhaus der Biedermeierzeit. Das alte Ordnungsprinzip: Wohnteil, Stall, Stadel, Schupfen ist noch deutlich erkennbar. Über dem Stall die Heulege, die an der Bundwerkwand erkennbar ist.*

ABB. 219: *Straußdorf bei Ebersberg. Aufnahme 1950. Bauernhof vom Ende des 19. Jh. Im Gegensatz zum Beispiel aus Bruckhof (Abb. 216) bewirkt hier das Einfügen eines Kniestockes und das zu steile Dach eine Störung in der architektonischen Gesamtwirkung.*

Abb. 221–225: *Jodelbauerhof/Fischbachau bei Miesbach. Aufnahme 1942. Bemalung der Hausfassaden und der Stubendecke. Die wiederholt restaurierte Fassadenmalerei des Jodelbauernhofes stammt der Überlieferung nach von einem Mitglied der Malerfamilie Böhamb aus Glonn bei Aibling. Sie entstand, ebenso wie die Ausmalung im Innern und die Bemalung einer Reihe einst im Hause befindlicher Möbel, im Jahre 1786. Die Initialen am Obergaden IHP beziehen sich wahrscheinlich auf den damaligen Besitzer Johann Hagenperger.*

ABB. 226: *Tyrlbrunn/Freutsmoos bei Tittmoning. Aufnahme 1936. Schröbelhof. Stubenmalerei des 17. Jh.. Die Malerei ist nicht ohne Ausnutzung älterer Vorbilder (Holzschnitte) denkbar. Möglicherweise ist sie von einem Kistler ausgeführt.*

ABB. 227: *Unterigling bei Landsberg. Aufnahme 1936. Dorfstraße. Folge von Mittertennbauten, z. T. noch strohgedeckt.*

ABB. 228: *Erpfting bei Landsberg. Aufnahme um 1936. Sogenanntes 1½stöckiges Haus, z. T. noch strohgedeckt. Die Verbretterung des Giebeldreiecks deutet auf ehemaligen Vollwalm hin.*

ABB. 229: *Thaining bei Landsberg. Votivtafel vom Jahre 1656 mit Ortsansicht. Wenn das Bild auch keine exakte topographische Wiedergabe darstellt, so gibt es doch den Haustyp klar wieder. Man erkennt deutlich den Mittertennbau in Ständerkonstruktion. Die Giebellaube auf der rechten Bildhälfte dürfte von den weiter östlich gelegenen Hauslandschaften angeregt sein. Konstruktiv ist es ein erkerartiger Vorbau; Hängesäulen kommen nicht vor. Man beachte auch den innerhalb des Gehöftes freistehenden Backofen.*

Abb. 230: *Unterigling bei Landsberg. Aufnahme 1938. Dorfstraße, südlicher, neuerer Teil. Im wesentlichen aus der zweiten Hälfte des 19. Jh.*

Abb. 231: *Schondorf/Ammersee. Aufnahme 1935. 1½stöckiger Mittertennbau aus der ersten Hälfte des 19. Jh.*

Abb. 232: *Hochdorf bei Friedberg. Aufnahme 1937. Hofanlage des 18. Jh. Hervorragendes Beispiel für das Können des ländlichen Maurerhandwerks.*

ABB. 233: *Steinekirch bei Augsburg, Haus Nr. 25 und 27. Aufnahme 1936. Die Häuser gehören zu einer zwischen Augsburg und Donauwörth sehr verbreiteten Gruppe, die kennzeichnend ist für den Bauwillen in der ersten Hälfte des 19. Jh.*

ABB. 235: *Waal bei Kaufbeuren. Aufnahme 1941. Man erkennt deutlich, daß die Architektur des repräsentativen Gasthofes für die übrigen Bauten des Dorfes beispielgebend war.*

ABB. 237: *Göllingen bei Dillingen. Aufnahme 1938. Kleinbauernhof vom Wohn-Stall-Haus-Typ mit Strohdach. Erste Hälfte 19. Jh.*

Abb. 234: *Steinekirch bei Augsburg. Aufnahme 1936. Dorfstraße. Die Anlage der Vorgärten dürfte auf alter Tradition beruhen.*

Abb. 236: *Jettingen bei Günzburg. Aufnahme 1940. Weberstraße. Die kleinbürgerliche Architektur aus dem frühen 19. Jh. verrät die Freude des Schwaben an einer wohlgegliederten Giebelfassade.*

Abb. 238: *Fronhofen bei Dillingen. Aufnahme 1938. Winkelförmige Hofanlage. Das Strohdach wurde 1955 beseitigt.*

ABB. 239: *Thurneck bei Nördlingen. Aufnahme 1940. Kleinbauernhof mit sogen. Schabdach (Hohlziegel in Stroh gebettet) aus der ersten Hälfte des 19. Jh.*

ABB. 241: *Tapfheim bei Dillingen. Aufnahme 1940. Wohn-Stall-Bau des frühen 19. Jh. Für die Putzgliederung des Giebels vergleiche man das Ortsbild von Göllingen (Abb. 237).*

ABB. 242: *Lichtenau/Neuburg a. d. Donau. Aufnahme 1940. Kleinbauernhof mit sogen. Schabdach (Hohlziegel in Stroh gebettet) aus der ersten Hälfte des 19. Jh.*

ABB. 240: *Thurneck bei Nördlingen. Aufnahme 1963. Neubau anstelle des strohgedeckten Hauses Abb. 239.*

ABB. 243 und 244: *Thurneck. Aufnahme 1935. Alkovenartiger Einbau einer Schlafstätte und gußeiserner Ofen vom Jahre 1868.*

ABB. 245: *Großsorheim bei Nördlingen. Zeichnung vom Jahre 1808 von Doppelmayr. Ortsansicht. Das Dorfbild wird von erdgeschossigen Bauten beherrscht. Der Hof in der Bildmitte besitzt ein Hartdach und eine gemauerte Giebelzier, die ihre Herkunft vom Strohdach noch deutlich erkennen läßt. Der fensterlose Anbau birgt den Backofen (vgl. Abb. 243).*

ABB. 246: *Buching bei Füssen. Aufnahme 1939. Hof »beim Bachfranzer«. Die traufseitige Laube im Erdgeschoß läßt deutlich erkennen, daß der Haustyp auf einen Ständerbau zurückgeht, der im 16. Jh. in der Füssener und Schongauer Gegend noch vorherrschend gewesen sein dürfte.*

ABB. 247: *Immenthal bei Markt Oberdorf, Haus Nr. 2 (vom Jahre 1838). Aufnahme 1949. Kennzeichnend für die Gegend um Markt Oberdorf sind die fensterreichen Giebelseiten der Höfe. Das Nebeneinander von sieben Fenstern ist nicht ungewöhnlich.*

ABB. 248: *Woringen bei Memmingen. Aufnahme 1938. Mittertennbau des frühen 19. Jh. Betrachtet man den Baukörper als Ganzes, so wird die Herkunft vom altoberschwäbischen Haus deutlich erkennbar.*

Abb. 249: *Katzbrui/Köngetried bei Mindelheim. Aufnahme 1940. Ehemalige Mühle mit steinbeschwertem Legschindeldach. Das Bauwerk befindet sich im nördlichen Grenzgebiet dieser Dachform.*

Abb. 250: *Rieden bei Mindelheim. Aufnahme 1940. Mittertennbau gegen Mitte des 19. Jh. Im vorliegendem Falle ist die Erinnerung an das altoberschwäbische Haus schon erloschen.*

Abb. 251: *Denklingen bei Kaufbeuren. Aufnahme 1938. Mittertennbau mit Kniestock und flachgeneigtem Dach. Der Bau läßt erkennen, daß auch in der Kaufbeurer Gegend einst Ständerbauten üblich waren, wie etwa in Thaining bei Landsberg.*

ABB. 252–255: *Neuenried/Huttenwang bei Markt Oberdorf. Aufnahme um 1910. Bauernhof des 17. Jh., der 1910 abgebrochen wurde. Ungemein wichtiger Beleg für das Bauernhaus des Allgäus. Die Stube wurde offensichtlich im 18. Jh. erneuert. Damals wurden ihre Wände möglicherweise aufgemauert. Die Fütterung des Viehs geschah von der Tenne aus.*

ABB. 256: *Gerstruben bei Oberstdorf. Aufnahme 1940. Ehemaliger Paarhof des frühen 17. Jh. Man beachte, daß der Bau eine Kellerzone besitzt (Alpwirtschaft).*

ABB. 257: *Pfronten-Weißbach. Aufnahme 1941. Eckständer mit Kopfstreben des 18. Jh.*

ABB. 258: *Bachhagel bei Dillingen. Aufnahme 1960. Dachstuhl eines Stadels, wohl aus der Zeit um 1800. Man beachte die Flechtwerkwand des Giebels.*

ABB. 259: *Schweinebach/Maierhöfen bei Lindau, Haus Nr. 127. Aufnahme 1937. Bauernhof des 18. Jh. mit Veränderungen aus dem Jahre 1804. Erneuerung der Fenster nach 1900. Damals wohl auch der Stall in Mauerwerk neu aufgeführt. Kombination von Bohlen- und Fachwerkwand. Kräftiger Aufschiebling am Dachfuß. Die Verwandtschaft zu Fachwerkbauten der Schweizer Bodenseegegend liegt auf der Hand.*

ABB. 260–265: *Türen und Tore aus Oberbayern und Schwaben. Aufnahme nach 1950. Es ist schwer zu entscheiden, wie weit die Gestaltung, insbesondere das Schnitzwerk, hier Werk des Zimmermeisters oder Kistlers gewesen ist: 260: Mannhartshofen bei Wolfratshausen um 1780. 261: Schöngeising bei Fürstenfeldbruck 1861. 262: Denklingen bei Kaufbeuren um 1880. 263: Denklingen um 1860. 264: Leeder bei Kaufbeuren um 1860, wohl Darstellung der Fabel vom Fuchs und dem Raben. 265: Dienhausen bei Kaufbeuren um 1860/70.*

# Anhang

## Schrifttum

BAIER HERMANN, Zur Frage der Verbreitung des Strohdaches in Oberschwaben im 18. Jahrhundert, in: Oberdeutsche Zeitschrift für Volkskunde 10, 1936.
BAMLER RICHARD, Der Bauernhof der nordöstlichen Oberpfalz, in: Die Oberpfalz 15, 1921.
BAUMANN RICHARD, Das Hoftor in Franken. Diss. Würzburg 1952.
BANCALARI GUSTAV, Das süddeutsche Wohnhaus »fränkischer Form«, in: Globus 67, 1895.
BARTHEL FRIEDRICH, Der vogtländisch-westerzgebirgische Sprachraum, Halle 1933.
BAUER F. HERBERT, Die Bienenzucht in Bayern als geographisches Problem, Erlangen 1958.
BAUR ALBERT, Die Entwicklung der Allgäuer Milchwirtschaft, Kempten 1955.
BAUR-HEINHOLD MARGARETE, Süddeutsche Fassadenmalerei, München 1952.
BECHERT HEINZ, Aus der Geschichte Leonhardpfunzens, Hofgeschichte des Dorfes, in: Das Bayer. Innoberland, 27, 1956.
BEDAL KONRAD, Ofen und Herd im Bauernhaus Nordostbayerns. Beiträge zur Volkstumsforschung, Bd. XX, München 1972.
BERGMANN ALOIS, Fachwerkbauten in der Nordoberpfalz und im Egerland. Amberg 1972.
BERGMANN ALOIS, Fachwerkbauten in der Oberpfalz 2, Kallmünz 1975.
BÖCK ROBERT, Mörtelplastiken im nordwestlichen Oberbayern, in: Bayr. Jahrbuch für Volkskunde 1959.
BORCHERT CHRISTOPH, Das Ackerland-Grünland-Verhältnis in Bayern, in: Münchner geographische Hefte 1957, Heft 12.
BORCHERT CHRISTOPH, Der Landkreis Starnberg, Kallmünz 1955.
BRAUN HERMANN, Wortgeographie des historischen Egerlandes. Diss. Leipzig-Halle 1938.
BRAUN HERMANN, Mundart und Siedlung im Fichtelgebirge und Egerland, Marktredwitz 1950.
BRÜCKL JOSEPH, 1200 Jahre Trudering, München 1972.
BRUNNER JOHANN, Heimatbuch des bayerischen Bezirkamtes Cham, München 1922.
BRUNNHUBER J., Chronik des oberen Leitzachtales, 1928.
BUFLER ALBRECHT, Das Schwangauer Haus, in: Schwabenland 6, 1939.
BUFLER ALBRECHT, Maßaufnahmen von alten Bauernhäusern im Allgäu, in: Schwabenland 5, 1938.

CONRAD KURT, Flur, Dorf und Haus in Liefering. Das Lieferinger Heimatbuch 1958.
CONRAD KURT, Das Bauernhaus im Lamprechtshausener Dreieck, in: Mitt. der Gesellschaft für Salzburger Landeskunde 100, 1960.
CONRAD KURT, Probleme der Scheunenforschung im Lande Salzburg. Festgabe für Oskar Moser. Beiträge zur Volkskunde Kärntens, Klagenfurt 1974.
DANNHEIMER HERMANN, Beobachtungen zur Zimmermannstechnik der Merowinger Zeit, in: Bayr. Vorgeschichtsblätter 38, 1973.
DANNHEIMER HERMANN, Die frühmittelalterliche Siedlung Kirchheim, Landkreis München, in: Germania 51, 1973.
DERTSCH RICHARD, Die ländliche Badstube im bayerischen Schwaben, in: Bayr. Heimatschutz 21, 1925.
DERTSCH RICHARD, Der Maierhof, in: Bayr. Heimatschutz 22, 1926.
DESTOUCHES, JOSEPH V., Statistische Beschreibung der Oberpfalz, 1809.
DIENER H. O., Zur Geschichte der Besiedlung und Kultivierung des Erdinger Mooses 1931.
DÖDERLEIN WILHELM, Südbayerische Bauernhäuser des 17. Jahrhunderts, in: Bayr. Hefte für Volkskunde 13, 1940.
DÖLLGAST HANS, Neue Bauernstuben, München 1938.
DÜNNINGER JOSEPH, Beharrung und Wandel im fränkischen Dorf, in: Soziale Welt 9, 1958.
DÜRNEGGER JOSEPH, Der Samerberg, Rosenheim 1929.
EDELMANN MAX, Die Almen im Tegernseer Tal. Diss. Innsbruck 1966.
EIGLER FRIEDRICH, Die Entwicklung von Plansiedlungen auf der südlichen Frankenalb, München 1972.
EITZEN GERHARD, Deutsche Hausforschung in den Jahren 1953–1962.
EITZEN GERHARD, Zur Geschichte des südwestdeutschen Hausbaues im 15. und 16. Jahrhundert, in: Zeitschrift für Volkskunde 59, 1963.
ERDMANNSDORFER KARL, Holzeinsparung und bodenständiges Bauen, in: Der Bauberater 14, 1949.
ERDMANNSDORFER KARL, Das Flachdach im deutschen Alpenraum einst und jetzt, in: Technische und wirtschaftliche Rundschau 41, 1943.
ERDMANNSDORFER KARL, Altbayerische Getreidekästen, in: Schönere Heimat 33, 1937.

ERDMANNSDORFER KARL, Das Bürgerhaus in München, Tübingen 1972.
ERNST WILHELM, Heimatbuch Oberhaunstadt, Ingolstadt 1973.
FEHN HANS, Planmäßige Gründung von kleinbäuerlichen Siedlungen im niederbayerischen Tertiärhügelland im 18. Jahrhundert, in: Geographischer Anzeiger 1935.
FEHN HANS, Waldhufendörfer im hinteren Bayerischen Wald, in: Mitt. und Jahresberichte der geographischen Gesellschaft Nürnberg, Lauf 1937.
FEHN KLAUS, Die bayerische Siedlungsgeschichte nach 1945, in: Zeitschrift für bayr. Landesgeschichte 28, 1965.
FEHN KLAUS, Siedlungsgeschichtliche Grundlagen der Herrschafts- und Gesellschaftsentwicklung in Mittelschwaben, Augsburg 1966.
FICHTEL FRANZ XAVER, Versuch einer historisch-topographisch-statistischen Beschreibung des k. b. Landgerichts Pfaffenhofen/Ilm, Neuburg/Donau 1851.
FICHTNER KURT, Die Geschichte des Fußbodenbelages in Deutschland, Dresden 1929.
FIEDLER A. und HELBIG J., Das Bauernhaus in Sachsen, Berlin 1967.
FILIPP KARLHEINZ, Hausformengefüge und Dorfentwicklung im Ries. Berichte zur deutschen Landeskunde 44, Godesberg 1970.
FISCHER RUDOLF, Das Bauernhaus im Vogtland, Plauen 1971.
FREUNDESKREIS-BLÄTTER. Herausgegeben vom Freundeskreis Freilichtmuseum Südbayern e. V., Großweil bei Murnau 1974.
FRIED PANKRAZ, Beiträge zur Almhauslandschaft im bayerischen und österreichischen Karwendel, in: Bayr. Jahrbuch für Volkskunde 1969, Volkach 1970.
FRITZE E., Fränkisch-Thüringische Holzbauten, Meiningen 1892.

GASTL ROSA, Die Veränderungen der Dauersiedlungen in den höheren Lagen des bayerischen Allgäus, in: Forschungen zur deutschen Landeskunde 36, 1941.
GEBHARD TORSTEN, Maßaufnahme eines Söldnerhauses aus dem Landgericht Rosenheim 1816, in: Bayr. Hefte für Volkunde 12, 1939.
GEBHARD TORSTEN, Zu den Hausangaben der Lex Baiuvariorum, in: Germania 29, 1951.
GEBHARD TORSTEN, Ein spätgotischer Bauernhaustyp aus der Oberpfalz, in: Bayr. Jahrbuch für Volkskunde 1952.
GEBHARD TORSTEN, Dorf und Bauernhaus im Bereich des Stadtkreises München, in: Bayr. Jahrbuch für Volkskunde 1958.
GEBHARD TORSTEN, Wegweiser zur Bauernhausforschung in Bayern, München-Pasing 1957.
GEBHARD TORSTEN, Der Niederneuchinger Troadkasten von 1581, in: Mitt. der bayr. Landesanstalt für Tierzucht in Grub 7, 1958.
GEBHARD TORSTEN, Dorferneuerung und Denkmalpflege, in: Deutscher Heimatbund, Jahrbuch 1965/66. Neuss 1966.
GEBHARD TORSTEN, Zur Hausforschung in Ostbayern und Oberösterreich. Arbeitskreis für deutsche Hausforschung. Bericht über die Tagung in Passau 21.–25. 8. 1962.
GEBHARD TORSTEN, Bäuerliches Wohnen im 19. Jahrhundert, dargestellt am Beispiel Bayern, in: Wohnen – Realität und museale Präsentation. Herausgegeben von Gerd Spies, Braunschweig 1972.
GEIGER BLASIUS, Die Badstube in Ohlstadt um 1860, in: Lech-Isarland 9, 1933.
GEREMUS WOLFGANG, Der Wiederaufbau des bäuerlichen Anwesens nach Ende des 30jährigen Krieges (ca. 1650–1800). Dargestellt am Untersuchungsgebiet des Lk Coburg. Diss. Braunschweig 1968.
GERNDT SIEGMAR, Unsere bayerische Landschaft, München 1970.
GÖTZGER HEINRICH u. PRECHTER HELMUT, Das Bauernhaus in Bayerisch Schwaben, München 1960.
GRIEBL EMIL, Gemeindebacköfen sind nur noch Baudenkmale, in: Spessart 1966, Heft 7.
GÜTHLEIN HANS, Wandlungen im westfränkischen Dorfbild, in: Bayr. Heimatschutz 1931.
GUGGENBICHLER OTTO, Die Jachenau, Diss. München 1951.

HÄHNEL JOACHIM, Zur Methodik der hauskundlichen Gefügeforschung, in: Rheinisch-Westfälische Zeitschrift für Volkskunde 16, 1969.
HÄHNEL JOACHIM, Hauskundliche Bibliographie I, 1961–1970, Erster Teil, Münster 1973; Zweiter Teil, Münster 1974.
HÄHNEL JOACHIM, Stube. Wort- und sachgeschichtliche Beiträge zur historischen Hausforschung, Münster i. W. 1975.
HALM PHILIPP MARIA, Fassadenmalerei in Oberammergau, Garmisch und Mittenwald, in: Monatsschrift des Hist. Vereins von Oberbayern 4, 1895.
HARTWAGNER SIEGFRIED, Das Dach im Ortsbild und in der Landschaft. Stadtbild und Landschaft in Österreich, in: Österr. Zeitschrift für Kunst und Denkmalpflege 9, 1955.
HASLINGER FRITZ, Das Bauernhaus im Rott- und Vilstal im Wandel der letzten 100 Jahre, in: Bayerland 46, 1935.
HEBERLE J., Die Vereinödung in Wäschers am 7. 10. 1559, in: Wochenblatt der Gemeinde Altusried 5, 1931.
HECK THEODOR, Das Bauernhaus im Lk Wasserburg, in: Bayr.-Südostdeutsche Hefte für Volkskunde 14, 1941.
HECK THEODOR, Das Rottaler oder Innviertler Gehöft. Untersuchungen zu Hoferers Hauslandschaft 4 b, in: Bayr. Jahrbuch für Volkskunde 1955.
HEIMBERGER HEINER, Der Schlierriegelbau im Gebiet zwischen Neckar und Main, in: Badische Heimat. Mein Heimatland 33, 1953.
HEINRITZ GÜNTHER, Die Krenhausierer Gemeinden um Baiersdorf, in: Berichte zur dt. Landeskunde 41, 1965.
HELBOK ADOLF, Das Vorarlberger Rheintalhaus, in: Heimat, 7. Jg., Sonderheft Dornbirn, Bregenz 1926.
HELM RUDOLF, Das Bauernhaus im Gebiet der freien Reichsstadt Nürnberg, Berlin 1940.
HENKELMANN KARL, Das Bauernhaus des Odenwaldes und des südwestlichen Deutschland, 1908.
HERGL CHR., Das Bauernhaus im Bezirksamt Dachau um 1870, in: Bayr. Hefte für Volkskunde 13, 1940.
HEPPE, CHR. WILHELM V., Einheimischer und wohlredender Jäger oder Rapport der Holz-, Forst- und Jagdkunstwörter, Regensburg 1763.
HERRMANN WILHELM, Mitteilungen über die Hauszeichen der Bauern und des Gewerbes im Umland von Nürnberg, in: Fränkische Heimat 9, 1930.
HILLENBRAND KARL, Dachziegel und Ziegelhandwerk, in: Der Museumsfreund 4/5, Stuttgart 1964.
HIRSCH ANTON, Mundarten im Spessart, Aschaffenburg 1971.
HÖFLER, Das Waldlerhaus im Bezirksamt Waldmünchen, in: Bayer. Heimatschutz 11, 1913.
HOFERER RUDOLF, Ein alter Nordallgäuer Bauernhof (= 29 in Neuenried, Gemeinde Huttenwang, abgebrannt 1910), in: Schwabenland 6, 1939.

HOFERER RUDOLF, Der Mittertennbau in Südostdeutschland, in: Bayerisch-Südostdeutsche Hefte für Volkskunde 13, 1940.
HOSSFELD FRIEDRICH, Ein altbayerischer Bauernhof, in: Die Baugilde 21, 1939.
JUNGMANN J. B., Holzhausen am Starnberger See, 1926.
KAPFHAMMER GÜNTHER, St. Engelmar, München 1968.
KAPFHAMMER GÜNTHER, Gemeindebacköfen im nördlichen Unterfranken, in: Bayer. Jahrbuch für Volkskunde 1969, Volkach 1970.
KASTNER HEINRICH, Pferdeköpfe als Giebelzier, in: Heimat und Volkstum 17, 1939.
KEIM HELMUT, Noch einmal: die alten Höfe am Fuchsberg in Schnals, in: Der Schlern 47, 1973.
KÖSTLER J., Geschichte des Waldes in Altbayern, 1934.
KOREN HANNS, Vorstufen des »heimatlichen Bauens«, in: Volk und Heimat, Festschrift für Viktor von Geramb, Graz 1949.
KOLESCH HERMANN, Das altoberschwäbische Haus, Tübingen 1967.
KRAFT W., Rodungen und Dorfgründungen des 12. und 13. Jahrhunderts im südlichen Franken, in: Weißenburger Heimatblätter 3, 1936.
KRAMER K. S., Pferdeköpfe auf bayrischen Bauernhäusern, in: Jahrbuch des Bayerischen Heimatbundes 1938.
KRAMER K. S., Haus und Flur im bäuerlichen Recht. Bayerische Heimatforschung, München 1950.
KRAMER K. S., Bauern und Bürger im nachmittelalterlichen Unterfranken, in: Beiträge zur Volkstumsforschung 11, Würzburg 1957.
KRAMER K. S., Volksleben im Fürstentum Ansbach, Würzburg 1961.
KRAMER K. S., Volksleben im Hochstift Bamberg und im Fürstentum Coburg (1500–1800), Würzburg 1967.
KRANZMAYER E., Die südostdeutschen Namen des Hausflures, in: Bayerisch-Südostdeutsche Hefte für Volkskunde 13, 1940.
KRELL HANS, Die Besiedlung des Donaumooses, in: Neuburger Kollektaneenblatt 104, 1940–49.
KRIEGBAUM, Der Saliterer Hof bei Rottach am Tegernsee, in: Bayerland 16, 1905.
LAMPING HEINRICH, Vom Bauernhaus im Vorland der Haßberge, in: Jahrbuch für Volkskunde, 1966.
LAMPING HEINRICH, Dorf und Bauernhof im südlichen Grabfeld. Würzburger geographische Arbeiten, Heft 17, Würzburg 1966.
LEHMANN FRIEDRICH, Chronik über das Dorf und die Pfarrei Altenthann, Altdorf 1861.
LEOPRECHTING KARL V., Aus dem Lechrain, 1855; neu herausgegeben von Josef Pfennigmann, München 1975.
LIPP FRANZ, Oberösterreichische Stuben, Linz 1966.
LUCAS D., Der Anteil der Klöster Niederaltaich und Metten an der Kulturlandschaft des Bairischen Waldes, in: Mitt. der geographischen Gesellschaft in München 40, 1955.
LUTZ WERNER, Die Geschichte des Weinbaues in Würzburg im Mittelalter und in der Neuzeit bis 1800, in: Mainfränkische Hefte 43, 1969.
MAXEINER H., Über die bäuerliche Schwitzbadstube des ostalpinen Raumes, ihre geschichtliche Entwicklung und die noch vorhandenen Reste, in: Archiv für Physikalische Therapie 2, 1950, Heft 4.
MEHL HEINRICH, Fachwerkhäuser. Charakteristikum unserer Landschaft, in: Heimatblätter Rhön-Grabfeld 1, 1974. Nr. 3.

MEYER-HEISIG E., Die deutsche Bauernstube, Nürnberg 1952.
MOSER ERNST, Ein oberbayerisches Bauerndorf im Holzland (= Otterfing), 1925.
MOSER HANS, Chronik von Kiefersfelden, Rosenheim 1959.
MOSER GEORG, Studien zur Dialektgeographie des Staudengebietes und des anstoßenden Lechrains, Marburg 1936.
MOSER OSKAR, Die Pfostenspeicher Kärntens, in: Carinthia I, 132, 1942.
MOSER OSKAR, Das Bauernhaus und seine landschaftliche und historische Entwicklung in Kärnten, Klagenfurt 1974.
MÜLLER HEIDI, Volkstümliche Möbel aus Nordschwaben und den angrenzenden Gebieten, München 1975.
NAR J., Die Jachenau, 1933.
NEU WILHELM, Getreidekästen zwischen Lech und Isar, in: Bayerisches Jahrbuch für Volkskunde 1953.
NEU WILHELM, Das Dorf Thaining. Versuch einer Baugeschichte, in: Bayer. Jahrbuch für Volkskunde 1955.
NEU WILHELM, Zur Baugeschichte des Dorfes Zankenhausen auf Grund historischer Quellen, in: Bayer. Jahrbuch für Volkskunde 1959.
NEU WILHELM, Das Bauernhaus im Landkreis Füssen, in: 18. Bericht des Bayer. Landesamtes für Denkmalpflege 1959, München 1960.
NEU WILHELM, Das Werdenfelser Giebelbundwerk, in: Jahrbuch »Lech-Isarland«, Weilheim 1960.
NEU WILHELM, Ortsbrände im alten Landgericht Landsberg, in: Bayer. Jahrbuch für Volkskunde, München 1961.
NEU WILHELM, Das alte Bauernhaus im südwestlichen Oberbayern. Wissenschaftliche Veröffentlichungen des Heimatpflegers von Oberbayern, Reihe B, Heft 1, München 1963.
NEU WILHELM, Siedlungs-, Dorf- und Hausformen im Landkreis Landsberg, in: Heimatbuch Stadt und Landkreis Landsberg, Landsberg 1966.
NEU WILHELM, Haus und Hof in den Gerichten Landsberg und Rauhenlechsberg nach den Steuerbüchern 1671, in: Jahrbuch »Lech-Isarland«, Weilheim 1971.
NEU WILHELM, Bauernhaus und Siedlungsformen im ehemaligen Landkreis Schwabmünchen, in: Heimatbuch des ehemaligen Landkreises Schwabmünchen, 1973.
NEUBAUER ANTON, Wie sie wohnen, in: Heimatbuch »Der Landkreis Wolfstein«, 1968.
NITZ H.-J., Die ländlichen Siedlungsformen des Odenwaldes. Heidelberger geographische Arbeiten 7, 1962.
OTREMBA ERICH, Landkreis Scheinfeld, Scheinfeld 1950.
PEETZ HARTWIG, Culturhistorische Einblicke in die Alpwirtschaft des Chiemgaues, München 1869.
PFISTER RUDOLF, Alte bayerische Zimmermannskunst am Bauernhaus des Rupertiwinkels, in: Bayer. Heimatschutz 22, 1926.
PHLEPS HERMANN, Der Blockbau, Karlsruhe 1942.
PHLEPS HERMANN, Deutsche Fachwerkbauten, Königstein/Taunus 1951.
PRECHTER HELMUT, Baufibel für das nördliche Oberbayern, München 1948.
PREEN, HUGO V., Kopfziegel, ein Giebelschmuck aus Oberbayern, in: Zeitschrift des Vereins für Volkskunde, Berlin 18, 1908.

PRODINGER FRIEDERIKE, Das Rauchhaus in Siezenheim, in: Mitt. der Gesellschaft für Salzburger Landeskunde 92, 1952.

PRÖBSTER MARIANNE, Kindheit in einem Juradorf vor kaum 30 Jahren, in: Die Oberpfalz, 1969.

PÜNDTNER, Topographisch-ethnographische Beschreibung des Landgerichtes Ingolstadt 1861, Ms. im Stadtarchiv Ingolstadt.

RAAB RICHARD, Der Schindelmacher (Lk Sonthofen), in: Bayer. Heimatschutz München 1934.

RANKE JOHANNES, Rauchhaus am Tegernsee, in: Beiträge zur Anthropologie und Urgeschichte 1898.

REICH CH., Egerländische Wohngebäude in Neualbenreuth, in: Die Oberpfalz 19, 1925.

RICHTSFELD, Einrichtung eines Bauernhauses in Inzing vor 150 Jahren, in: Volk und Heimat 14, 1938 (Lk Griesbach).

RIED H. A., Die Miesbacher Landbevölkerung, Jena 1930.

ROBISCHON ROLF, Bauernbadstuben am Högel. Ein Beitrag zur Geschichte der Sauna, in: Das Salzfaß N. F. 8, 1974, Heft 2.

RÜHL EDUARD, Kulturkunde des Pegnitztales, Nürnberg 1961.

RÜHL EDUARD, Kulturkunde des Regnitzlandes, ²1966.

RUF E., Der wirtschaftliche und soziale Sturkturwandel des Dorfes Hellingen, Landkreis Hofheim seit 1800. Zulassungsarbeit der Päd. Hochschule, Nürnberg 1963.

SAGE WALTER, Fachwerk, Fachwerkbau, in: Reallexikon zur deutschen Kunstgeschichte VI, Stuttgart 1972, Sp. 938 ff.

SCHEIDL JOSEPH, Das Dachauer Bauernhaus, München 1952.

SCHEPERS JOSEF, Mittelmeerländische Einflüsse in der Bau- und Wohnkultur des westlichen Mitteleuropa. Festschrift zum 65. Geburtstag Bruno Schiers, Göttingen 1968.

SCHERZER CONRAD, Die letzten Zeugen mittelalterlicher bäuerlicher Bauweise in der westlichen Oberpfalz, in: Die Oberpfalz 35, 1941.

SCHIEFER KILIAN, Der fränkische Kratzputz, München 1938.

SCHILLI HERMANN, Das mittelbadische Kniestockhaus in neuer historischer Sicht, in: Soweit der Turmberg grüßt. Beiträge zur Kulturgeschichte, Heimatgeschichte und Volkskunde 1955, Nr. 8.

SCHILLI HERMANN, Das oberrheinische, mittelbadische Kniestockhaus, in: Badische Heimat 1957, Heft 1.

SCHILLING GÜNTER, Die Bezeichnung für den Rauchabzug im deutschen Sprachgebrauch, Giessen 1963.

SCHMOLITZKY OSKAR, Das Bauernhaus in Thüringen, Berlin 1968.

SCHNABEL LOTHAR, Bauernhäuser des Altdorfer Landes, in: Altnürnberger Landschaft 4, 1955.

SCHNABEL LOTHAR, Die Bauernhäuser des Landkreises Fürth, in: Fürther Heimatblätter N. F. 20, 1970 ff.

SCHÖDEL JUTTA, Die Mundart des Rezat-Altmühlraumes. Erlanger Beiträge zur Sprach- und Kunstwissenschaft 29, 1967.

SCHOEN MAX, HEISS FRIEDRICH, ERDMANNSDORFER KARL, Bäuerlich und bürgerlich. Grundsätzliches zum heimischen Bauen, in: Der Bauberater 9, 1944.

SCHORR HERMANN, Gerhardshofen (Lk Neustadt/Aisch). Eine sozialökonomische und soziologische Strukturanalyse einer bäuerlichen Gemeinde in Mittelfranken, Diss. Erlangen 1954.

SCHREMMER ECKART, Die Wirtschaft Bayerns, München 1970.

SCHREYER WALTER, Das Hallertauer Bauernhaus in Wort und Bild, in: Volk und Heimat, Beilage zum Freisinger Tageblatt 1936.

SCHOPF, Die Rodungssiedlungen des bayerischen Waldes in Niederbayern, in: Zeitschrift für Vermessungswesen 57, 1928.

SCHRÖDER K. H., Zur Entstehung des gestelzten Bauernhauses in Südwestdeutschland, in: Stuttgarter geographische Studien 69, Stuttgart 1957.

SCHWEIGER OTTO, Das Mittertennhaus von Amelgering, Gemeinde Falkenberg, Landkreis Eggenfelden, in: Heimat an Rott und Inn, Eggenfelden 1968.

SCHWEIGHART E., Holzbauten am Waginger See, in: Bayer. Heimatschutz 19, 1921.

SCHWEMMER GOTTLIEB, Das Pfarrhaus zu Roßtal bei Nürnberg, in: Bayer. Jahrbuch für Volkskunde 1952.

SCHWEMMER WILHELM, Die Kunstdenkmäler des Landkreises Hersbruck, Hersbruck 1950.

SCHWEMMER WILHELM, Das Bürgerhaus in Nürnberg, Tübingen 1972.

SEIDEL FRIEDRICH, Das Bauernhaus im Partnachtal, in: Deutsche Bauzeitung 23, 1889, Nr. 6.

SEIDEL FRIEDRICH, Mitteilungen über das ältere Bauernhaus in Oberstdorf, in: Deutsche Bauzeitung 1893.

SEIFFERT HANS, Weberhäuser im Frankenwald, in: Bayreuther Land 1930, Nr. 5.

SEITZ H. REINHARD, Das äußere Erscheinungsbild des Dorfes Lengenfeld im Jahre 1612. Ein Beitrag zur oberpfälzischen Bauernhausforschung, in: Beiträge zur Oberpfalzforschung 3, 1969.

SITZMANN KARL, Die Milchgrube, in: Bayer. Heimatschutz 29, 1933.

STECHER HELMUT, PRECHTER HELMUT, Bei einem Berghofbauern, in: Schönere Heimat 37, 1941.

STEINLEIN GUSTAV, Altbayerische Gasthäuser, München 1940.

STOIS ADOLF, Haustafeln im Dachauer Hinterland, in: Jahrbuch des Bayer. Heimatbundes 1938.

STENGL MAX, Tagmersheim. Die Geschichte eines Dorfes und einer Hofmark in der Monheimer Alb, Krumbach 1973.

STÖRMER WILHELM, Die Gründung von Kleinstädten als Mittel herrschaftlichen Territorialaufbaues. Gezeigt am fränkischen Beispiel, in: Zeitschrift für bayer. Landesgeschichte 36, 1973.

STRASSER WILLI, Das Waldlerhaus, Cham o. J. (ca. 1973).

STURM JOSEPH, Die Rodung in den Forsten von München, Frankfurt/Main 1941.

TALVE ILMAR, Bastu och Torkhus i. Nordeuropa, Stockholm 1960.

THIERSCH AUGUST, Das Bauernhaus im südlichen Bayern, in: Süddeutsche Monatshefte 1, 1904.

TRUKENBROD KLAUS, Dialektgeographie des Obermainraumes und der nördlichen fränkischen Schweiz. Die Plassenburg 32, 1973.

ULLMANN HEINRICH, Das Kalkplattendach im Altmühlgebiete, in: Bayer. Heimatschutz 17, 1919.

VIRCHOW R., Über das Berchtesgadener Haus, in: Zeitschrift für Ethnologie 1890.

WALBE HEINRICH, Das hessich-fränkische Fachwerk, Giessen 1954.

WEBER WOLFGANG V., Der Jodelbauernhof, in: Bayerland 74, 1972, Heft 6.

WAGNER E., Mundartgeographie des südlichen Bayreuther Raumes und seiner Nebenlandschaften, Diss. Erlangen 1964.

WEIKMANN MEINRAD, Befestigte Dörfer, in: Deutsche Gaue 52, 1960.
WERNER OTMAR, Die Mundarten des Frankenwaldes, Kallmünz 1961.
WIEBEKING, CARL FRIEDRICH V., Theoretisch-praktisch bürgerliche Baukunde IV, München 1826.
WIESER ERICH, Ein Bauernhof im Landkreis Hilpotstein, in: Bayer. Jahrbuch für Volkskunde 1954 (Reinwarzhofen).
WIESER ERICH, Grundrißwandlungen des Bauernhauses im Landkreis Uffenheim, in: Bayer. Jahrbuch für Volkskunde 1962.
WIMMER JOSEF, Die sozialen und volkswirtschaftlichen Zustände des königlichen Landgerichtes Eggenfelden 1858, Landshut 1862.
WINTER HEINRICH, Echte Firstständerbauten im Odenwald, in: Bayer. Jahrbuch für Volkskunde 1954.
WINTER HEINRICH, Das Pfründehaus in Wolframseschenbach, in: Bayer. Jahrbuch für Volkskunde 1955.
WINTER HEINRICH, Das Fachwerkhaus Dalbergstr. 56 in Aschaffenburg, in: Aschaffenburger Jahrbuch für Geschichte, Landeskunde und Kunst des Untermaingebietes 2, 1955.
WINTER HEINRICH, Das Bauernhaus des südlichen Odenwaldes vor dem 30jährigen Krieg, Essen 1957.
WINTER HEINRICH, Der Kniestock, in: Hessische Blätter für Volkskunde 49/50, 1958.
WINTER HEINRICH, Das Bürgerhaus zwischen Rhein, Main und Neckar, Tübingen 1961.
WIRTH EUGEN, Sozialstruktur und Wirtschaftsgeist ehemals reichsritterschaftlicher Orte in Steigerwald und Regnitzfurche als geographisches Problem, in: Berichte zur deutschen Landeskunde 41, 1968.
WOLFRAM RICHARD, Die gekreuzten Pferdeköpfe als Giebelzeichen, Wien 1968.
WOLFRAM RICHARD, Kommentar zum österr. Volkskundeatlas. Giebelzeichen in unheilwehrender und segenbringender Funktion (in Auswahl). Wien 1971.
WULZINGER, Historisch-topographisch-statistische Beschreibung des Bezirksamtes Eggenfelden, Regensburg 1878.
ZABORSKY OSKAR V., Im alten Waldlerhaus, in: Bayer. Jahrbuch für Volkskunde 1952.
ZEH ERNST, Heimatkunde des bayerischen Bezirkes Rehau, Rehau 1919.
ZELL FRANZ, Eine Renaissance-Stube vom Jahre 1588 im Kistlerhaus zu Grünwald, in: Altbayerische Monatsschrift 1899.
ZOLLINGER J., Zürcher Oberländer Riegelhäuser, Wetzikon 1972.

## Sachworterklärungen

*Alkoff,* abgeteilter Raum in der Wohnstube, in dem für gewöhnlich ein Bett stand. Das Vorkommen ist vor allem im nördlichen Schwaben (Ries), im Raum Nürnberg und Forchheim belegt. Vgl. auch Bos, Kanzley und Kabinett.
*Allgäuer Fenster,* auch Ruckerfenster genannt. Bei den älteren Allgäuer Fenstern wurden die mittleren Scheiben geschoben. Die Ausbildung als drehbarer Lüftungsflügel ist jünger.
*Anderthalbstöckiges Haus.* Hierunter kann ein Bauwerk mit Kniestockbildung im Obergeschoß verstanden werden. Für gewöhnlich wird der Begriff auf das sogen. Staudenhaus und auf das Frackdachhaus angewandt, bei denen die eine Längsseite zweistöckig, die andere dagegen nur ebenerdig erscheint. (Beispiele: Schwabmünchen, Fischergasse 1; Langerringen, Haus Nr. 9.)
*Andreaskreuz* bezeichnet gekreuzte Streben in der Fachwerkwand; siehe Fachwerk.
*Agrargeschichte.* Diese Disziplin ist für die Bauernhofforschung immer dann wichtig, wenn es um Fragen der Betriebsgröße und der Wirtschaftsform geht. Vgl. T. Gebhard, Bauernhofform und Betriebsgröße in Bayern, in: Bayer. Jahrbuch für Volkskunde 1954. S. 7ff.
*Anschübling,* angebauter Schupfen.
*Aufschiebling,* dem unteren Sparrenende aufgesetzt, um das Dach in geringerer Neigung über die Hauswand hinausziehen zu können.
*Auslagl,* auch Auslagholz, bezeichnet die sogen. Flugpfette.
*Austragshaus,* meist ein selbstständiges Wohnhaus für die sogen. Austragsbauern (Altenteil).
*Austragsstübel,* meist erkerartig aus dem Wohnbau hervorragend. Hauptverbreitungsgebiet mittleres und nördliches Schwaben und nordwestliches Oberbayern. Beispiele: Pfäfflingen Nr. 31., Bobingen, Angerweg 21.

*Backofen.* Zur Zeit ist die überwiegende Zahl historischer Backöfen in bäuerlichen Anwesen ein selbständiger Bau. Beispiele des 18. Jahrhunderts sind relativ selten, z. B. Reutles, Gem. Großgründlach 1765, Grasheim, Lk. Neuburg/Donau, nach 1796.
*Badstube,* die ursprüngliche Badstube seit dem Ende des 18. Jahrhunderts gewöhnlich als Flachsdörre verwendet, daher auch die Bezeichnung Brechelbad.
*Balken,* oberer Teil der Scheune, und zwar oberhalb der Dreschtenne, für Oberfranken im 19. Jahrhundert belegt.
*Barge,* alpenländische Bezeichnung für eine Heuhütte, vgl. Heuschinde (Allgäu).
*Barrenreute,* scheidet das sogen. Viertel von der Dreschtenne, für Oberfranken im 19. Jahrhundert belegt.
*Bauverwaltung.* Behördliche Reglungen für das Bauen auf dem Lande sind seit dem 17. Jahrhundert besonders für das Gebiet der freien Reichsstadt Nürnberg und für die markgräflichen Lande Ansbach und Bayreuth wirksam geworden.
*Beihäusl,* in der Dorfener Gegend Bezeichnung für Austragshaus.
*Betriebsgrößen.* Ziemlich allgemein ist die Einteilung in große, mittlere und kleine Höfe. In Altbayern war folgende Einteilung richtunggebend: Meierhof etwa 170 und mehr Tagwerk = 60 ha und darüber; Halber Hof (Huber) rund 25 ha; Viertelshof (Lehner) rund 20 ha; Achtelhof (Bausölde) 5–10 ha; Sechzehntelhof (gemeine Sölde) bis zu 5 ha; Zweiunddreißigstelhof (Leerhäusl), Kleinsthaus der Taglöhner ohne Grund und Boden.
*Biberschwanzdach,* im 19. Jahrhundert die vorherrschende Dachdeckungsart in Bayern.
*Bienenbank,* Vorrichtung zum Aufstellen der Bienenstöcke auf der Laube.
*Blockstall,* Bezeichnung für Stallbauten in Blockbautechnik.
*Blockstiege,* massive Treppe aus Holzblöcken, die in der Diagonale geteilt sind.

*Boden*, Bezeichnung für den Dachraum über dem erdgeschossigen Wohnhaus. Auch Bühne genannt (Pün, Bien, letzteres besonders in Niederbayern).
*Bodengeläger*, Balkenlage in der Ebene der Schwellenhölzer.
*Bos*, Bezeichnung für einen Verschlag in der Stube (Gegend Erlangen–Forchheim).
*Brechelbad*, siehe Badstube.
*Bretten*, Dachbalken.
*Brustriegel*, mittleres Querholz in der Fachwerkwand.
*Bugrad*, primitive Liegstatt in der Almhütte, auch Pograt.
*Bühne*, Dachboden bzw. Raum über der Tenne im Stadel (Heubühne).
*Bug*, Bezeichnung für Kopfbänder im Fachwerkbau.
*Bundsäulen*, Bezeichnung für Ständer in der Binderebene.
*Bundwerk*, Auszimmerung sowohl im Giebel wie an den Längswänden der Heustädel.

*Dachbalken*, gewöhnlich als Bretten bezeichnet.
*Dachbaum*, altbayerische Bezeichnung für Pfetten.
*Dieltram*, Bezeichnung für die Dachbalken in der Rosenheimer Gegend um 1810.
*Dörrhäusl*, auch Dörrstube genannt. Archivalische Belege für die Gegend zwischen Rosenheim und Wasserburg/Inn, besonders im 16. und 17. Jahrhundert.
*Doppelhaus*, Verbindung von zwei selbstständigen Wohnbauten bzw. Wohn- und Wirtschaftsbauten unter einem First, vor allem in Oberbayern und Schwaben vorkommend. Möglicherweise eine Bauidee des Barock.
*Dreiseithof*. Dreiseithöfe mit regelmäßigem Grundriß sind in allen Landesteilen nachweisbar, vorzugsweise aber in Franken und Schwaben.
*Durchzug*, vielfach Bezeichnung für den tragenden Deckenbalken in der Stube; siehe Rußbaum und Tram.

*Ecksäule*, auch Eckständer oder Ortsäule genannt. Sie kommt in kurzer Form im Fachwerkbau in jedem Geschoß vor, daneben aber auch als durchgehende Säule im Ständerbau. Als durchgehende Säule wurde sie im bayerisch-schwäbischen Grenzgebiet als »hohe Saul« bezeichnet. Die Ecksäulen tragen vielfach Hausinschriften: Jahreszahlen, Besitzernamen, Namen der Zimmerleute, gelegentlich auch einen Spruch.
*Eingädig*, Haus, das nur ein Erdgeschoß besitzt.
*Ern*, Bezeichnung für den Hausflur, besonders in Unterfranken. Wortgeographisch zum mitteldeutschen Raum gehörend. Im ostoberfränkischen Haus tritt an Stelle der Bezeichnung Ern: Hausplatz, Hausgang (vgl. Konrad Bedal, Ofen und Herd, S. 90 ff.).
*Ernhaus*, Bezeichnung für ein Haus, in dem kein eigener Hausgang ausgeschieden ist.
*Estrich*, lehmgestampfter Boden in Hausgang und Küche; geestert bedeutet in der Uffenheimer Gegend: mit Gipsmehl bestreut.

*Fachwerk*. Als Fachwerk bezeichnet man nach Walter Sage eine Bauweise, deren Merkmal die Verbindung eines tragenden hölzernen Gefüges mit einer Wandfüllung aus anderem Material ist. Vgl. Reallexikon zur deutschen Kunstgeschichte, Bd. VI., Spalte 938 ff. Man beachte auch Alois Bergman, Zur Typisierung der Fachwerkbauten zwischen Amberg und der Frankengrenze, in: Die Oberpfalz 60, 1972. S. 106 f.
*Fachwerk, ausgebohltes*. Nach Schmolitzky noch um 1850 in Thüringen verwendet.
*Falzladen*, siehe Ladwand.
*Feldsteinmauerwerk*, vielfach in Oberbayern seit dem 17. Jahrhundert für das Erdgeschoß verwendet. Im 19. Jahrhundert in Südostbayern in der Regel durch Nagelfluhmauern ersetzt. Siehe auch Quadermauerwerk.
*Feuerhut*, siehe Rauchkutte.
*Firstbaum*, die gewöhnliche Bezeichnung für das oberste waagrechte Dachholz. In Franken wie in der Schriftsprache als Firstpfette bezeichnet. Der Firstbaum ist vielfach Träger von Bauinschriften.
*Firstdrehung*, die Drehung des Firstes um 90° kam häufig im Gebiet des flachgeneigten Daches vor. Vor allem bei Bauten mit dem Quadrat angenäherten Grundriß.
*Firstsäule*, Bezeichnung für die durchgehenden, den Firstbaum tragenden Ständer.
*Flachkremper*, Bezeichnung für pfannenartige Dachziegel, besonders im östlichen Unterfranken und in Oberfranken.
*Flachsbrechhaus*, die in Franken übliche Bezeichnung für Harbadstube; siehe Badstube. Datierte Bauten in Mittelfranken zwischen 1786 und 1866.
*Fleckling*, siehe Ladwand; schwäbische Bezeichnung für starke Dielbretter.
*Fletz*, altbayerische Bezeichnung für den Hausflur, im 16. Jahrhundert auch noch als »mueshauss« bezeichnet. Vgl. Eberhard Kranzmayer, Die südostdeutschen Namen des Hausflurs, in: Bayr.-Südostdeutsche Hefte für Volkskunde, 13, 1940, S. 65 ff. Siehe auch Tenne.
*Fletzkammer*, Bezeichnung für eine jenseits der Stube vom Fletz aus zugängliche Schlafkammer.
*Flugpfette*, trägt beim flachgeneigten Dach das auskragende Ende desselben (= Auslage).
*Flurküche*, Bezeichnung für die Küchenherdstatt im Hausflur, der noch nicht durch Wände abgeteilt ist.
*Frackdach*, wohl junge Bezeichnung für ein einhüftiges Dach, vor allem in den Gegenden von Tirschenreuth, Wunsiedel, Rehau, Stadtsteinach, Münchberg, Hof und Naila, bei Konrad Bedal (Ofen und Herd) auch als Schleifdach bezeichnet.
*Fürkopf*, Bezeichnung für ein vorstehendes Balkenende.
*Fugenschrägnagelung*, wird zur Sicherung der Säulen mit den Schwellhölzern verwendet; siehe auch Pfosn.
*Fußband*, Schrägholz, aufgeblattet zur Verbindung von Säulen mit den Schwellhölzern.

*Gabert* (Goberet), Bezeichnung für den oberen Boden des Stadels im Ries und im Gebiet des Altmühljura.
*Gaden*, 1) in Schwaben Schlafkammer; 2) in Altbayern Geschoß (Erdgeschoß, Obergeschoß).
*Game*, bezeichnet im Chiemgau eine kleine Schutzhütte für Vieh; vgl. Scherm. Gelegentlich auch Bezeichnung eines Zuhäusleins bei einem kleinen Bauernhof.
*Gang*, in Oberösterreich Bezeichnung für die Giebellaube, möglicherweise früher auch im Rupertiwinkel bekannt.
*Gänsestall*, vielfach im Schupfen untergebracht.
*Ganter*, altbayerische Bezeichnung für Zimmermannsplatz.
*Gänter*, nach Götzger Bezeichnung für einen kleinen Ausgang im Wirtschaftsteil bei Bauernhöfen der Hindelanger Gegend.
*Gestelztes Haus*, fachkundliche Bezeichnung für Bauernhäuser, deren Wohnteil über dem Stall liegt.
*Glaitbaum* ('s Gload), Bezeichnung für die mittlere Pfette des flachgeneigten Daches. Auch als Wasserbaum bezeichnet, vgl. T. Gebhard, Alpenländische Dachformen, Südosteuropäische Arbeiten Bd. 71, Dona Ethnologica, München 1973, S. 139 ff. Weitere Bezeichnungen Schneeholz und Schneebaum.

*Glaitsäulen,* die die Mittelpfetten tragenden Ständer.
*Gischpel,* am Lechrain und im westlich angrenzenden Schwaben Bezeichnung für den Giebel des Hauses.
*Gnadenhäuser, Hütten,* die früher »von der Herrschaft für armes Volk erbaut wurden«, Bavaria II, 783.
*Göpel,* wohl nicht vor dem 18. Jahrhundert auf dem Bauernhof übliche Einrichtung. Ein gutes Beispiel im Heimatmuseum Feuchtwangen aus Leiperzell.
*Graskammer,* 1637 aus Niederbayern belegt für einen abgesonderten Raum im gemauerten Stall.
*Gred,* Bezeichnung für den gepflasterten Weg längs der Hauswand. Verbreitungsgebiet: Altbayern. Das Wort ist möglicherweise von lat. gradus abzuleiten.
*Grundhölzer,* Bezeichnung für den Balkenrost eines Hauses oder Stadel.
*Gupfofen,* bezeichnet in der Kemptener Gegend einen Stubenofen aus Lehm mit kuppelartigem Oberbau.
*Gwett,* alemannische Bezeichnung für Eckverkämmungen im Blockbau.

*Haberstadel,* archivalisch belegte Bezeichnung für einen Kornstadel in der Wasserburger Gegend 1637.
*Hängesäule,* wird bei Dachwerken mit Sprengwerk verwendet.
*Häs-Latte,* in der Kemptner Gegend Bezeichnung für Trockenstangen am Stubenofen. Häs, schwäbisch = Gewand, Kleidung.
*Haggn,* bezeichnet beim Mönch-Nonne-Dach die an die Dachlatten gehängten Hohlziegel.
*Hahnenbalken,* waagrechte Verbindung im Sparrendreieck.
*Halbgarer,* im schwäbisch-fränkischen Jura Bezeichnung für den Kniestock (Garer = Gaden).
*Halbstock,* siehe Kniestock.
*Halbstübel,* archivalisch belegte Raumbezeichnung der Wasserburger Gegend, vermutlich für einen in Folge der Dachneigung nicht voll kubisch ausgebauten Stubenraum im Obergeschoß.
*Halbwalm,* siehe Walm.
*Haufenhof,* Bezeichnung für eine aus mehreren Bauten bestehende Hofanlage ohne Bezug auf ein festes Achsensystem.
*Haus,* 1. = Wohnhaus, 2. = Hausflur.
*Hausfletz,* siehe Fletz, besonders in der Oberpfalz im 18. Jahrhundert üblich.
*Hennensteige,* vergitterter Kasten unter der Stuben- bzw. Ofenbank.
*Herberge.* Leoprechting erläutert: Die Herberg ist ein weiteres Stübel, das manchen Häusern angehängt ist und in dem sich irgendwelche der Geschwister oder Kinder früherer Besitzer zeitlebens die Wohnung vorbehalten haben.
*Herrgottsnagel* (hergotsnagel), 1557 archivalisch für Mittelfranken belegt, vermutlich auf Holznagel des Sparrenscherzapfens bezogen.
*Heubaum,* siehe Katzenbaum.
*Heubühne,* Bezeichnung für den Raum über dem Kuhstall.
*Hinterhäusl,* 1637 in der Schnaitseer Gegend, vermutliche Bezeichnung für Austragshaus (vgl. auch Herberge).
*Hirtenhaus,* früher fast in jeder Gemeinde vorkommend, zahlreiche Beispiele heute noch in der Hersbrucker Gegend.
*Hochbretten,* Bezeichnung für den Dachbalken.
*Hochsäulen,* Ständer, die Fuß-, Mittel- und Firstpfette tragen.
*Höll,* Bezeichnung für den Raum hinter dem Stubenofen.
*Höllhafen,* bauchiger, im Stubenofen eingebauter Wasserkessel.
*Hoß,* Raum über der Schlafkammer der Sennerin.
*Hühnerbrücke,* siehe Hennensteige.
*Hundehütte.* Eine vom Jahre 1824 datierte Hundehütte wurde durch das Landesamt für Denkmalpflege in Wüstenbuchau, Gem. Lopp, Lk. Kulmbach festgestellt.

*Insasse,* Bewohner der Herberge.
*Jexenbänder,* 1816 für die Rosenheimer Gegend belegt. Bezeichnung für die Kopfbänder zwischen Stuhlsäule und Stuhlholz.
*Judenfirst,* auch Jungfirst und Unterfirst genannt. Bezeichnung für den Katzenbaum.

*K-Strebe,* Bezeichnung für eine k-förmige Figur der Streben in der Fachwerkwand.
*Kabinett* (Kabinettla), siehe Alkoff.
*Kammerstiege,* führt hinter dem Stubenofen durch die Decke in die Schlafkammer.
*Kanzley,* Bezeichnung für einen Verschlag in der Rieser Bauernstube.
*Kaser,* im Berchtesgadener Land Bezeichnung für Almhütte.
*Kasten,* auch Troadkasten, altbayerische Bezeichnung für den Getreidespeicher.
*Katzenbalken,* auch Katzenbaum, Bezeichnung für ein unter dem Firstbaum (Firstpfette) parallel laufendes Dachstuhlholz.
*Katzendiele,* oberster Bretterboden im Dachraum.
*Katzenlaube,* oberste Laube an der Giebelseite.
*Keilbohle,* aus der Hauswand herausragende Stuben- bzw. Kammerbodenbohle, die beim Schwinden des Holzes nachgetrieben werden konnte (ähnlich wurde bei Tennenböden verfahren).
*Keupersandstein,* seit dem 17. Jahrhundert in der Gegend von Nürnberg, Altdorf, Roth, Schwabach und Spalt häufig verwendetes Baumaterial.
*Kimmich,* ältere Bezeichnung für Kamin.
*Klebdach,* kleine Vordächer an der Giebelseite fränkischer Fachwerkbauten.
*Klingschrot* (= Malschrot), bezeichnet die senkrecht in eine Blockwand eingelassenen Balkenköpfe.
*Knagge,* zwischen Ständer und Balken im Fachwerkbau zur Absicherung eingesetztes konsolenartiges Holz.
*Köbler,* bezeichnet einen Kleinbauern oder Gütler.
*Kögltrümmer,* bezeichnen in der Blockwand die kurzen Stücke zwischen den Fenstern.
*Kopfband,* schräge Verbindung zwischen Ständer und Balken in der Fachwerkwand.
*Korb,* mittelfränkische Bezeichnung für das Austragshaus, ursprünglich wohl auch für den Getreidespeicher.
*Kornstadel,* archivalisch belegte Bezeichnung aus der Wasserburger Gegend, vermutlich für einen Stadelbau, in dem ein Troadkasten eingebaut war.
*Kost* (Koscht), Bezeichnung für die einzelnen Kornfächer im Getreidespeicher.
*Kranzholz,* bezeichnet die obersten Balkenlagen eines Hauses, auf denen der Dachstuhl ruht. Das Kranzholz bestand beim oberbayerischen Haus aus der Säulen-, Leg- und Rafenspange bzw. an den Giebelseiten den Tramen. Das Kranzholz konnte durch weitere Balkenlagen verstärkt werden. Die Spangenhölzer reichten über die Giebelwand hinaus. Die Säulenspange entspricht dem Rähmholz des mittel- und niederdeutschen Fachwerkhauses und beim Steinbau der sog. Mauerbank.
*Kratzputz,* wurde in Unterfranken stets nur an Stadelbauten (Scheunen) angewandt.

*Krautkammer*, gewöhnlich im Erdgeschoß gegenüber der Küche.
*Kreuzbänder*, siehe Jexenband.
*Kuchelkammer*, Nebenraum der Küche.
*Küchenflurhaus*, siehe Flurküche.
*Kuttenholz*, Traghölzer für die Rauchkutte des offenen Küchenherdes.

*Laden*, Bezeichnung für Bohlen verschiedener Stärke; die archivalisch belegte Bezeichnung Ladwand bezieht sich wahrscheinlich auf eine Bohlenwand (siehe Ständerbohlenbau); siehe auch Fleckling.
*Ladenhölzer*, Bestandteil der Ständerbohlenwand.
*Landerdach*, gleich Legschindeldach; siehe Schwardach. Lander = lange Dachschindel, vgl. G. R. Zirkel, Schindeln und Landern, in: Das schöne Allgäu 5, 1951.
*Laube*, in Oberbayern Bezeichnung für den Hausflur (16. und 17. Jahrhundert), im übrigen in der Regel Bezeichnung für Balkon, Altane, Gang, Söller (Soler) bzw. Schrot.
*Laubenbaum*, Trageholz der Giebellauben.
*Laubensäule*, senkrechte Ständer der Giebellaube.
*Laubenstaffel*, Bezeichnung der Dokken der Giebellaube.
*Laubenstutzen*, die aus der Wand herausstehenden tragenden Hölzer der Giebel bzw. Seitenlaube.
*Leger*, siehe Trett.
*Legschieferdach*, Kalkplattendach.
*Legschindeldach*, flachgeneigtes Dach mit Schindeldeckung.
*Legspange*, mittleres Kranzholz.
*Lehen*, Bezeichnung für einen Viertelshof bzw. für bäuerliche Anwesen im Berchtesgadener Land.
*Leitumhaus*, Austragshaus in der Gegend von Cham/Oberpfalz.
*Lien, Lienhut*, Beleuchtungseinrichtung der Stube im Gebiet von Neualbenreuth.
*Loderbank*, Ruhestätte in der Form eines schmalen Bettes beim Stubenofen (Allgäu).

*Maierhof*, Vollbauernhof, in der Regel mit mehreren Nebengebäuden ausgestattet.
*Malschrot*, siehe Klingschrot.
*Mitterriegel*, waagrechtes Holz in der mittleren Zone der Fachwerkwand.
*Mitterstallbau*, häufig bei erdgeschossigen Bauten vorkommend, wobei der Stall zwischen Wohnteil und Bergeraum liegt.
*Mittertennbau*, in der Regel bei Bauten mit einem Obergeschoß vorkommend und den Wohnteil vom Stall trennend. Die Tenne bildet bei den älteren Typen zugleich den Hausflur.
*Mönch-Nonne-Dach*, gelegentlich auch als Rundziegeldach bezeichnet. In Altbayern war die Bezeichnung Haggen- und Preisendach üblich.
*Mörtelplastik*, in Bayern nur im Dachauer Hinterland während des 19. Jahrhunderts belegt.
*Molzbaum*, Bezeichnung für den Stubentram in der Gegend von Reit im Winkl. Schmeller bezieht Molzbaum auf Bretten, was nicht richtig sein dürfte. In einer zweiten Bedeutung nennt Schmeller die untere Absperrung einer Holzriese im Gebirge Molzen.
*Mooskolonisation*. Hiermit wird die Siedlungstätigkeit unter Kurfürst Karl Theodor und seinem Nachfolger im Donaumoos und Erdinger Moos bezeichnet.
*Mulzen*, nach Schmeller Viehunterstände auf Alpen bei äußerst stürmischem Wetter.

*Niederlaß*, im Chiemgau Bezeichnung für die Auffahrt zur Tenne (Hochtenne).

*Obenauf*, Bezeichnung in Niederbayern für den Dachboden (sonst auch »auf der Dillen«).
*Oberlaube*, bezeichnet die kleinere obere Laube an der Giebelseite oberbayerischer Bauernhöfe.
*Ofenreck*, Bezeichnung für Stangen über bzw. um den Stubenofen, auch Ofenrehm genannt.
*Ofengschale*, Bezeichnung für das Holzstangengerüst um den Ofen. In Oberbayern gewöhnlich Aselstangen, Oselstangen, Osenstangen.
*Ortgang*, giebelseitiger Dachabschluß.
*Ortsäule*, Bezeichnung für die Ecksäulen im Fachwerkbau.
*Osen*, altbayerische Bezeichnung für Bansen, Bezeichnung für die Viertel im Stadel.
*Otter*, Bezeichnung für Wagenschupfen; aus dem 17. Jahrhundert in Niederbayern belegt.

*Paarstöcke*, Oberbayerische Bezeichnung für Türstöcke beim Hauseingang.
*Pfette*, mitteldeutsche, auch fränkische Bezeichnung für Dachbäume.
*Pfosn*, gelegentlich von Zimmerleuten verwandte Bezeichnung für den Fugennagel. Man vergleiche das in Tirol gebräuchliche Wort Pfosse für kantige Latte.
*Pfründ*, im Gebiet der unteren Iller soviel wie Austragshäuschen.
*Pfründstübl*, am Lechrain Bezeichnung für Austragsstube.
*Plan* (die), am Lechrain Bezeichnung für den Raum über den Vierteln im Stadel, also für den oberen Boden, auf dem das Getreide gelagert wurde.
*Pograt*, auch Bugrad, Bograd, Schlafstelle in Almhütten. Der Versuch, das Wort aus dem Slawischen abzuleiten, bereitet insofern Schwierigkeiten, als es auch im Allgäu vorkommt.
*Preis*, im Werdenfelser Land auf eine Dachgiebeleinfassung bezogen. Man wird das sonst nicht im Hausbau in Bayern belegte Wort mit mittelhochdeutsch brîsen = einsäumen, einfassen, in Verbindung zu bringen haben.
*Preisendach*, Bezeichnung für Mönch-Nonne-Dach. Vgl. Haggn. Scheidel fand die Bezeichnung schon im 15. Jahrhundert (mhd. brîsen = einfassen).
*Pürlstube*, im 16. Jahrhundert vermutliche Bezeichnung für Dörrstube.

*Quadermauerwerk*, kommt in verschiedenen Materialien (Tuffstein, Sandstein, Kalkstein) vor.

*Rafen* (ahd. râvo), bezeichnet die vom Dachfirst herabhängenden Hölzer, die gerne mit den Sparren verwechselt werden. Vielfach ungenau Rofen geschrieben.
*Rafenspange*, oberstes Längsholz, auf dem die Rafen aufliegen. Vgl. Kranzholz.
*Rauchhaus*, wird für einen Wohnbau verwendet, dessen Herdrauch frei durch den Dachraum abzieht. (Vgl. Johannes Ranke, Zwei Rauchhäuser am Tegernsee, in: Beiträge zur Anthropologie und Urgeschichte Bayerns II, 1898.)
*Rauchküche*, auch schwarze Kuchel genannt, seit dem 16. Jahrhundert vielfach gewölbt mit offenem Herdfeuer.
*Rauchkutte*, aus Flechtwerk geformter Rauchabzug über dem offenen Herdfeuer.
*Raumbund*, bei Ständerbau Bezeichnung für den Binder im Stadel.
*Raumdiele*, Bezeichnung für den Bodenraum des Stadels in der Rosenheimer Gegend.
*Raumsäule*, Bezeichnung für die Ständer im Stadel (Rosenheimer Gegend)
*Rehm* (Rähm, Rem). 1. Bezeichnung für Spange; 2. Ge-

stelle, z. B. Schüsselrehm, Brotrehm. 3. In der Wasserburger Gegend Bezeichnung für ein Tragegerüst: die remb, darauf das Roßheu gelegt wird.
*Riegel,* Querhölzer der Fachwerkwand. Riegelwand = Fachwerkwand.
*Rucker* (der), Schiebefenster im Allgäu.
*Rußbaum,* Bezeichnung für den Stubentram in der Chamer Gegend.

*Sandstreuen,* wurde im Fränkischen offenbar früher geübt. (Vgl. Bavaria Oberfranken, S. 187; während anderwärts Sand in den Stuben aufgestreut wird, um den Estrich einigermaßen sauber zu erhalten, greift man hier für den gleichen Zweck nicht selten zum Stroh, um den Unterschied zwischen Wohnung und Stallung weniger fühlbar zu machen.)
*Sägemühlen,* seit dem 13. Jahrhundert in Bayern nachweisbar.
*Säule,* seit Jahrhunderten Bezeichnung für Ständer; auf der niederen Saul = Bezeichnung für erdgeschossige Ständerbauten (Bereich Augsburg und Wertingen. Bavaria II, S. 783).
*Säulenspange,* unterstes Längsholz des Kranzgebälkes, liegt auf den Säulen auf. Vgl. auch Legspange und Rafenspange.
*Saumschwelle,* Schwellhölzer im mehrstöckigen Fachwerkbau.
*Schabdach,* auch Schabldach, Hohlziegeldach mit Strohschauben unterlegt.
*Schabboden,* Oberraum im Stadel, wohl als Aufbewahrungsort für Strohschauben (Gegend von Simbach/Inn).
*Scharschindel,* genagelte Holzschindel des Steildaches, Gegensatz Legschindel.
*Scherbaum,* Grundschwelle. Im Ries auch Bezeichnung für Rehm.
*Scherm,* Bezeichnung für den Brettermantel, an der Westseite der Bauernhöfe.
*Scherme,* Schutzhütte als Viehunterstand im Gebirge.
*Schersparrendach,* höchstwahrscheinlich aus dem Mittelalter überkommene Dachstuhlkonstruktion mit scherenförmigen überblatteten Sparren.
*Scheuer,* in Schwaben übliche Bezeichnung für Stadel. Die Grenzlinie zwischen den Worträumen Scheuer und Stadel hat Max Lohß 1913 in der Zeitschrift »Wörter und Sachen«, Beiheft 2, auf Karte 1 dargestellt. Dazu Text S. 15.
*Schiebeladen,* im 17. und 18. Jahrhundert in Unter- und Mittelfranken belegt. In der gleichen Zeit in Oberbayern Fensterverschluß in der Stube von innen.
*Schießbretter,* senkrechte Verbretterung im Giebel.
*Schinde,* Allgäuer Bezeichnung für Scheune.
*Schirmbund,* letzter Binder des einfirstigen oberbayerischen Bauernhofes an seiner Rückseite. Vgl. Scherm.
*Schirmsäule,* Säule des Schirmbundes.
*Schlußband,* sonst auch Steigband genannt, dient der Absicherung der Firstsäule.
*Schrot* (Schrout), niederbayerische Bezeichnung für die Laube.
*Schub* = Schiebling = Keilfleckling = Dillbrett zum Nachspannen, war beim Blockbau bei Stubendecken und Tennböden üblich.
*Schupfen,* altbayerische Bezeichnung für Wagenhütte.
*Schwaigen,* mittelalterliche Bezeichnung für Viehhöfe, insbesondere in Altbayern und Schwaben.
*Schwalbenschwanzverzinkung,* Eckverbindung des Blockbaues.
*Schwardach,* Legschindeldach, mit Steinen beschwert.
*Schwartlinge,* Bretter mit Resten der Baumrinde.
*Schwedenhaus,* volkstümliche Bezeichnung für Bauten des 17. Jahrhunderts (Schwedenkrieg = Dreißigjähriger Krieg).
*Schweinestall,* für gewöhnlich ein selbstständiger Bau in Ständerbohlentechnik.
*Schwelle,* Bezeichnung für die äußeren Grundhölzer eines jeden Baues. Ihre Verzapfung wurde vielfach besonders abgesichert: Schwellenschloß.
*Schwellenriegel,* Bezeichnung für die Grundriegel im Fachwerkbau, bei denen die Säulen auf Steinen stehen.
*Sesselofen,* Herdofen des 19. Jahrhunderts. Über seine Verbreitung, vgl. Konrad Bedal, a. a. O., S. 311.
*Silbermalerei,* eine Art Stanniolmalerei auf Schiefer im Frankenwald, aber auch in der Kulmbacher Gegend: Alladorf Nr. 9 ist 1811, Nr. 13 ist 1878 belegt.
*Sölde,* Bezeichnung für kleinbäuerliches Anwesen.
*Söller,* nicht mehr übliche Bezeichnung für Laube.
*Spange,* auch Traufbaum genannt, Remholz, sowohl im Ständer- wie im Fachwerkbau.
*Sparren,* paarige Dachhölzer, die mit dem Dachbalken ein festes Dreieck bilden, das durch einen Kehlbalken noch versteift wird.
*Spatzenbaum,* Bezeichnung für das Auslagholz des Flachdaches.
*Sperrhaxenstuhl,* Dachstuhl, der mit gekreuzten Streben abgesichert wird.
*Sperr-Rafen,* in der Schweiz Bezeichnung für ein Dachstuhlholz, das in Altbayern Steigband genannt wurde.
*Stadel,* im bayerischen Sprachraum allgemein übliche Bezeichnung für Scheune.
*Ständerbohlenbau,* in der Schweiz Blockständerbau genannt, altbayerische Bezeichnung wahrscheinlich die Ladwand.
*Stockhaus,* auch als Ortsname in Bayern vorkommend, in Städten Bezeichnung für ein Gefängnis, in Niederbayern für ein Bauernhaus, dessen Obergeschoß nicht voll ausgebaut ist, in der Schweiz für ein Haus mit einbezogenem Speicherbau.
*Stubenkammer,* in Niederbayern Bezeichnung für die an die Stube anschließende Kammer.
*Stüberlhaus,* erläuternde Erklärung für ein erdgeschossiges Bauernhaus mit Stubenerker an der Giebelseite.

*Taschen,* in Altbayern Bezeichnung für Biberschwanzdachplatten, auch auf Kalkplatten angewandt.
*Tenne* (der Tenner), vorzugsweise fränkische Bezeichnung für den Hausflez, auch im nördlichen Schwaben und in der Oberpfalz belegt.
*Tennbrücke,* Bezeichnung für die Auffahrt zur Hochtenne.
*Tennkastl,* Kornkammer im Stadel.
*Tennzangen,* Balkenrost unter der Tenne.
*Tor-Greiner,* senkrechtes Holz, mit dem sich das Stadeltor dreht.
*Tennruten,* Längshölzer des Tennenunterbaues über den Tennzangen.
*Traidkasten,* altbayerische Bezeichnung für Kornkasten, selbständiger Bau, soweit das Korn nicht in einem Stadel aufbewahrt wurde (Traidstadel).
*Tram* bzw. Trambaum, Unterzug der Stubendecke, vgl. Rußbaum, Rüstbaum usw.
*Treibladen,* siehe Schub.
*Trett,* Vorplatz vor einer Almhütte.
*Troadkasten* = Traidkasten.
*Tropfhaus* (Trüpfhaus, Tripfhaus), bezeichnet ein bäuerliches Anwesen in Oberfranken (auch im Vogtland), zu dem nur so viel Grundfläche gehört, als die Dachtraufe reicht.

*Umgebindehaus.* Diese vor allem in Sachsen und Nordböhmen verbreitete Hausform ist in Bayern hauptsäch-

lich in der östlichen Oberpfalz nachweisbar. Vgl.: Karl Bedal, Das Umgebindehaus im nordöstlichen Bayern, in: Archiv für Geschichte von Oberfranken, 1968; Joachim Hähnel, Umgebinde. Studien zum Gefüge des Bauernhauses im mitteldeutschen Osten und seiner Stellung im Hausbau Mitteleuropas, Diss. Münster 1968; Rudolf Fischer, Das Bauernhaus im Vogtland, Plauen 1971.
*Umlaufstall,* in Bayern durch Mathilde Trenkel für das Berchtesgadener Land nachgewiesen.
*Unterfirst,* auch Beifirst oder Katzenbaum genannt, befindet sich in kurzem Abstand unter dem Firstbaum.
*Unterzug,* siehe Tram.

*Vereinödung,* im Allgäu seit Mitte des 16. Jahrhunderts planmäßig geförderte Aussiedlung; vgl. Hans Dorn, Die Vereinödung in Oberschwaben, Kempten 1904, und Gerhard Endriß, Die Vereinödung im bayerischen Allgäu, in: Petermanns Mitt. 82/1936.
*Vesperglocke,* im 19. Jahrhundert auf den Dächern oberbayerischer Bauernhöfe im Gebiet von Isar, Inn und Salzach; wohl aus Tirol übernommen.
*Vollwalmdach,* Bezeichnung für ein Dach, dessen Dachflächen allseits geneigt sind. Die Dachhaut bestand hierbei vorzugsweise aus Stroh oder Schindeln (Ziegel- und Schiefereindeckung in der Regel nur bei Amtsbauten).
*Vorhaus,* in Niederbayern im 17. und 18. Jahrhundert. Bezeichnung des Hausflures.

*Wagenhus,* schwäbische Bezeichnung für Wagenschupfen (Wagenhütte).
*Waldhäuser,* bei Adalbert Stifter in der Bedeutung Waldlerhäuser.
*Waldhufensiedlungen,* in Bayern, insbesondere im Isarwinkel, in Mittelschwaben, im Bayerischen Wald und im Frankenwald nachgewiesen.
*Wandpfette,* Rehmholz; vgl. Spange.
*Wasserbaum,* siehe Glaitbaum (Gleitbaum).
*Wettköpfe,* in ungleicher Länge vorstehende Balkenenden an den Ecken eines Blockbaues.
*Wiederkehr* (die, gewöhnlicher: der), im rechten Winkel an das Hauptgebäude anstoßender Wirtschaftsteil des Allgäuer Bauernhauses.
*Wilder Mann,* eine offenbar erst in unserem Jahrhundert aufgekommene Bezeichnung für eine Fachwerkfigur, die aus Stiel und sich überkreuzenden Kopf- und Fußbändern gebildet wird. Richtiger wäre die Bezeichnung Mann.
*Windbretter,* auch Windladen genannt, Bezeichnung für zwei sich an der Giebelseite kreuzende, den Dachvorstand säumende und schützende Bretter. Die gekreuzten Windbretter endeten vielfach in Tier- bzw. Drachenköpfen. In Oberbayern durch Bildquellen für das 18. Jahrhundert belegt. Originale noch erhaltener Windbretter reichen nicht über das 19. Jahrhundert zurück. Die Tierköpfe sind in der Mitte und zweiten Hälfte des 19. Jahrhunderts zurückgegangen, eine Neubelebung war vorübergehend im 20. Jahrhundert zu beobachten. Vgl. hierzu Richard Wolfram, Die gekreuzten Pferdeköpfe als Giebelzeichen.
*Windstreben,* bezeichnen versteifende Hölzer des Sparrendaches.
*Windwehren,* soviel wie Windbretter (Schmeller II, 951).
*Winkelsäule,* als »winchilsul« in der »Lex Baiuvariorum« belegte Bezeichnung für die Ecksäulen eines Ständerbaues.
*Wohn-Stall-Haus,* bezeichnet die Reihenfolge: Wohnteil, Stallteil, Scheune eines Einfirstbaues, unabhängig davon, ob er nur erdgeschossig oder mit einem Obergeschoß versehen ist.

*Zange,* bezeichnet ein versteifendes Holz des Dachstuhles, das den Seitenschubkräften entgegenwirkt.
*Zapfenstrick,* Bezeichnung für Eckverbindungen im Blockbau.
*Zierfachwerk,* ein über das statisch notwendige Maß mit Hölzern ausgestattetes Fachwerk von rein dekorativer Wirkung.
*Zimmer,* die ursprüngliche Bedeutung im Altbayerischen wohl Dachstuhl; darüber hinaus Bezeichnung 1. für Bauwerk aus Holz, 2. für Wohnräume.
*Zwicktasche,* Kalkplatte, die zur Steildachdeckung verwendet wird und deshalb zu nageln ist. Das Zwicktaschendach legt sich zwischen das Steildachgebiet der Biberschwanzdeckung und das sog. Legschieferdachgebiet.
*Zwiegadig,* Häuser mit einem Obergeschoß.
*Zwischenpfette,* bedeutet soviel wie Mittelpfette. Vgl. auch Glaitbaum.

# Verzeichnis der Künstler und Handwerker

*Vorbemerkungen*
Das nachstehende Verzeichnis von Personennamen enthält aus grundsätzlichen Erwägungen eine Reihe von Handwerkernamen, die im Text nicht erscheinen. Es geht darum, nachdrücklich vor Augen zu stellen, wie wichtig für künftige Forschungsarbeit die Beschäftigung mit einzelnen Bauhandwerkern, seien es nun Zimmerleute oder Maurer, sein wird. Sie waren es letztlich, die das Baugesicht unserer einzelnen Landschaftsräume geprägt haben. Eine besondere Bedeutung kommt dabei den Gerichtmaurer- und -zimmermeistern zu Anfang des 19. Jahrhunderts zu. Zusätzlich werden auch Künstler und Wissenschaftler aufgeführt, die in dieser oder jener Weise mit dem Bauen auf dem Lande sich befaßten oder zu tun hatten.

*Erläuterung der Abkürzungen:*
M = Maurer   Mm = Maurermeister
Z = Zimmermann   Zm = Zimmermeister

Anker Johann, M, Wässerndorf/Kitzingen
Baader, Johann Baptist, Maler, Lechmühlen
Böhaimb (Beham, Böham) Jakob, Maler, Glonn bei Grafing
Böham Johann, Maler, Aibling

Barth Valentin, Mm, Goßmannsdorf bei Hofheim/Ufr.
Behr Georg, Mm, Geldersheim/Schweinfurt
Behr Kaspar, Mm, Geldersheim/Schweinfurt
Behr Nikolaus, Mm, Geldersheim/Schweinfurt
Belmond Xaver, Zm, Stötten am Auerberg

Bickel, Mm, Geldersheim/Schweinfurt
Blaß, Mm, Geldersheim/Schweinfurt
Bliemsrieder, Mm, Trostberg/Traunstein
Bürckl Georg, Mm, Paffenhofen/Ilm, 1. Vorsatzblatt,
Burger Kaspar, Zm, Biberbach/Augsburg
Burkart, Mm, Geldersheim
Butz (Putz) Johann Baptist, Zm, geboren 1788, 1812 Bürgeraufnahme in Landshut
Degele, Zm, Erding
Dehler Johann, Zm, Bayreuth
Deiglmaier, Hofmaurermeister, München
Döhling Nikolaus, Mm, Biberehren/Ufr.
Dopfer Johann Martin, Zm, Marktoberdorf
Doppelmayer Friedrich Wilhelm 1776–1845, zuletzt Bürgermeister von Nördlingen
Dünninger Gustav, M, Goßmannsdorf bei Hofheim/Ufr.
Dünninger Joseph, M, Goßmannsdorf bei Hofheim/Ufr.
Dünninger Kaspar, M, Goßmannsdorf bei Hofheim/Ufr.
Egger Mathias, Mm, Haag bei Wasserburg
Engert, Mm, Baldersheim/Ochsenfurt
Enzensberger Andreas 1775–1858, Mm, Weilheim/Obb.
Ernst Andreas, Mm, Aub/Ochsenfurt
Fentsch Eduard (Frater Hilarius) 1814–1877, Schriftsteller und Volkskundler 13, 18, 20, 23, 32, 35
Fischer Johann Georg 1742–1793, Zm, Egerland
Fischer Johann Niklas 1779–1835, Zm, Egerland
Fleck, Mm, Oberschwarzach und Krautheim/Gerolzhofen
Fuchs Nikolaus, Zm, 1759–1836, Rosenheim 55 ff.
Full, Mm, Geldersheim/Schweinfurt
Gail Franz, Maler, Aibling
Gail Johann Georg, Maler, Aibling
Geuppert Michael, Mm, Goßmannsdorf bei Hofheim/Ufr.
Haltmayer Veit, Stadtmaurermeister, Ingolstadt
Hartmann Georg, M, Geldersheim/Schweinfurt
Hartmann Johann, M, Geldersheim/Schweinfurt
Hartmann Michael, M, Geldersheim/Schweinfurt
Hartmann Nikolaus, M, Geldersheim/Schweinfurt
Häusner, Mm, Sulzheim/Gerolzhofen/Ufr.
Heigl, Stadtmaurermeister, Freising
Herbst Jakob, M, Friesenhausen/Hofheim/Ufr.
Herbst Johann, M, Friesenhausen/Hofheim/Ufr.
Herter Franz, Z, Schrobenhausen
Heß Georg, Mm, Schwebheim/Schweinfurt
Höchl, Stadtmaurermeister, München
Hömmerlein Ferdinand, M, Goßmannsdorf bei Hofheim/Ufr.
Hömmerlein Gunther, Steinmetz, Goßmannsdorf bei Hofheim/Ufr.
Hömmerlein Linus, Palier, Goßmannsdorf bei Hofheim/Ufr.
Hoferer Rudolf 1892–1943, Konservator u. Bauernhausforscher 52, 54, 60
Hoirer Josef, Z, Armutsham/Laufen/Obb.
Karner Franz, Maler, Mittenwald
Kasper, Z, Traunstein
Kerner Andreas, Mm, Stublang/Staffelstein
Kinshofer, Zm, Miesbach
Kömm, Mm, Geldersheim/Schweinfurt
Köpfle Joseph, Mm, Landsberg/Lech
Kronhuber Lorenz, Zm, Heilham/Laufen/Obb.
Lachenmayr Michael, Zm, Asch/Kaufbeuren
Lerpscher Hans, Zm, Wilhalms/Sonthofen
Leyckam, Zm, Thalmassing/Hilpoltstein
Löffel, Zm, Aidhausen/Hofheim/Ufr.
Lutz Georg, Mm, Unterspiesheim/Gerolzhofen/Ufr.
Mannhart Joseph, Zimmergesell, Moos bei Gmund/Tegernsee
Mannhart Thomas, Zimmergesell, Waakirchen/Miesbach
Märtl, Mm, Waldkirchen/Freyung vorm Wald
Meichelböck (Meichelbeck) Franz, Zm, Rettenbach a. Auerberg
Merz Xaver, Zm, Kirchdorf/Mindelheim
Metzer, Mm, Biberehren/Ufr.
Meyr Melchior 1810–1871, Schriftsteller 58 f.
Michel, Mm, Biberehren/Ufr.
Michl Joseph, Z, Freutsmoos/Tittmoning
Millinger Michael, Mm, Straubing
Millinger Simon, Mm, 1751–1823, Kraiburg am Inn, Erbauer des Reitmeisterhofes (s. 2. Vorsatzblatt)
Millinger Simon Thaddäus, Mm u. Zm, 1786–1841, Wasserburg am Inn
Möller, Mm, Erlenbach/Marktheidenfeld
Mörz Xaveri, Zm, Kirchdorf/Mindelheim
Müller Johann Michael, Zm, Diedorf/Augsburg
Müller Viktor, Mm, Goßmannsdorf bei Hofheim/Ufr.
Nickel Johann Daniel, Zm, Hohlach bei Uffenheim
Nun Adam, Mm, Rodheim/Uffenheim
Ostermayr Bartholomäus, Mm, Unterweilenbach/Schrobenhausen
Peran Johann, Maler, Waldkirchen/Freyung vorm Wald
Peukner, Z, Zaiselham/Tittmoning
Popp, Landbauinspektor, Regensburg 50
Prändl, Mm, Kempfenhausen/Starnberg
Rampl Rupert, Zm, Gengham/Laufen
Rechenauer d. Ä. Sebastian, Maler, Flintsbach/Rosenheim
Reiffenstuel Hans, Zm, um 1590/1600, Tegernsee 37
Reiffenstuel Simon, Zm, gest. 1620 Gmund
Riehl Wilhelm Heinrich 1823–1897, Kulturhistoriker
Rößler Mathias, Stadtbaumeister, Erding, gest. 1822
Scheidt, Zm, Tölz/Obb.
Schellhorn Johann, Stadtmaurermeister, Ingolstadt
Schlager Johann Nep., Mm, Miesbach
Schmeller Johann Andreas 1785–1852, Sprachforscher
Schmid Ludwig, Mm, Biberehren/Ufr.
Schmidt Georg Otte, Mm, Gerach/Ebern
Schmidtbauer, Mm, Neumarkt/Rott/Obb.
Schöllhorn Jakob, Mm, Schrobenhausen
Schöllhorn Mathias, Mm, Aichach
Schrazenmayer Johann Michael, Zm, Unterschöneberg/Augsburg
Schumann Adam, Mm, Oberickelsheim/Uffenheim
Schwab Johann, Mm, Vögnitz/Gerolzhofen/Ufr.
Semmler Michael, Zm, 1765–1853, Moosburg
Sippel, Mm, Gerach/Ebern
Steingruber Johann David, Architekt, Ansbach 25
Strasser Lorenz, Mm, 1795–1866, Großberghofen bzw. Walkertshofen/Dachau
Tiefentaler Anton, Zm, Mertingen/Donauwörth
Voit, Kreisbauinspektor, Eichstätt 50
Vorherr Johann Michael Christian Gustav 1773–1847, Architekt 50, 57
Weigenthaler, Mm, Vilsbiburg/Ndb.
Weile Anton, Zm, Blonhofen/Kaufbeuren
Wiebeking Karl Friedrich 1762–1842, München, Hydrotechniker und Architekturschriftsteller 50
Welz, Mm, Maroldsweisach/Ebern/Ufr.
Wimmer Joseph 1819–1883, Bezirksamtmann 12, 38, 45
Ziegler Joseph, M, Geldersheim/Schweinfurt
Zobel, Mm, Aub/Ochsenfurt
Zwinck Franz, Maler, Oberammergau

# Register der Orts- und geographischen Namen

Die zuerst aufgeführten Zahlen weisen auf Erwähnungen im Textteil hin. Zahlen mit einem vorgesetzten * verweisen auf Zeichnungen und Pläne im Text. **Halbfette Zahlen** geben die Bildnummern im Abbildungsteil an.

Abensberg 36
Abtenham/Kirchheim/Tittmonning 54
Adelkofen 40
Ahlfeld/Hersbruck 77
Aibling 48
Aichach 53
Aidhausen/Hofheim 38
Aisch 24
Albersdorf/Neidstein 116
Allach, s. Vorderseite des Schutzumschlags
Allgäu 58
Alpachtal/Tirol 48
Alpen 48
Alpgau, s. Allgäu
Altbayern 56, 60
Altdorf/Landshut 174
Altdorf/Nürnberg 83
Altenburg/Rottenburg/Laaber 172
Altenerding 35
Altenhohenau 41
Altenmarkt 54
Altmühl 26, 27
Altmühlalp 62
Altmühljura 26
Altötting 40
Amberg 29, 30, 32, 33
Ammersee 54
Amorbach 16
Ansbach 21, 24, 25
Anzing 47
Aschaffenburg 16
Ast bei Landshut 40
Au/Kirchbichl/Tölz 217
Auerbach 30
Auerburg 48
Augrub/Grafenau 154
Augsburg 58, 60, 61
Augstenlehen, s. Schönau

Babenhausen 61
Bachhagel/Dillingen 258
Bachhubergut, Gde. Waldhausen 41
Bachmühle bei Veitsbronn/Fürth 90
Badisches Frankenland 14, 15
Baiershofen 61
Baldersheim/Ochsenfurt 25
Bamberg 19, 20
Baudenbach 24
Baunach/Ebern 41
Bayerischer Wald 29, 35, 37, 38, 40, 45, 46
Bayerisch-Schwaben, s. Schwaben
Bayersoien/Schongau 214
Bayreuth 19; 61, 62, 63
Beilngries 27
Berchtesgaden 48, 54, 55; 199, 200, 209
Bergham/Altenerding 187
Bergheim bei Neuburg/Donau 60
Bernried/Weilheim 189
Bibart 24
Bichl/Waldhausen/Traunstein * 42, 43, 44, 45
Birkach/Wassertrüdingen 85, 86
Birnbaum/Frankenwald 48
Bischofsheim vor der Rhön 36
Blossenau/Donauwörth 109
Bodensee, - landschaft 58, 62

Bogen 46
Böhmen 20, 21, 40
Böhmerwaldgau 30
Böhmzwiesel 38
Breitenbach/Amorbach 16; 35
Breitenbach/Hofheim 37
Breitenberg/Wegscheid 153
Breitensee/Königshofen 30
Breitötting/Erding 183, 186
Brixental/Tirol 48
Bruck/Wassertrüdingen 84
Brückenau 18
Bruckhof/Schalldorf/Ebersberg 216
Buch/Bamberg 25; 73
Buching/Füssen 246
Buchloe 47, 61
Büdingen 16
Burgau 60
Burghaslach 24
Burglengenfeld 29
Burk/Wassertrüdingen 87

Cham 29, 34, 37
Chiemsee 48, 54
Coburg 19, 20

Dachau 57
Dachsstadt 24
Degernbach/Bogen 165
Degerndorf/Parsberg/Opf. 112
Deggendorf 38
Deining/Wolfratshausen, Riegerhof * 52, 53
Deining/Wolfratshausen 201
Deiningen 60
Denklingen/Kaufbeuren 251, 262, 263
Dienhausen/Kaufbeuren 265
Diespeck/Neustadt a. d. Aisch 24
Dietenhofen 24
Dietenhofen – Markt Erlbach 81
Dietfurt 27
Dietrichshof 25
Dillingen/Donau 58
Dimbach 18
Dinkelboden 29
Dobenreuth/Forchheim 78
Dolomitgau 30
Donau 31, 35, 37, 38, 40, 46, 51
Donaumoos 60
Donauwörth 27, 57, 58, 60
Dorfen 38

Ebermannstadt 20
Eberstetten 57
Ebrach 24, 25
Eckartsweiler/Rothenburg o. T. 91
Edelsmannshof (Perschen) 48
Egerland 29
Eggenfelden 12, 40, 44
Eichenstein/Naila 49
Eichstätt 27, 28, 34, 50; 105
Einersheim 24
Emskirchen 24
Engelsdorf/Cham 143
Erbendorf 30

Erding 35, 36, 38, 39
Erlangen 21, 23
Erlbach 24, 25
Ernestgrün/Tirschenreuth 137
Erpfting/Landsberg 228
Eschenbach/Opf. 29, 30, 32, 33; 2
Eschldorf/Reuth/Neustadt a. d. W. 121
Eschlipp 20
Eschlipp/Ebermannstadt 68, 72
Eslarn/Opf. 37

Falkenstein 29
Fattigau/Hof 67
Feichten 41
Fichtelgau, – gebirge 19, 20, 26, 30, 36
Fichten/Naila 65
Finsing bei Erding 36
Förmitz/Münchberg 58
Forchheim 21, 23
Franken 14–26, 60
Frankenwald 19, 20, 26, 29, 40, 48, 57
Fränkisch-Schwäbischer Jura 26–29
Frauenberg bei Landshut 40
Frauenberg/Freyung vorm Wald 179
Freimann/München 17
Freising 57
Freundpolz/Sonthofen * 60, 61
Freyung vorm Wald 39
Friedberg 53
Friedlhubergut/Waldhausen 41
Fronhofen/Dillingen 238
Fronwieslehen, s. Schwarzeck
Fürholz 38

Ganacker/Landau/Isar 168
Garching bei München 11, 12
Gäuboden 29, 35, 39
Gebensbach/Erding 39
Gehmannsberg/Regen 40; 147, 148
Geiselwind 24
Geislohe 28
Gerolzhofen 18
Gerstruben/Oberstdorf 61; 256
Gessenreuth/Zenting 164
Gessertshausen 60
Gmund-Festenbach/Miesbach 211
Göhren 28
Goldau/Lauterbach/Mühldorf * 13; 185
Göllingen/Dillingen 237
Gottfriedsreuth/Hof 54
Grafenau 37
Gräfenberg 23
Grainet 38
Grassmann/Fichtelgebirge 47
Greding 27, 28
Griesbach/Rottal 37, 40; 204
Großenseebach/Höchstadt a. d. Aisch 4
Großlosnitz/Münchberg 59
Großschloppen/Wunsiedel 53
Großsorheim/Nördlingen 245
Grüblehen, s. Schwarzeck
Grundnern/Gaissach/Tölz * 51
Grünenbaindt 61
Grüngiebing/Oberornau 188
Grünwald 47

Gundihausen 40
Günzburg 60

Haag/Wasserburg 48
Habach 54
Hafergau 30
Hagenstetten/Ingolstadt 101
Hammergau 29
Happing/Rosenheim 182
Harpfetsham *56
Hassetzlehen, s. Schönau
Hausen/Laufen/Salzach *16, 17
Heinersdorf/Wassertrüdingen 88
Heinrichsheim 60
Hell-Lehen, s. Schwarzeck
Hellmitzheim/Scheinfeld 94
Helmbrechts 20
Hemau 27, 29, 32 f.
Hemhof 54
Hendungen/Mellrichstadt 18
Herrenalm/Rosenheim 16
Herretshofen/Babenhausen 61
Herrnberchtheim 26
Herrnwahlthann/Kelheim 29
Hersbruck 22, 24, 32
Herzogöd/Tirschenreuth 120
Herzogsreuth 37
Hessen 18
Hessische Rhön 19
Hetzmannsdorf/Rötz 142
Heustreu/Neustadt a. d. Saale 31, 40
Hilpoltstein 22
Hinterfirmiansreuth 37
Hinterhof *56
Hochdorf/Friedberg 232
Hochriß/Rosenheim 9
Höchstätt/Donau 60
Hofwimm/Eggenfelden 173
Hohenberg 19
Hoheneggelkofen 40
Hohenlohisches Land 17
Honings/Forchheim 76
Hopfengau 30
Höselwang/Rosenheim 39
Hütting 37

Igelsbach *54
Iller 58, 61
Illertissen 48
Immenthal/Markt Oberdorf 247
Ingolstadt 27, 47
Inn 51
Inning/Starnberg 54
Inntal 51
Innviertel 35, 40
Ippesheim 24
Irschen/Bernau/Rosenheim 13
Isar 51, - -tal 35

Jachenhausen 27
Jägerbauer/Parsberg/Miesbach *49
Jakobneuharting 197
Jepolding/Obing 196
Jettingen/Günzburg 236
Jodelbauerhof/Fischbachau 221–225
Jura 19, 26, 29, 30, 58
Jurakalkgau 29

Kalbensteinberg/Gunzenhausen 79
Kalchreuth 21 f.

Karlsfeld 61
Karlshuld 60
Karlskron 60
Karlsruh/Neuburg/Donau 60
Kasing/Ingolstadt 98, 99
Kastl/Amberg 29
Katzbrui/Köngetried 249
Kaufbeuren 61
Kay/Straubing 169
Kelheim 26, 27, 29, 47
Kemnath 30, 32
Kempten 48, 58, 60
Kesseltal 60
Kirchanschöring *55
Kirchenlamitz 19
Kirchheim/Tittmonning 54
Kitzbühel/Tirol 48
Kläham/Rottenburg/Laaber 171
Klais/Mittenwald 51
Klapfenberg/Parsberg/Obpf. 141
Kleines Walsertal 61
Kleinheitzenhofen/Burglengenfeld 126, 127
Kleinhöhenrain/Bad Aibling 220
Kleinlosnitz 21
Kleinphillipsreuth 152
Kleinschloppen/Wunsiedel 48
Klettham/Erding 35
Klingsmoos 61
Köfering 32
Kollbachtal 35
Köln 30
Königsbrunn/Augsburg 61
Kreuzberg/Fronreiten 208
Kriestorf/Vilshofen 160, 162
Kronach 20
Kufstein 48
Kühnhofen/Hersbruck 92
Kulmain/Kemnath 133
Kulmbach 19, 20
Kunreuth/Stadtsteinach 46

Laaber/Neumarkt/Opf. 111, 115
Lahm/Kronach 66
Lain/Gebensbach, heute Gde. Taufkirchen, Lkr. Erding 39
Landensberg 61
Landsberg/Lech 11, 47, 54
Landshut/Isar 35, 36, 38, 40, 47
Lauf a. d. Pegnitz 22, 32
Laufen/Salzach 48; 205
Lech 51, 54, 58, 60, 61
Lechfeld 60
Lechrain 11
Leeder/Kaufbeuren 264
Lehesten 20
Lengenfeld 30 f., 32, 33, 34, 38
Leopoldsreuth/Freyung 37; 144
Leutershausen 23
Leutkirch 47
Lichtenau/Neuburg/Donau 242
Lichtenfels 20
Lienlas/Bayreuth 45
Limbach/Haßfurt 19
Lindau/Bodensee 58, 61, 62
Linden/Wolfratshausen 215
Lohberg/Kötzting 156
Löpsingen 60
Ludwigsfeld München 61

Magerer Gau 29
Mainburg 47
Mainfranken 13, 18, 20
Mallersdorf 38, 47
Malling/Massing 11 f., 44
Manhartshofen/Wolfratshausen 260
Marching 27
Markgräfliche Gebiete 19, 24
Marktoberdorf 48, 61
Markt Wald 60
Massing 44
Matting/Regensburg 102, 103, 106
Matzenhof/Poppberg/Opf. 114
Mayerhofen *56
Meierhof/Wunsiedel 52
Meilenhofen/Mainburg 178
Melkviehgau 30
Memmingen 47, 48, 58, 61
Mendorf/Riedenburg 107
Mesnerschlag/Wegscheid 151
Michelrieth 13, 18
Miesbach 48 f., 51 f.; *49
Miltenberg 16
Mindelheim 47, 61
Minderoffingen 60
Mitteldeutschland 18
Mittelfranken 18, 21 ff., 30, 32
Mittelreinbach/Sulzbach-Rosenberg 117
Mittelschwäbischer Raum 58
Mittenwald *57
Mitterfels 46
Mitterfirmiansreuth 37
Monbrunn 17
Mönchkröttendorf 20
Mondseegebiet 54
Monheim/Donauwörth 26, 27, 58
Moosburg 47
Moosen/Laufen 202
Mörnsheim 27
Mühldorf 40
Mühlviertel 37
Münchberg 19, 20, 21, 40
München 27, 47, 53, 57
Münchenreuth/Tirschenreuth 122
Munningen 60

Naab/Tirschenreuth 33
Naabburg 29
Naabgau 29
Naabsenke 29, 30, 34
Naila 20
Nassach/Hofheim 33
Nattershofen/Neumarkt/Opf. 119
Neualbenreuth 124, 136, 139, 140
Neuburg/Donau 58
Neudietenholz 25
Neudorf 28
Neudorf/Grafenau 157
Neuenried/Huttenwang/Marktoberdorf 252, 253, 254, 255
Neukatterbach 25
Neumarkt/Opf. 22, 29, 34
Neumarkt-St. Veit 40
Neumünster/Zusmarshausen 61
Neunburg v. W. 29, 30
Neunhof a. d. Zenn 24
Neupullach/Hohenlinden/Ebersberg 218
Neuschwetzingen 60
Neuselingsbach 25
Neustadt a. d. Aisch 24

Neustadt a. d. W. 30, 46
Neuziegenrück 25
Niederbayern 11, 27, 34 f., 35–47, 48, 50
Niederdeutschland 22, 56
Niederhofen/Gde. Hütting/Griesbach/Rott 37
Niederkam 40
Niederlamitz/Wunsiedel 56, 57
Niederpöring/Vilshofen 11, 45
Niederwinkling/Bogen *11; 155
Nittenau 29
Nordheim 24
Nördlingen 57, 58
Nordschwaben 58
Nordtirol 36, 48; s. a. Tirol
Nürnberg 21, 22, 23, 26, 29, 30
Nürnberg-Thon 21 f., 48; 93

Oberallgäu 61
Oberbayern 27, 38, 39, 40, 46, 47–57, 60, 61
Oberergoldsbach/Rottenburg/Laaber 170
Oberfranken 18, 19, 20, 21, 24, 25, 30, 32, 40
Obergrainau/Garmisch 192
Oberhof/Lindau 62
Oberhofen/Riedenburg 97
Oberhohenried/Haßfurt 23
Oberndorf/Kulmbach 44
Oberneuching 36
Oberösterreich 44, 46, 51
Oberpfalz 14, 20, 23, 24, 26, 27, 29–35, 36, 39, 40, 45, 46, 48
Oberscheinfeld 24
Oberschöneberg 60
Oberschwaben/Württemberg 58
Oberstdorf 61
Oberhochstadt/Weissenburg 80
Oberviechtach 30, 33
Ochsenfurt 18
Odenwald 15, 16, 17, 29, 48
Ölbühl/Nagel 42, 43
Ort/Kochel 190
Osterdorf 28
Österreich 37
Ostschweiz 61
Ottorfszell/Miltenberg 16

Pähl 54
Parsberg/Miesbach *49
Parsberg/Opf. 29
Passau 38, 39, 40, 46
Pavolding 54
Perschen 48; 128, 130, 131
Pfaffenhofen/Ilm 57
Pfaffenlehen, s. Schwarzeck
Pfarrkirchen 40
Pflugshof 25
Pfronten-Weissbach 257
Pietling *56
Pinzgau 54
Pliening/Ebersberg 184
Pölcheralm/Hochriß Lkr. Rosenheim 10
Poigham/Griesbach/Rottal 167
Posterlitzmühle/Münchberg 55
Poxdorf/Forchheim 74
Preissach/Eschenbach 33
Preunschen/Miltenberg 17
Puschendorf/Fürth 82
Putzenrieth/Vohenstrauss *10

Rain/Lech 53
Rainwarzhofen/Greding 28

Raitenbuch/Parsberg *31
Rattenberg 48
Rauberweiherhaus 29
Rauhenöd 51
Rauschenberg 24
Rechbergreuthen 61
Reckertshausen/Hofheim 28
Regengau 29
Regensburg 29, 30, 36, 38, 50
Regenstauf 29
Regental 38
Reibersdorf/Schwindegg/Mühldorf 193
Reichau 48
Reichenberg/St. Oswald ehem. Grafenau 37
Reinlachalm/Rosenheim 15
Reit/Gde. Feichten 41
Reit im Winkel 54
Reitmeister/Maisenberg/Mühldorf, s. hinteres Vorsatzblatt
Rennerlehen, s. Schönau
Reussendorf 18
Reut/Karlsbach/Freyung v. W. 159
Reutles/Großgründlach/Fürth i. B. 7
Rheinpfalz 17
Rhön 17, 18, 19, 48
Rieden/Mindelheim 250
Riedenburg 27, 29
Riedertsham/Griesbach/Rottal 163, 166
Ries 58, 60
Rimbach/Kötzting 146
Rinchnach/Regen 40; 145
Rodenzenreuth/Tirschenreuth 135
Rodesgrün/Naila 20
Roding 29, 34, 37
Röhrach/Höchstätt a. d. Aisch 5
Rohrbach 60
Rosenheim 39, 48, 50, 51; 181
Roßtränk/Eslarn/Vohenstrauß 132
Rothenburg ob der Tauber 15
Rottal 35, 38, 39, 40, 45; 180
Röttenbach/Höchstädt a. d. Aisch 3
Rottenbuch/Schongau 55
Rottenmann/Deggendorf 158
Rügheim/Hofheim 32, 34
Ruhpoldinger Ache 54
Rupertiwinkel 46 f., 54
Rupertsdorf/Rabenden 203

Sachsen 21, 30
Sallach/Mallersdorf 175
Salzach 54
Salzburg 54, 55
St. Gallen 62
St. Margarethen/Großbrannenburg 210, 213
St. Michael ob Frauenöd 51
St. Oswald bei Grafenau 37
Schambach 11
Schellenberg 55
Schillingsfürst 23
Schimborn/Alzenau 29
Schladming/Steiermark 37
Schlesien 30
Schmidham/Griesbach/Rottal 161
Schmucklehen, s. Schwarzeck
Schneeberg/Oberviechtach 123
Schobdach/Dinkelsbühl 89
Schöllkrippen/Alzenau 27
Schönau 55
Schondorf/Ammersee 231
Schongau 11, 48, 54, 55

Schöngeising/Fürstenfeldbruck 261
Schrobenhausen 53
Schusteröd Gem. Malling 11 f.
Schusteröderhof/Massing 44; 176
Schwaben 14, 27, 47, 54, 58–62
Schwabmünchen 60
Schwangau 61
Schwarzeck 55
Schwarzenbach/Tirschenreuth 46
Schweinebach/Maishofen/Lindau 259
Schweinfurt 18, 29
Schweiz 61; s. a. Ostschweiz
Schwendreuth 37
Schwindkirchen/Mühldorf 191
Sechsämterland/Fichtelgebirge 19, 20
Seibelsdorf/Stadtsteinach 69
Selb 19
Selbitz/Münchberg 60
Senkendorf 32
Siegertsbrunn/München 212
Siegsdorf/Traunstein 198
Sielstetten/Mainburg 177
Simonlehen, s. Schönau
Sippenau/Kelheim 29
Solnhofen 26, 27
Spalt 24
Spessart 13, 16, 17, 18, 29
Stadtamhof/Regensburg 29
Stammham/Ingolstadt 100
Staudengebiet 60
Steigerwald 24
Stein/Tirschenreuth 32, 33
Steinekirch/Augsburg 233, 234
Steinkirchen/Samerberg/Rosenheim 14
Stetten/Endorf 207
Stöckelsberg/Neumarkt/Opf. 118
Stockhäusl 44
Stöckllehen, s. Schwarzeck
Storchenlehen, s. Schönau
Straubing 46
Straußdorf/Ebersberg 219
Sugenheim 24
Sulzberg-Kempten 1
Sulzbach-Rosenberg 22, 29, 30

Tapfheim/Dillingen 241
Taschendorf 24
Tauchersreuth 23
Tauchersreuth/Lauf a. d. Pegnitz 6, 8
Taufkirchen/Unterhaching 47
Taufkirchen/Vilstal 39
Tegernsee 48
Tertiäres Hügelland 46
Thaining/Landsberg 229
Thal/Hohenthann 194
Thierstein 19
Tholbat/Ingolstadt 96
Thomashof/Weipoltshausen/Schweinfurt 20
Thon (Nürnberg) 21
Thüringen 18, 20
Thurneck/Nördlingen 60; *59; 239, 240, 243, 244
Tiefenbach/Waldmünchen 134
Tirol 36, 38, 48, 54, 56, 61
Tirschenreuth 30, 32, 33, 46
Tirschnitz/Waldsassen 125
Tittmonning 40, 48, 54
Tölz 50, 51
Traunstein 40, 48
Treuchtlingen 26, 27

Trostberg 40
Tschirn 20
Tyrlbrunn/Freutsmoos 226

Übersee 54
Ühlfeld 24
Uffenheim 25
Ulm/Donau 58, 61
Unterampfrach/Feuchtwangen 95
Unterferrieden/Nürnberg 75
Unterfranken 15, 16, 17, 18, 19, 20, 22, 24
Unterhaching 47
Untermaxfeld 60
Unterigling/Landsberg *47; **227, 230**
Unterschondorf, Rückseite des Umschlags
Untertheres/Haßfurt **39**
Unterwiesenacker/Parsberg **113**
Unterwohlsbach/Coburg **71**
Unterwoltersgrün/Wunsiedel **70**
Unterzeismering/Starnberg **195**
Utting/Ammersee 47, 54
Utzenzell, Gde. Wiesenfelden 46

Vilsbiburg 39
Vilseck 30
Vilsgau 29
Vilsheim 40
Vilshofen 38, 40, 45

Vilstal 35
Vogtland 19, 40
Vohenstrauß 30
Vorarlberg 62
Vorderfirmiansreuth 37
Vorderfreundorf 40; **149, 150**
Vordorf/Wunsiedel **51**

Waal/Kaufbeuren **235**
Wald a. d. Alz 41
Waldbuch/Stadtsteinach **64**
Waldhausen/Traunstein 40 f.
Waldmünchen 30, 34
Waldsassen 30, 40, 46
Wallern/Böhmen 37, 38
Wallerstein 60
Warching 28; **104**
Wasserburg 40, 47
Watterbach/Amorbach 16 ff., 22, 48; **21, 22**
Wechselberg/Oberaudorf **206**
Wegscheid 39
Weiden 30
Weiding 33
Weihergau 30
Weihern/Eberstetten 57
Weihersdorf/Wappersdorf/Neumarkt Opf. **129**
Weilheim 48
Weilheim/Monheim **110**

Weißenburg 27; **108**
Weißenhorn 60
Weißenstadt 19
Weizengau 29
Wertachland 60
Wertingen 60
Wetzhausen/Hofheim 24
Weyherbauernhof/Pfaffenhofen, 1. Vorsatzblatt
Wien 30
Wiesenfelden 46
Wildschönau 48
Wilhermsdorf/Neustadt/Aisch 24
Wörth 29
Wölbersbach/Hof **50**
Wolfratshausen 51
Woringen/Memmingen **248**
Wörnitz 58
Wunsiedel 19
Württemberg 14, 15, 58, 60, 61
Würzburg 29

Zankenhausen 54
Zeuzleben/Schweinfurt **26**
Zorneding 47
Zugviehgau 29
Zusmarshausen 60
Zwergau/Kemnath **138**

# Abbildungsnachweis

Die Textabbildungen beruhen auf Zeichnungen aus dem Institut für Volkskunde der Universität München.
S. 10 u. 11: Umzeichnungen nach Maßaufnahmen von 1939. – S. 13 u. 51: Zeichnung von Rudolf Höferer. – S. 31: Zeichnung von Alfred Spitzner 1949. – S. 42/43, 44 u. 45: Maßaufnahmen von Friedrich Hossfeld und Torsten Gebhard 1938. – S. 47: Rekonstruktionszeichnung des Zustandes vor 1850. – S. 49: Maßaufnahme des Maurermeisters Schlager, Miesbach 1811. – S. 52 u. 53: Maßaufnahme der Technischen Hochschule München 1954. – S. 54, 55 u. 56: Aufnahme von Toni Auer. – S. 57: Aufnahme von Robert Berlinghaus 1948. – S. 59: Maßaufnahme des Bayerischen Landesamtes für Denkmalpflege 1938. – S. 60 u. 61: aus: Schwabenland 1941, Heft 1–3.

Wenn nicht anders angegeben, handelt es sich um Archivaufnahmen des Instituts für Volkskunde der Universität München.
Abb. 1, 257: Lala Aufsberg. – Abb. 2, 6, 7, 8, 17, 18, 19, 23, 31, 32, 34, 40, 79, 80, 126, 158, 159, 160, 162, 169, 170, 171, 172, 175, 239, 243, 244, 260: Bayerisches Landesamt für Denkmalpflege. – Abb. 10, 12, 22, 84, 85, 86, 87, 88, 89, 96, 101, 128, 148, 149, 150, 151, 152, 164, 165, 176, 180, 181, 184, 190, 191, 194, 196, 197, 201, 206, 207, 216, 218, 220, 240: Torsten Gebhard. – Abb. 44, 47: Konrad Bedal. – Abb. 137, 140, 143: A. Bergmann/Nittenau. – Abb. 210, 213: Oskar Poss/Eisenärzt.

Hinteres Vorsatzblatt:

DER REITMEISTERHOF IN OBERWALD BEI KRAIBURG AM INN (GDE. MAISENBERG, LKR. MÜTTLDORF)
*Erbaut 1808 »nach der Bauart in der Gegent Krayburg dan ober und nider Walt«. Maßaufnahme des Maurermeisters Simon Millinger aus Kraiburg vom 30. Dezember 1811 (Planarchiv des Instituts für Volkskunde München).*

GRUNDPLAN DER HOFANLAGE, LÄNGSSCHNITT (A–B) UND SÜDLICHE FRONTANSICHT DES WOHNGEBÄUDES

*Planerläuterung:*
1. Hofeinfahrt
2. Hofraum
3. Wagen- und Pflugremise
4. Getreidelegen (Osen)
5. Dreschtenne
6. Amsteig (Ampfsteig) = Traidkasten (Alm = Spreu)
7. Schafstall
8. Schweinestall
9. Stiege auf den Kühstallboden
10. Gänsestall
11. Kuhstall
12. Graskammer
13. Zeugkammer
14. Abort
15.–25. ERDGESCHOSS DES WOHNGEBÄUDES:
15. Pferdestall
16. Knechtkammer
17. Wohnstube
18. Küche oder Milchstüberl
19. Küche
20. Fletz
21. Antritt der Kellerstiege
22. Antritt der Stiege zum Obergeschoß
23. Mägdekammer
24. Kleine Küche
25. Stube
26.–32 OBERGESCHOSS DES WOHNGEBÄUDES:
26. Kammer
27. Kleine Küche
28. Kammer
29. Oberes Fletz
30. Obere Wohnstube
31. Äußerer Gang (Läm, Labn)
32. Heuboden über dem Pferdestall

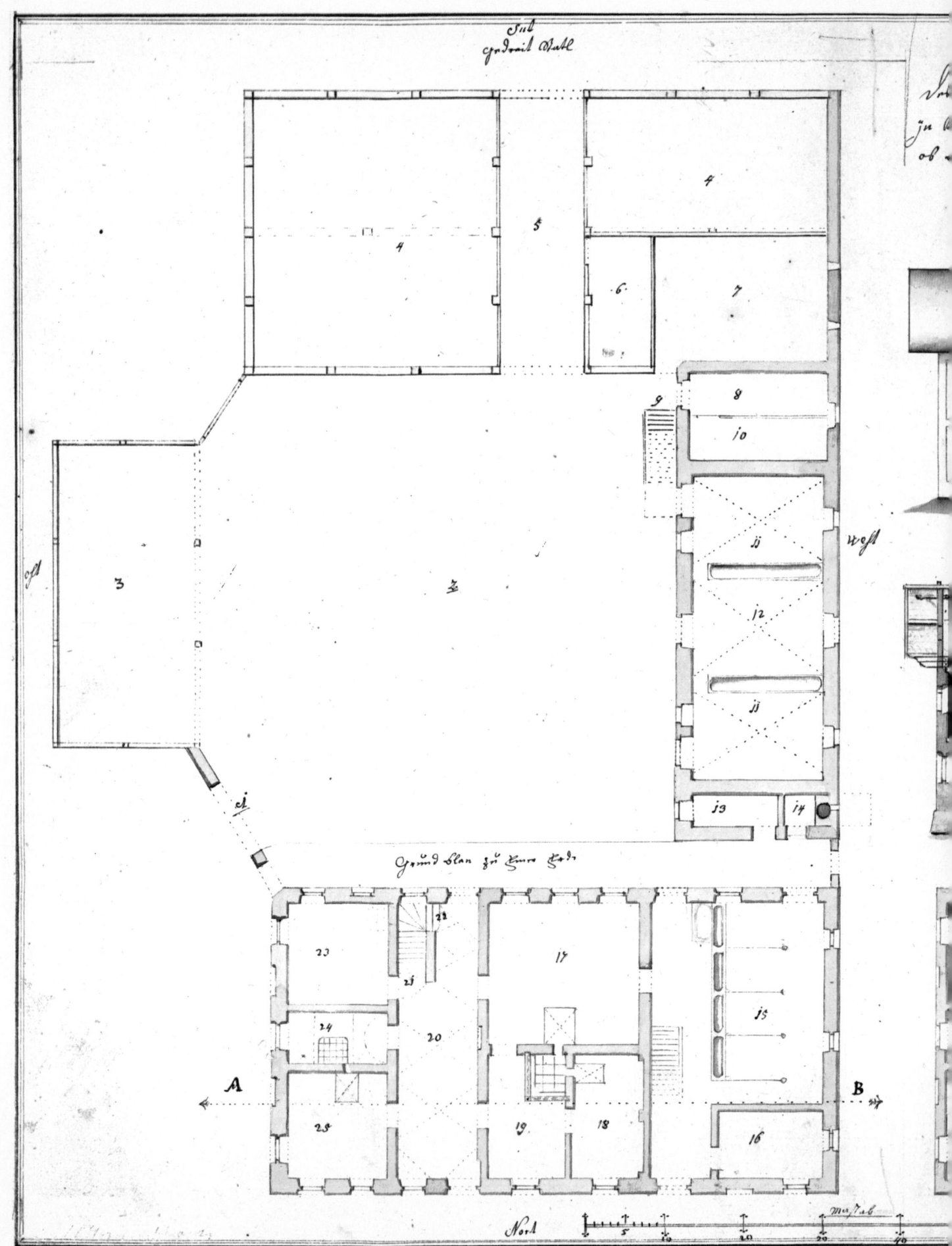